Viviendo en un matrimonio pi

destaca por su equilibrio bíblic

Lejos de ofrecer consejos s

matrimonio arraigada en los

deberes mutuos y su lugar den ... capítulos avanzan con claridad desde los fundamentos del matrimonio hasta cuestiones concretas de amor, pureza, ayuda, paz y fidelidad, de modo que resulta útil tanto para quienes se preparan para casarse como para quienes llevan años de vida matrimonial. Además, su constante orientación hacia Cristo recuerda que un matrimonio verdaderamente piadoso no se sostiene solo con buenas intenciones, sino por la gracia de Dios. Es un libro sabio, serio y muy recomendable, tanto para la lectura personal como para el acompañamiento pastoral y la consejería matrimonial.

Allen Tomlinson
Orthodox Presbyterian Church

Viviendo en un matrimonio piadoso es una obra rica, seria y profundamente útil para quienes desean pensar el matrimonio cristiano con mayor hondura. A partir de la sabiduría puritana, Beeke y La Belle ofrecen una visión amplia, bíblica y cuidadosamente estructurada del matrimonio, mostrando tanto su dignidad como sus exigencias, sus deberes mutuos y sus beneficios. Lejos de reducir la vida conyugal a un frío sentido del deber, el libro insiste también en la importancia del amor, la ternura, la consideración y el crecimiento espiritual compartido. Su valor está no solo en la solidez de su investigación, sino también en la sensatez y actualidad de muchos de sus consejos prácticos. Aunque requiere lectura atenta y no rehúye la seriedad del tema, es precisamente esa profundidad la que lo convierte en un recurso de gran provecho, tanto para matrimonios jóvenes como para quienes llevan años caminando juntos y desean honrar mejor a Dios en su vida común.

Ruth Burke
Evangelical Times

En un tiempo en que el matrimonio es cuestionado y redefinido desde muchos frentes, *Viviendo en un matrimonio piadoso* ofrece una recuperación sobria, bíblica y extraordinariamente provechosa de su belleza y propósito. Beeke y La Belle reúnen con inteligencia la sabiduría de los puritanos y la presentan de forma ordenada, práctica y espiritualmente seria, guiando al lector desde los fundamentos del matrimonio hasta sus deberes concretos, sus luchas cotidianas y sus bendiciones. El libro no se limita a defender principios: también ofrece orientación útil para quienes se preparan para casarse, para los recién casados y para quienes llevan años de vida matrimonial. Aunque exige una lectura atenta y no siempre resulta ligera, precisamente en esa densidad está una de sus mayores virtudes. Es una obra que recompensa el esfuerzo, desafía con profundidad y anima a buscar, en la obediencia a Dios, un matrimonio más santo, más firme y más lleno de gracia.

Lois Collier
Evangelicals Now

Lo que hace especialmente valioso a *Viviendo en un matrimonio piadoso* es su utilidad real en el contexto de la preparación matrimonial. No aparece aquí simplemente como un buen libro sobre el tema, sino como un recurso lo bastante sólido y práctico como para recomendarse dentro de una conversación sobre consejería prematrimonial. Su formato, además, lo vuelve especialmente provechoso: el hecho de que cada capítulo incluya preguntas de estudio permite no solo leerlo, sino trabajarlo, conversarlo y aplicarlo con seriedad. Eso le da una ventaja importante frente a otros libros más generales o meramente inspiracionales. Se percibe, por tanto, como una obra que no se queda en principios abstractos, sino que ayuda a aterrizarlos en el diálogo y la formación de una pareja. En ese sentido, es una recomendación muy convincente para quienes buscan un libro bíblico, bien estructurado y verdaderamente útil para acompañar el camino hacia el matrimonio.

Puritan Board

Pocas obras condensan con tanta claridad y riqueza la enseñanza puritana sobre el matrimonio como *Viviendo en un matrimonio piadoso.* Lo que podría parecer un libro más sobre el tema termina siendo un recurso excepcionalmente útil, sólido y práctico, hasta el punto de servir directamente para la consejería prematrimonial. Su gran mérito está en reunir, en un solo volumen, lo mejor de autores como William Gouge y Richard Baxter, ofreciendo una guía sabia, profunda y pastoralmente aplicable. Es, sin duda, una recomendación de primer orden para quienes buscan un matrimonio cristiano más firme y bíblico.

Christian Worldview Discipleship

VIVIENDO EN UN MATRIMONIO PIADOSO

Enriquece tu vida cristiana

TEOLOGÍA PARA VIVIR
Fe y Palabra

JOEL R. BEEKE
Y
JAMES A. LA BELLE

IMPRESO EN LIMA,
PERÚ

VIVIENDO EN UN MATRIMONIO PIADOSO

Autor: ©Joel R. Beeke, y James A. La Belle
Traducción: Yarom P. Vargas.
Revisión de estilo: Yarom P. Vargas.
Diseño de cubierta: Angela García-Naranjo
Título original: *Living in a Godly Marriage*

Joel R. Beeke & James A. La Belle, *Living in a Godly Marriage* (Grand Rapids, MI: Reformation Heritage Books, 2016).

Editado por:
©TEOLOGIAPARAVIVIR.S.A.C
José de Rivadeneyra 610. Urb. Santa Catalina, La Victoria.
Lima, Perú.
ventas@teologiaparavivir.com
https://www.facebook.com/teologiaparavivir/
www.teologiaparavivir.com
Primera edición: Mayo del 2026
Tiraje: 1000 ejemplares

Hecho el Depósito Legal en la Biblioteca Nacional del Perú, N°: 2026-04063
ISBN Tapa Blanda: 978-612-5099-98-3

Se terminó de imprimir en Mayo del 2026 en:
ALEPH IMPRESIONES S.R.L.
Jr. Risso 580, Lince
Lima, Perú.

Temas: LCSH: Puritanos - Historia. | Puritanismo - Gran Bretaña - Siglo XVII. Matrimonio—Aspectos Religiosos—Cristianismo. | Puritanos—Doctrinas. | Iglesia Reformada—Doctrinas.

Clasificación: LCC BT706 .B44 2016 | DDC 248.8/44—dc23

 Las citas bíblicas fueron tomadas de las versiones *Reina Valera* de 1960, y de la *Nueva Biblia de los Hispanos*, salvo indique lo contrario en alguna de ellas.

TABLA DE CONTENIDOS

Para

William VanDoodewaard

amigo y colega fiel,

con gratitud por tu integridad silenciosa,

tu trabajo diligente y competente,

y tu espíritu dispuesto a ayudar.

—JRB

Para

Johnny y Julie Davis,

mis queridos amigos.

Que su matrimonio esté lleno de alegrías

y marcado por las bendiciones

de unirse en matrimonio en el Señor.

—JAL

PRÓLOGO

Los viejos estereotipos no desaparecen fácilmente. A menudo es mucho más sencillo aferrarse a caricaturas equivocadas que realizar el arduo trabajo de investigar la verdad. Las palabras "puritano" y "puritánico" son un buen ejemplo de ello. En el *Canadian Oxford Dictionary*, por ejemplo, después de ofrecer una explicación histórica estándar de estos términos, se señala que el adjetivo "puritánico" (puritanical) significa "alguien opuesto al placer". No es de extrañar, entonces, que los puritanos sean frecuentemente ridiculizados por nuestra cultura amante del placer. Ciertamente, algunas palabras con asociaciones históricas definidas las pierden al entrar en el uso común; pero no ocurre así con estas palabras ni con sus derivados.

El periodista y satirista H. L. Mencken (1880–1956) resumió de manera brillante la perspectiva de nuestra cultura sobre el puritanismo al definirlo como "el temor persistente de que alguien, en algún lugar, pueda estar siendo feliz", y al afirmar que "solo hay un impulso honesto en el fondo del puritanismo, y es el impulso de castigar al hombre con una capacidad superior para la felicidad". Pero la verdad, cuando se examina, es muy distinta. Como observó en una ocasión el historiador marxista Christopher Hill (1912–2003), experto en la historia británica del siglo XVII, "muy pocos de los llamados 'puritanos' eran 'puritánicos'". Es cierto que entre ellos pueden encontrarse algunos aguafiestas sombríos, pero no deben considerarse representativos del conjunto.

Los puritanos eran personas serias, pero sabían cuándo reír. Las sonrisas y la risa, sostenía Richard Bernard (1568–1641), formaban parte de una buena vida. Y su contemporáneo Richard Sibbes (1577–1635) afirmaba con convicción que "el gozo es la morada de los justos". En cuanto a la sexualidad, William Gouge (1575–1653), un destacado puritano, podía animar a los matrimonios a mantener relaciones sexuales con "deleite, prontitud y alegría", puesto que eran esenciales para el matrimonio. Otro líder puritano, Richard Baxter (1615–1691), exhortaba a los esposos a recordar que no hay nada que el "corazón humano desee de manera tan desordenada como el deleite". Por tanto, el esposo y la esposa deben complacerse el uno en el otro. "Alégrate en tu esposa", instaba Baxter a los esposos, y luego citaba la Escritura: "Que sus senos te satisfagan en todo tiempo, su amor te embriague para siempre" (Pr. 5:19). De hecho, como demuestra abundantemente este nuevo estudio sobre el matrimonio de Joel R. Beeke y James A. La Belle, la práctica y la perspectiva puritanas del matrimonio contienen una sabiduría que nuestra cultura contemporánea necesita con urgencia.

Los puritanos fueron fuertes precisamente en las áreas más débiles del pensamiento matrimonial moderno. Reflexionaron profunda y extensamente sobre esta institución divina, ya que el matrimonio había sido un importante campo de batalla en el mundo de Europa occidental desde la Reforma del siglo XVI. Como resultado, fueron, como se ha señalado, profundamente bíblicos en su comprensión de la sexualidad dentro del matrimonio, y asimismo sólidamente escriturales en su condena de la inmoralidad sexual —ambas cosas que nuestra época necesita oír desesperadamente. Los puritanos también destacan, y con razón, en su énfasis en los deberes y responsabilidades de la vida matrimonial, lo cual contrasta con gran parte del pensamiento moderno, donde el concepto de "deber" ha caído en desuso. Desde hace tiempo he considerado la literatura puritana sobre el matrimonio como uno de los materiales más profundos disponibles en lengua inglesa sobre este tema y, en muchos sentidos, como un recurso ampliamente descuidado para la vida cristiana en la actualidad—y este libro confirma ampliamente esa convicción. En un tiempo en que el matrimonio vuelve a ser un campo de batalla, este estudio es de lectura obligatoria.

—Michael A. G. Haykin
The Southern Baptist Theological Seminary

INTRODUCCIÓN BIOGRÁFICA

Los puritanos creían que los matrimonios piadosos eran fundamentales para la vida futura de las familias, las iglesias y las naciones. Por ello, escribieron abundantemente sobre el tema del matrimonio, procurando llevar una reforma bíblica integral a este ámbito. Martín Lutero, Juan Calvino y otros reformadores anteriores habían iniciado esta tarea, pero los puritanos la desarrollaron mucho más, redactando numerosos tratados detallados sobre cómo vivir como cónyuges piadosos. De la abundante riqueza de material disponible del siglo XVII, hemos reunido en este libro sus principales enseñanzas.

En esta introducción resumiremos brevemente a los primeros autores ingleses que citamos. Los presentamos en orden alfabético. Puede encontrarse más información sobre la mayoría de ellos y sus escritos en *Conoce a los Puritanos* (Meet the Puritans).[1]

Autores ingleses tempranos

Henry Ainsworth (1569–1622) fue un brillante erudito del Antiguo Testamento hebreo. Como congregacionalista que se separó de la iglesia de Inglaterra, dejó su patria para pastorear una iglesia en los Países Bajos. Es más conocido por sus *Anotaciones* (Annotations) sobre el Pentateuco, los Salmos y el Cantar de los Cantares.

Vincent Alsop (1630–1703), enérgico y a veces polémico defensor del puritanismo reformado, sirvió en la iglesia de Inglaterra hasta ser

[1] Joel R. Beeke y Randall J. Pederson, *Meet the Puritans: With a Guide to Modern Reprints* (Grand Rapids: Reformation Heritage Books, 2012).

expulsado de su púlpito en 1662. Además de sus diversas publicaciones polémicas, escribió un breve tratado sobre Tito 2:10 titulado *Piedad Práctica* (Practical Godliness).

Isaac Ambrose (1604–1664), ministro presbiteriano de corazón ferviente, también sirvió en la iglesia de Inglaterra hasta 1662. Su libro *Mirando a Jesús* (Looking unto Jesus) es un clásico de la devoción puritana centrada en Cristo. Otras obras suyas, *Prima, Ultima y Media*, tratan sobre la regeneración, la muerte, el cielo, el infierno y el crecimiento espiritual en esta vida presente.

William Ames (1576–1633) fue un teólogo sistemático de primer orden, como se aprecia en *La Médula de la Teología* (The Marrow of Divinity). También escribió teología práctica, como *La Conciencia con Su Poder y Sus Casos* (Conscience with the Power and Cases Thereof). Puritano y congregacionalista, también dejó Inglaterra para servir en los Países Bajos. Sus libros influyeron en los puritanos de Nueva Inglaterra y en la Nadere Reformatie (Reforma Posterior) neerlandesa.

Richard Baxter (1615–1691), uno de los más prolíficos puritanos, fue presbiteriano. Su ministerio pastoral en Kidderminster fue decisivo para el avivamiento de toda la ciudad. Aunque sus puntos de vista sobre la justificación y la expiación se apartaban de la corriente principal reformada, sus escritos prácticos, como *El Directorio Cristiano* (The Christian Directory) y *El Descanso Eterno de los Santos* (The Saints' Everlasting Rest), están llenos de discernimiento, consuelo y orientación práctica.

Robert Bolton (1572–1631) fue un erudito dotado y ministro fiel cuyo propio corazón fue quebrantado por sus pecados mientras estudiaba en Oxford. Llegó a ser un verdadero médico de almas, combinando doctrina bíblica con consejo práctico para guiar a los pecadores a caminar delante de Dios con una conciencia limpia.

Thomas Boston (1676–1732) es algo inusual entre los aquí mencionados, pues fue un presbiteriano escocés que ministró a comienzos del siglo XVIII. Aunque pastoreó pequeñas parroquias en Simprin y Ettrick y sufrió mucho debido a la enfermedad mental de su esposa, Boston entregó su vida a la fiel disciplina de predicar la Palabra. Defendió la doctrina de la salvación por sola gracia en la controversia en torno al libro de Edward Fisher, *La Médula de la Teología Moderna* (The Marrow of Modern Divinity). Sus sermones sobre el Catecismo Menor constituyen una teología sistemática completa y experiencial. Su obra *La Naturaleza Humana en Su Estado Cuádruple* (Human Nature in Its Fourfold State) moldeó profundamente a cristianos británicos y estadounidenses con sus enseñanzas sobre el pecado, la regeneración, la unión con Cristo, el cielo y el infierno.

Immanuel Bourne (1590–1672) sirvió como ministro en la iglesia de Inglaterra. Se alineó con los presbiterianos al inicio de la Guerra Civil, pero se conformó tras la restauración de la monarquía. Su libro sobre el matrimonio, *Una Cadena de Oro de Instrucciones* (A Golden Chain of Directions), fue altamente recomendado por el puritano presbiteriano Henry Wilkinson.

Nicholas Byfield (1579–1622) ministró fielmente a la parroquia de Chester, Inglaterra, a pesar de sufrir crónicamente de cálculos renales —que finalmente le causaron la muerte. Escribió varios libros, incluido un comentario sobre 1 Pedro, pero es más conocido por su exposición de Colosenses, compuesta por sermones predicados intermitentemente durante siete años.

Thomas Gataker (1574–1654), ministro y lingüista, sirvió en la Asamblea de Westminster —siendo uno de los pocos teólogos que favorecían el episcopado— y escribió las *Anotaciones* (Annotations) sobre Isaías, Jeremías y Lamentaciones. Redactó diversas obras teológicas y polémicas en inglés y latín. También produjo una edición crítica de las *Meditaciones* (Meditations) de Marco Aurelio. Varios de sus sermones fueron recopilados y publicados como *Ciertos Sermones* (Certain Sermons).

William Gouge (1575–1653), otro destacado erudito y miembro de la Asamblea de Westminster, predicó durante cuarenta y cinco años como conferenciante en St. Anne Blackfriars, Londres. Publicó un importante comentario sobre Hebreos, un estudio sobre la guerra espiritual titulado

La Armadura Completa de Dios (The Whole Armour of God) y un clásico sobre la vida familiar, *De los Deberes Domésticos* (Of Domestical Duties), modernizado recientemente bajo el título *Edificando un Hogar Piadoso* (Building a Godly Home, en tres volúmenes). Esta fue la gran obra clásica puritana sobre el matrimonio y la crianza de los hijos.

Richard Greenham (c. 1542–1594) fue pionero en la teología práctica puritana, forjada en las dificultades de su ministerio en la aldea de Dry Drayton. Formó a hombres como Arthur Hildersham y Henry Smith, e influyó en muchos otros ministros para aplicar el evangelio a la conciencia y a la vida. Sus *Obras* (Works) recopiladas están llenas de la sabiduría de un pastor ejemplar.

William Greenhill (1598–1671) huyó a los Países Bajos con Jeremiah Burroughs a fines de la década de 1630 debido a su puritanismo, donde dirigieron una iglesia congregacional. De regreso en Inglaterra, Greenhill participó en la Asamblea de Westminster y sirvió como pastor congregacional. Su extenso comentario sobre Ezequiel manifiesta gran discernimiento espiritual.

Ezekiel Hopkins (1634–1690) sirvió en la iglesia de Inglaterra, conformándose tras la Restauración. En 1681 fue nombrado obispo de Derry, en Irlanda del Norte. Sus *Obras* (Works) contienen numerosos tratados edificantes sobre temas como el Padrenuestro, los Diez Mandamientos, las doctrinas del pecado, los pactos, la regeneración, la vida cristiana práctica y el "casi cristiano".

Thomas Manton (1620–1677), puritano presbiteriano, favoreció el retorno de la monarquía, pero fue expulsado de su ministerio por negarse a conformarse al Acta de Uniformidad (1662). Gran parte de sus *Obras* (Works) consiste en sermones expositivos sobre porciones de la Escritura, incluyendo el Salmo 119, Isaías 53, Mateo 25, Juan 17, Romanos 6 y 8, 2 Tesalonicenses 2, Hebreos 11, Santiago y Judas.

John Maynard (1600–1665), otro teólogo de la Asamblea de Westminster, ministró en Mayfield, Sussex, hasta ser expulsado de su cargo. Además de algunos sermones predicados ante el Parlamento, sus obras publicadas incluyen meditaciones sobre los seis días de la creación y un tratado sobre la armonía entre la ley y el evangelio.

William Perkins (1558–1602) fue un patriarca del puritanismo isabelino tardío. Sus sermones en la iglesia de St. Andrew influyeron en muchos estudiantes en Cambridge. Hoy es más conocido por su tratado práctico sobre la doble predestinación, *Una Cadena de Oro* (A Golden Chain). Sus escritos incluyen comentarios sobre el Sermón del Monte, Gálatas, Hebreos 11 y Apocalipsis 1–3; exposiciones del Credo Apostólico y del Padrenuestro; escritos polémicos contra el catolicismo romano; y numerosos tratados sobre la vida y el ministerio cristianos prácticos. Han sido traducidos a múltiples idiomas europeos e influyeron en el movimiento reformado internacional. Las *Obras completas de William Perkins* (Works of William Perkins) están siendo reimpresas actualmente por Reformation Heritage Books.

George Petter (c. 1586–1654), tras completar sus estudios en Trinity College, Cambridge, fue nombrado ministro en la aldea de Brede, en Sussex, donde sirvió durante cuarenta y cuatro años. Su hermano decía que "conversaba mucho con hombres muertos en su estudio", y su diligencia produjo un extenso comentario sobre el evangelio de Marcos.

Edward Reyner (1600–1660) sirvió como conferenciante (predicador) en Lincoln durante más de tres décadas, salvo un breve período en los tiempos turbulentos de las Guerras Civiles inglesas. Fue congregacional en su eclesiología. Su libro *Preceptos para la Práctica Cristiana* (Precepts for Christian Practice) fue reimpreso varias veces a mediados del siglo XVII. También escribió *Consideraciones Acerca del Matrimonio* (Considerations Concerning Marriage).

Daniel Rogers (1573–1652) fue ministro de la iglesia de Inglaterra hasta ser suspendido por el arzobispo Laud en 1629 por negarse a conformarse. Escribió una obra extensa, *Naamán el Sirio: Su Enfermedad y Su Cura* (*Naaman the Syrian, His Disease and Cure*), así como un libro sustancial sobre el matrimonio, *Honor Matrimonial* (*Matrimoniall Honour*).

Henry Scudder (c. 1585–1652) fue un pastor fiel y teólogo de la Asamblea de Westminster. Su libro *El Caminar Diario del Cristiano* (The Christian's Daily Walk) llegó a ser un clásico de la literatura devocional inglesa (y, en traducción neerlandesa, también en los Países Bajos), recibiendo elogios de Richard Baxter y John Owen.

William Secker (m. ¿1681?) fue ministro de la iglesia All-Hallows en Tottenham, Middlesex (actualmente al norte de Londres). Publicó un sermón nupcial, *Un Anillo de Bodas Digno del Dedo, o el Bálsamo de la Divinidad para la Herida de la Humanidad* (A Wedding Ring Fit for the Finger, or the Salve of Divinity on the Sore of Humanity), y un volumen de sermones, *El Profesor Sin Igual en Su Gloria Meridiana, o las Acciones Singulares de los Cristianos Santificados* (The Nonsuch Professor in His Meridian Glory, Or the Singular Actions of Sanctified Christians).

Henry Smith (1560–1591) fue un predicador isabelino de "lengua de plata", discipulado por Richard Greenham. No estaba de acuerdo con todas las prácticas de la iglesia de Inglaterra, pero permaneció en ella, promoviendo no tanto un cambio estructural como una renovación espiritual. Sus *Obras* (Works) publicadas consisten en una colección de cincuenta y seis sermones que conocieron numerosas ediciones.

Richard Steele (1629–1692), ministro presbiteriano, sufrió la expulsión por negarse a conformarse al Acta de Uniformidad, el acoso de las autoridades, falsas acusaciones contra su carácter y la tuberculosis. Sin embargo, perseveró en la fe y en el ministerio de la Palabra. Entre sus escritos publicados se encuentra una guía práctica para cristianos en el ámbito laboral, *El Comerciante Religioso* (*The Religious Tradesman*), así como su sermón en los Ejercicios Matutinos (Morning Exercises) sobre los deberes de esposos y esposas.

Richard Stock (c. 1569–1626), tras completar sus estudios en Cambridge, fue pastor de la iglesia All-Hallows en Bread Street, Londres. Fue amigo de John Davenant y Thomas Gataker, y John Milton creció en su congregación. Stock fue recordado como "una antorcha que ardía y alumbraba", tanto por la verdad de su predicación como por la santidad de su vida. Tradujo una obra de William Whitaker y escribió libros sobre el arrepentimiento, la doctrina de Dios y la profecía de Malaquías.

George Swinnock (c. 1627–1673) ministró en Buckinghamshire hasta ser expulsado de su cargo por el Acta de Uniformidad. Continuó predicando en privado y escribiendo. Sus escritos no son tan ricos doctrinalmente como los de algunos puritanos, pero muestran un talento excepcional para la ilustración. Su obra magna es *El Llamamiento del Cristiano* (The Christian Man's Calling), una consideración práctica de cómo la piedad debe moldear cada faceta de la vida.

Jeremy Taylor (1613–1667) fue ministro de la iglesia de Inglaterra, famoso por su espiritualidad devocional. No fue puritano, y al ser favorito del arzobispo Laud, no fue bien tratado durante el Commonwealth puritano. Tras la Restauración llegó a ser obispo en Irlanda del Norte y se opuso a los presbiterianos locales. Sus escritos más conocidos fueron orientaciones para la *Vida Santa* y la *Muerte Santa* (Holy Living y Holy Dying). Entre una serie de sermones publicados originalmente en 1673 se encuentra un mensaje titulado "El Anillo Matrimonial: o, el Misterio y los Deberes del Matrimonio" (The Marriage Ring: Or, The Mysteriousness and Duties of Marriage), del cual hemos citado libremente en este libro debido a su sustancia marcadamente afín al pensamiento puritano.

William Whately (1583–1639) fue un predicador puritano conocido como "El Muchacho Rugiente de Banbury", no por falta de reflexión o método, sino por la energía con que pronunciaba sus sermones. Fue autor de varios libros, incluidos tratados sobre el matrimonio, los Diez Mandamientos y el nuevo nacimiento.

Andrew Willet (1562–1621) fue un ministro reformado inglés y polemista contra el catolicismo romano. Los estudiosos debaten si debe considerársele puritano, aunque sus escritos reflejan claramente un modo de pensar puritano. Se dedicaba a ocho horas diarias de estudio, manteniendo al mismo tiempo una vida familiar activa y un ministerio productivo. Escribió una exposición en seis partes (*Hexapla*) de cada uno de los siguientes libros: Génesis, Éxodo, Levítico, Samuel, Daniel y Romanos.

Estilo Contemporáneo

Hemos colocado notas al pie para las citas directas de estos autores, utilizando las abreviaturas indicadas en la tabla de la sección siguiente. Gran parte del resto del material del libro resume sus pensamientos en una forma contemporánea. Debido al público al que se dirige esta obra —principalmente lectores laicos— hemos reducido al mínimo el uso de notas al pie. En ocasiones también hemos utilizado a otros autores para enriquecer nuestro tema; estos aparecen citados completamente en las notas correspondientes. A lo largo del libro se emplean ortografía y puntuación modernas. Al final de cada capítulo se incluyen preguntas de estudio para facilitar el trabajo en grupo.

Agradecimientos

Deseamos agradecer a nuestro fiel Señor y Salvador, el gran Novio de Su iglesia, por Su amor matrimonial hacia los Suyos. Sin que Él sea el Esposo perfecto, y sin el claro testimonio de la Escritura acerca de esta verdad en Efesios 5 y en muchos otros pasajes, la comprensión puritana del matrimonio habría sido gravemente deficiente. Anhelamos conocerle mejor en el matrimonio eterno y perfecto del cielo, donde Jesucristo será verdaderamente todo en todos (Col. 3:11).

Queremos agradecer a nuestras queridas esposas, Mary Beeke y Chantry La Belle, por su amoroso ejemplo al reflejar la relación de la iglesia con Cristo como ayudas idóneas fieles y preciosas. También damos gracias a nuestros queridos hijos por su apoyo afectuoso a nuestro ministerio de escritura. Nuestro sincero agradecimiento a Michael Haykin por su útil prólogo a este libro; a Phyllis TenElshof, Greg Bailey y Misty Bourne por su valiosa ayuda editorial; a Gary y Linda den

Hollander, nuestro excelente equipo de corrección y composición tipográfica; y a Amy Zevenbergen por el diseño de la portada.

Si este libro le ayuda a comprender mejor los propósitos, metas y deberes del matrimonio, y le mueve a vivir de manera más piadosa en su matrimonio, en y por medio de Cristo Jesús, para la gloria de Dios, nuestro trabajo habrá sido ampliamente recompensado.

—Joel R. Beeke y James A. La Belle

ABREVIATURAS Y BIBLIOGRAFÍA SELECTA

Ainsworth	Henry Ainsworth, *Annotations on the Pentateuch and the Psalms* (Ligonier, Pa.: Soli Deo Gloria, 1991).
Alsop	Vincent Alsop, "The Sinfulness of Strange Apparel", in *Practical Godliness: The Ornament of All Religion* (Morgan, Pa.: Soli Deo Gloria, 2003), 103–72.
Ambrose	Isaac Ambrose, "Family Duties", in *Media: the Middle Things, in reference to the First and Last Things; or, The Means, Duties, Ordinances, both Secret, Private, and Publick, for continuance and increase of a godly life, (once begun,) till we come to Heaven*, in *The Works of Isaac Ambrose* (London: Rowland Reynolds, 1674), 228–38.
Ames	William Ames, *Conscience With the Power and Cases Thereof* (Puritan Reprints, 2010).
Anonymous	*The New Whole Duty of Man*, The Nineteenth Edition (London: Printed only for John Hinton, at the King's Arms, in Newgate Street, n.d.), 219–32, 394–96. Often attributed to Richard Allestree.
D. B.	*The Honourable State of Matrimony Made Comfortable, or An Antidote Against Discord Betwixt Man and Wife: being Special Directions for the Procuring and Preserving of Family Peace* (London: Francis Pearse, 1685).
Baxter	Richard Baxter, *The Godly Home*, ed. Randall J. Pederson (Wheaton, Ill.: Crossway Books, 2010).
Baxter, *Works*	Richard Baxter, "The Poor Man's Family Book", in *The Practical Works of Richard Baxter* (Morgan, Pa.: Soli Deo Gloria, 1996), 4:234–35.

Bayne	Paul Bayne, *An Entire Commentary Upon the Whole Epistle of St Paul to the Ephesians* (Stoke-on-Trent, England: Tentmaker, 2007), 337–54.
Bolton	Robert Bolton, *General Directions for a Comfortable Walking with God* (Morgan, Pa.: Soli Deo Gloria, 1995), 262–82.
Boston	Thomas Boston, *The Works of Thomas Boston*, ed. Samuel M'Millan (Wheaton, Ill: Richard Owen Roberts, 1980), 2:212–19; 4:209–218.
Bourne	Immanuel Bourne, *A Golden Chain of Directions, with Twenty Gold-links of love, to preserve love firm between Husband and Wife, during their lives. Profitable to all, that are already Married, or that intend to take the Honourable and Holy estate of Marriage upon them hereafter. Advising for a Right Choice in Marriage, and how to keep from those sad consequences [which] have fallen out in too many Families, sometimes upon small dislike between Husband and Wife. That happiness may be the inheritance of parents and posterities, through the grace of God in Jesus Christ* (London: Printed by J. Streater for George Sanbridge, 1669).
Byfield	Nicholas Byfield, *An Exposition Upon the Epistle to the Colossians* (Stoke-on-Trent, England: Tentmaker, 2007), 346–56.
Davenant	John Davenant, *Colossians* (Edinburgh: Banner of Truth, 2005).
Gataker	Thomas Gataker, *Certaine Sermons, First Preached, and After Published at several times, by M. Thomas Gataker B. of D. and Pastor at Rotherhith, and now Gathered together into One Volume* (London: by John Haviland for Phylemon Stephens and Christopher Meredith, 1637).
Gouge	William Gouge, *Of Domestical Duties* (Pensacola: Puritan Reprints, 2006). [Edited and modernized by Scott Brown and Joel R. Beeke as *Building a Godly Home*, 3 vols. (Grand Rapids: Reformation Heritage Books, 2013–14).]
Greenham	Richard Greenham, "A Treatise of a Contract Before Marriage" in *The Works of the Reverend and Faithfvll Servant of Iesus Christ M. Richard Greenham, Second ed.*

(London: by Felix Kingston for Ralph Iacson, 1599), 278–88.

Greenhill — William Greenhill, *An Exposition of Ezekiel* (Edinburgh: Banner of Truth, 1994), 441–43.

Hopkins — Ezekiel Hopkins, *The Works of Ezekiel Hopkins*, ed. Charles W. Quick (Morgan, Pa.: Soli Deo Gloria, 1995), 1:413–26.

Manton — Thomas Manton, *The Works of Thomas Manton* (Birmingham: Solid Ground Christian Books, 2008), 2:162–72; 19:436–76.

Maynard — John Maynard, *The Beauty of Order of the Creation. Together with Natural and Allegorical Meditations on the Six Dayes Works of the Creation. With the Addition of two Compendious Discourses* (London: William Gearing, 1668), 175–84.

Perkins — William Perkins, "A Golden Chaine," in *The Workes of that Famovs and Worthie Minister of Christ, in the Vniversitie of Cambridge, M. W. Perkins* (London: John Legate, 1608), 1:60–61.

Petter — George Petter, *A Learned, Pious, and Practical Commentary Upon the Gospel According to St. Mark* (London: F. Streater, 1661), 704–705.

Reyner — Edward Reyner, *Considerations Concerning Marriage: the Honor, Duties, Benefits, Troubles of it. Whereto are added, 1) Directions in two particulars: a. How they that have wives may be as if they had none. b. How to prepare for parting with a dear yoke-fellow by death or otherwise. 2) Resolution of this Case of Conscience: Whether a man may lawfully marry his wife's sister?* (London: by J. T. for Thomas Newbery, 1657).

Rogers — Daniel Rogers, *Matrimonial Honor* (Virginia: Edification Press, 2010).

Scudder — Henry Scudder, *The Godly Man's Choice: or A Direction how single godly persons, who intend marriage, may make choice of a fit and meet yoak-fellow; being the meditations of Caleb Granthamin his single estate, as a rule and guide for himself to walk by; and since his death perused and published with some profitable directions how persons should live as becometh Christians in the married estate* (London: by Mathew Simmons for Henry Overton, 1644).

Secker — William Secker, "The Wedding Ring," in *The Nonsuch Professor—Wedding Ring* (Virginia: Sprinkle Publications, 1997), 245–69.

Smith — Henry Smith, "A Preparative to Marriage," in *The Works of Henry Smith* (Stoke-on-Trent: Tentmaker Publications, 2002), 1:1–40.

Steele — Richard Steele, "What are the duties of husbands and wives towards each other?" in *Puritan Sermons 1659–1689*, 2:272–303.

Ste. B. — Ste. B., *Counsel to the Husband; to the Wife Instruction: a short and pithy treatise of several and joynt duties, belonging unto man and wife, as counsels to the one, and instructions to the other; for their more perfect happiness in this present life, and their eternal glorie in the life to come* (London: by Felix Kyngston, for Richard Boyle, 1605).

Stock — Richard Stock, *A Commentary Upon the Prophecy of Malachi* (Stoke-on-Trent, England: Tentmaker, 2006), 168–91.

Swinnock — George Swinnock, *The Christian Man's Calling*, in *The Works of George Swinnock* (Edinburgh: Banner of Truth, 1992), 1:464–528.

Taylor — Jeremy Taylor, *The Marriage Ring* (1673; repr., New York: John Lane Company, 1907).

Whately, *A Bride-Bush* — William Whately, *A Bride-Bush, or, A Direction for Married Persons, plainly describing the duties common to both, and peculiar to each of them. By performing of which, Marriage shall proove a great help to such, as now for want of performing them, doe finde it a little hell* (London: Printed by Bernard Alsop for Beniamin Fisher, and are to be sold at his shop in Paternoster Rowe, at the signe of the Talbot, 1623).

Whately, *A Care-Cloth* — William Whately, *A Care-Cloth: or, A Treatise of the Cumbers and Troubles of Marriage; intended to advise them that may, to shun them; [and them] that may not, well and patiently to beare them* (London: Imprinted by Felix Kyngston for Thomas Man, 1624).

Willet	Andrew Willet, *Hexapla in Genesin, that is, a Sixfold Commentary Upon Genesis* (London: Printed by Thomas Creede, for Thomas Man, 1608), 1–44.

Recursos sobre la Visión Puritana del Matrimonio

den Ouden	P. den Ouden, *Liefde en trouw bij de puriteinen*, 3rd ed. (Houten, the Netherlands: Den Hertog, 2010).
Packer	J. I. Packer, *A Quest for Godliness: The Puritan Vision of the Christian Life* (Wheaton, Ill.: Crossway, 1994), 259–73.
Parker and Carlson	Kenneth L. Parker and Eric J. Carlson, *'Practical Divinity': The Works and Life of Revd Richard Greenham*, St. Andrews Studies in Reformation History (Aldershot, England: Ashgate Publishing, 1998).
Ryken	Leland Ryken, Worldly Saints: The Puritans as They Really Were (Grand Rapids: Zondervan, 1986), 39–54, 75–78.

INTRODUCCIÓN

El matrimonio está hoy bajo ataque, tanto desde fuera como desde dentro. A nuestro alrededor presenciamos la disolución y el intento de erradicación del matrimonio tal como fue creado por Dios y celebrado en Su Palabra. Lo que antes se definía como "una comunión de vida entre un hombre y una mujer unidos conforme a la ordenanza de Dios"[1] está siendo redefinido en la actualidad. Lo que nuestros antepasados entendían como la institución fundamental no solo de toda sociedad sino de la raza humana[2] es ahora relegado por muchos a una página de la historia reservada para lo superado e inútil. Lo que hoy se considera matrimonio, como se evidencia en las nociones y expectativas de muchas personas que se casan, a menudo resulta apenas reconocible desde la perspectiva de la ordenanza original de Dios sobre el matrimonio.

El ataque al matrimonio desde *dentro* es el fruto venenoso de nuestra rebelión innata contra Dios. Nacemos en enemistad contra Dios y, por naturaleza, nos rebelamos contra Su ley (Ro. 8:7–8). No hay temor de Dios delante de nuestros ojos (Ro. 3:18) y no queremos que Él reine sobre nosotros (Lc. 19:14). Sus caminos desagradan a nuestros intereses egoístas. Su ley es aborrecible para nuestra búsqueda de libertad. Su soberanía resulta intolerable para nuestra creencia en la autonomía humana. Por ello, el matrimonio instituido por la soberanía de Dios, diseñado conforme a los caminos de Dios, regulado por las leyes de Dios y orientado a la gloria de Dios, a menudo es puesto en el torno del alfarero

1 Smith, 1:5

2 El matrimonio es "la primera relación que existió en el mundo, y de la cual proceden todas las demás... Las leyes del cielo respecto a [ello], si se observaran, harían felices a las sociedades, familias, etc.; y cuando se descuidan, mantienen al mundo en desorden caótico" (Boston, 2:212). Véase también Gataker, 3; Reyner, iii, 45; Steele, *Puritans Sermons*, 2:272.

del antropocentrismo para darle una nueva forma, o bien rechazado por completo simplemente porque es "de Dios".

Irónicamente, la mayoría de las personas desean los beneficios del matrimonio, tales como la intimidad sexual, la compañía, el consuelo de alguien con quien compartir alegrías y tristezas, y los hijos para criarlos, perpetuar el apellido familiar y heredar su patrimonio. Pero no desean lo que consideran el yugo, las restricciones, el compromiso y los deberes que acompañan al matrimonio conforme al diseño de Dios. No quieren que Dios esté mirándoles por encima del hombro diciéndoles cómo "vivir" el matrimonio. Por eso se oponen al matrimonio tal como Dios lo estableció y procuran remodelarlo según su propia imagen, dando rienda suelta a los deseos pecaminosos, atribuyendo autoridad a sus propias opiniones y haciendo lo que bien les parece.

Este ataque interno al matrimonio se combina con un ataque *externo* proveniente de una cultura en la que el compromiso y los límites del matrimonio no solo se consideran una restricción a la libertad personal, sino también un estorbo para la felicidad. Esta perspectiva presenta el matrimonio según el diseño de Dios como una empresa miserable. A este desprecio se suma la idea de que el matrimonio conforme a la voluntad de Dios está pasado de moda. Hemos "madurado"; hemos avanzado como cultura y dejado atrás el matrimonio visto como una "bola y cadena" de generaciones anteriores. En su lugar, se aprueban las "amistades con beneficios", la convivencia sin matrimonio y las relaciones abiertas en las que los compañeros son libres de mantener otras relaciones sexuales.

Mientras muchos desechan el matrimonio y quieren superarlo, otros lo pervierten redefiniéndolo como la unión de personas en relaciones homosexuales. Estas personas buscan tanto aceptación pública como el derecho a contraer matrimonio. Para ellas, la "madurez" de nuestra sociedad implicaría aceptar su orientación sexual como un estilo de vida alternativo válido y redefinir el matrimonio para constituir legalmente su relación como matrimonio.

¿Quién no puede ver que esto no es simplemente un intento de cambiar la visión de Dios sobre el matrimonio, sino, en última instancia, de erradicarlo? ¿Qué ocurrirá si tal intento tiene éxito? Ya la familia, la iglesia, nuestra sociedad y la cultura en general están sufriendo por causa del ataque al matrimonio. ¿En qué terminará todo esto si esta rebelión contra Dios continúa? ¿Podemos resistir obstinadamente a Dios sin sufrir daño o consecuencias? El matrimonio fue la primera relación humana instituida en el mundo y es, por tanto, la fuente de la cual proceden todas las demás; su disolución *no puede* producirse sin graves consecuencias para cada otra relación en la sociedad. La prisa por legalizar las relaciones homosexuales como matrimonios adolece tanto de ceguera como de insensibilidad —ceguera ante las peligrosas implicaciones de tal acción e insensibilidad ante los clamores de la conciencia que advierten que tal cosa no debería hacerse.

Es necesario hacer algo para recuperar el matrimonio y restaurarlo a la bendición ordenada por Dios para la familia, la iglesia y la sociedad, y es preciso hacerlo *ahora*. El panorama rápidamente cambiante del matrimonio clama por alguien que lo rescate y lo encamine nuevamente antes de que se salga completamente de control. Pero ¿qué podemos hacer para lograr este rescate? ¿Cómo restaurar el matrimonio como una ordenanza de Dios instituida para nuestro bien y Su gloria? ¿Cómo devolverlo a su lugar legítimo como beneficio para la familia, la iglesia, la sociedad en general y el mundo entero?

La restauración comienza con la recuperación de lo que la Palabra de Dios enseña acerca del matrimonio. Dios no solo creó el matrimonio, sino que lo creó para Su gloria. La única esperanza que tenemos para su restauración es acudir a Su Palabra y permitir que ella sea la autoridad final en cuanto al matrimonio. En Su Palabra, Dios nos enseña cómo pensar acerca del matrimonio, cómo prepararnos para él, sobre qué fundamento edificar un matrimonio piadoso, a qué deberes nos obliga el matrimonio y cómo cumplirlos correctamente, qué luchas debemos esperar en él y cómo enfrentarlas, y cómo perseverar en un matrimonio difícil. Dios no nos ha dejado en tinieblas respecto de una ordenanza tan importante y fundamental como el matrimonio. Nos ha dicho qué es, por qué lo creó, cómo disfrutarlo y cómo glorificarle en él.

Para descubrir lo que la Palabra de Dios enseña sobre el matrimonio, exploraremos los escritos y sermones de numerosos puritanos. Estos puritanos fueron ministros de la Palabra de siglos anteriores que no solo manifestaron una comprensión profundamente bíblica del matrimonio, sino que también llamaron a las personas a disfrutar las abundantes bendiciones del estado matrimonial alineando sus matrimonios con la Palabra de Dios y viviendo en ellos para la gloria de Dios.

Con su ayuda, expondremos lo que la Escritura enseña acerca de esta relación fundamental entre esposo y esposa. Ya sea que esté preparándose para el matrimonio, que se haya casado recientemente o que esté celebrando muchos años de vida matrimonial, nuestra oración es que Dios ilumine su mente respecto a Su propósito para el matrimonio y le capacite para disfrutar las ricas y deleitosas bendiciones del matrimonio mediante la conformidad a Su voluntad, pues Él ha vinculado Sus bendiciones a sus deberes.

§1. LA INSTITUCIÓN Y EL HONOR DEL MATRIMONIO

La realineación de nuestras convicciones y prácticas respecto al matrimonio con la enseñanza de la Palabra de Dios debe comenzar con una comprensión del matrimonio tal como Dios lo instituyó y con una valoración del honor que Él le confiere. Aunque hoy muchos menosprecian el matrimonio y lo consideran el sepulcro del placer, un yugo de esclavitud o, en el mejor de los casos, un mal necesario, debemos recordar que Dios declaró que era "muy bueno" (Gn. 1:31) y le otorga un honor que ningún cinismo humano puede quitar ni ningún matrimonio fracasado puede refutar (Heb. 13:4). Comencemos, pues, considerando brevemente la institución del matrimonio y luego examinemos las muchas razones por las cuales es honorable.

La Institución del Matrimonio

Puesto que no podemos hablar de vivir para la gloria de Dios en el matrimonio sin comenzar con el matrimonio tal como Dios mismo lo creó y definió, debemos acudir a Génesis 2:22–25. De este pasaje podemos hacer cuatro observaciones acerca de la institución del matrimonio.

En primer lugar, obsérvese que el versículo 22 no solo habla de la creación de Eva, sino también del matrimonio de Adán y Eva y, por tanto, de la institución del matrimonio como una ordenanza de Dios. Dios no solo creó a la mujer *del* hombre, sino *para* el hombre, una esposa para un esposo, a fin de que Adán y Eva sirvieran como nuestros primeros padres (Hch. 17:26) y para que el matrimonio fuera la fuente de todas las sociedades humanas.[1] Dios trajo a Eva a Adán para que fuese su esposa. Sobre este versículo, George Swinnock comentó: "Dios... casó a la primera pareja que existió en el mundo. Su Creador fue su ministro para unirlos".[2] Henry Ainsworth afirmó: "Dios, su edificador, fue también quien la trajo, y así quien la unió en matrimonio con el hombre".[3] George Petter exhortó a sus lectores a "considerar la antigüedad del estado matrimonial, instituido por Dios desde el tiempo de la primera creación del hombre, al comienzo del mundo, tan pronto como el hombre fue creado, sí, en la misma creación... Véase [Génesis] 2:22, donde tan pronto como la mujer fue creada, Dios la trajo a Adán para que fuese su esposa".[4]

El hecho de traer la mujer al hombre debe entenderse a la luz del acto previo de Dios al traer todos los animales ante Adán. Como dice Génesis 2:19–20: "Y el SEÑOR Dios formó de la tierra todo animal del campo y toda ave del cielo, y los trajo al hombre para ver cómo los llamaría". El propósito del papel de Adán al nombrar a los animales era mucho más que conocerlos y asignarles nombres que reflejaran sus diferencias. También era que Adán viera por sí mismo que entre aquellas criaturas sobre las cuales debía ejercer dominio (Gn. 1:28) no había ayuda idónea para él. Según Génesis 2:18, el Señor declara que no es bueno que el hombre esté solo y anuncia: "Le haré una ayuda adecuada".

Al nombrar a los animales, Adán debía reconocer cuán inadecuadas eran las criaturas para ser la ayuda que necesitaba en el matrimonio. Antes de entrar en el matrimonio, debía comprender que la afinidad entre esposo y esposa sería muy superior a su relación con cualquier otra cosa creada por Dios. Debía ver que Dios hizo a la mujer *para* él, a fin de que fuera más agradecido por ella y más fiel a ella —dos marcas necesarias de un matrimonio feliz. John Maynard lo explicó así:

---

1 Reyner, 45.
2 Swinnock, 1:464.
3 Ainsworth, 1:16.
4 Petter, 704.

> Dios es el gran Casamentero y el Autor del matrimonio. Dios trajo todas las criaturas ante Adán, pero entre todas no halló ayuda idónea para él, y por eso trajo a la mujer con otro propósito; y al traerla, la unió a él en matrimonio; y Adán, por su parte, con corazón alegre y agradecido, la recibe de la mano de Dios y le da un nombre correspondiente.[5]

En cuanto a la idoneidad de la mujer para Adán, William Secker dijo:

> Los ángeles estaban demasiado por encima de él; las criaturas, demasiado por debajo; no podía elevarse hasta los primeros ni rebajarse a los segundos; unos estaban fuera de su alcance, los otros fuera de su esfera; pero la mujer es una línea paralela trazada igual a él; debe serle adecuada.[6]

Así, cuando Dios trajo a la mujer a Adán en el versículo 22 y él la llamó "mujer", fue porque reconoció no solo su idoneidad, sino también que había sido creada por Dios *para* él, para ser su esposa y ayuda en sus deberes delante de Dios como su Creador.

En apoyo de esta interpretación, considérese el uso que nuestro Señor hace de Génesis 2:22 al responder a la pregunta de los fariseos acerca de la licitud del divorcio por cualquier causa (Mt. 19:3). En Mateo 19:3–6, Jesús declara la ilegitimidad del divorcio "por cualquier motivo" remitiendo a la institución del matrimonio por Dios en la creación. Les dice que cuando el hombre deja a su padre y a su madre, debe unirse inseparablemente a su esposa en matrimonio, pues esto marca no solo su separación de los padres, sino también el inicio de su propio hogar y familia. Al hacerlo, el hombre y la mujer se convierten en una sola carne, no solo *delante* de Dios (v. 5), sino *por* el acto mismo de Dios al unirlos en matrimonio (v. 6).

Obsérvese que Jesús fundamenta Su argumento en la creación del hombre y la mujer "desde el principio" (v. 4). Es decir, para responder a

[5] Maynard, 177–78.
[6] Secker, 263–64.

una pregunta sobre la disolución del matrimonio, Jesús apela a su institución divina, la cual declara que tuvo lugar en la creación de Adán y Eva como varón y hembra (Gn. 1:27), pues Dios los *unió* en matrimonio cuando "la trajo al hombre" (Gn. 2:22).

Una segunda observación es que, por definición, el matrimonio es la unión que Dios hace de un hombre y una mujer como una sola carne (vv. 22–23). Si Dios unió a Adán y Eva en matrimonio tan pronto como los creó, significa que los creó varón y mujer con el *propósito* de casarlos. Creó ambos sexos para instituir el matrimonio desde el principio. Creó a los dos integrantes del matrimonio para instituir el primer matrimonio y declarar de una vez por todas que los contrayentes que constituyen un matrimonio son un hombre y una mujer. George Swinnock escribió: "En la creación del mundo, Dios quiso hacerlo por pares —cielo y tierra, sol y luna, mar y tierra firme, noche y día, hombre y mujer. El matrimonio debe ser entre un hombre y una mujer (Mt. 19:5)".[7]

Cualquier desviación de este orden corrompe el ideal y pervierte la santa institución de Dios. Por tanto, las uniones entre personas del mismo sexo no pueden ser matrimonios, pues ello contradice la institución divina.[8] Por un lado, no pueden ser matrimonios porque Dios no unió hombre con hombre ni mujer con mujer (Gn. 2:22); por otro, no pueden *llamarse* matrimonios porque son contrarias a la naturaleza, la cual testifica que a quienes Dios destinó para el matrimonio los hizo aptos para ello al crearlos como dos sexos distintos (Gn. 1:27; Ro. 1:26–27). Como escribió George Petter: "Este fue el propósito por el cual fueron creados varón y hembra: Para que fuesen aptos para el matrimonio y capaces de ello".[9]

En Mateo 19, Jesús concluye diciendo: "Por tanto, lo que Dios ha unido, ningún hombre lo separe" (v. 6). A quienes abogan por el

---

7 Swinnock, 1:465.

8 Esto explica por qué Dios derramaría Su ira sobre aquellos que practicaban la homosexualidad (Gn. 18:20; 19:4-5, 24-25) y por qué Dios llama a la homosexualidad una abominación (Lv. 18:22), porque es pecaminosa y contraria al matrimonio tal y como Él lo instituyó.

9 Petter, 705.

matrimonio entre personas del mismo sexo, las palabras de nuestro Señor podrían aplicarse también con justicia así: "Lo que Dios separó, no lo una el hombre". Si el matrimonio hubiera de establecerse entre dos personas del mismo sexo, entonces Dios habría creado a nuestros primeros padres del mismo sexo; si fuera indiferente que el matrimonio se constituyera entre dos personas de distinto sexo o del mismo sexo, entonces Dios no lo habría instituido tan pronto como los creó varón y hembra, pues Dios no hace nada sin propósito (Ef. 1:11).

En tercer lugar, aprendemos de Génesis 2:22–25 que el matrimonio debe ser entre *un* hombre y *una* mujer.[10] Desde que Lamec tomó para sí dos mujeres en Génesis 4:19, han existido matrimonios polígamos en el mundo; hombres que, como dijo Henry Smith, "hicieron dos costillas de una".[11] Pero ni la antigüedad de una práctica ni la aprobación humana pueden hacerla correcta, porque la Palabra de Dios muestra que la poligamia es errónea. Si Dios hubiera querido que el matrimonio incluyera más de una esposa, habría creado más de una Eva para Adán. Sobre este punto, Smith señaló que Dios "tenía poder para crear más, pero para mostrar que quería que se mantuviera unido solamente a una, creó de una sola costilla una sola esposa para un solo esposo (Mal. 2:15). Y en el arca no hubo más mujeres que hombres, sino cuatro esposas para cuatro esposos".[12] Asimismo, William Secker observó:

> En la creación Dios no hizo una mujer para muchos hombres, ni muchas mujeres para un hombre; cada esposa debe ser para su esposo, como Eva fue para Adán, un mundo entero de mujeres; y cada esposo debe ser para su esposa, como Adán fue para Eva, un mundo entero de hombres. Cuando un río se divide en muchos canales, la corriente principal se debilita.[13]

---

[10] Cf. Confesión de Fe de Wsetminster 24:1.
[11] Smith, 1:10.
[12] Smith, 1:9.
[13] Secker, 269.

Por tanto, el versículo 24 declara que el hombre dejará a su padre y a su madre y se unirá a "su mujer". La mujer es "su mujer". No es la mujer de otro, sino la suya; y él no tiene otra esposa sino ella. La única mujer que el hombre abraza en matrimonio debe ser su única esposa: "Los dos serán una sola carne" (Mt. 19:5). La unidad de "una sola carne" constituida por el matrimonio es la conjunción de los dos que Dios une. La Escritura nunca manda al hombre amar a sus *esposas*, sino amar a su *esposa*, siendo marido de una sola mujer (1 Ti. 3:2, 12).[14]

Esto explica por qué, en Proverbios, todas las demás mujeres son llamadas extrañas para el hombre que tiene esposa, pues no le conocen como su esposa le conoce.[15] En el matrimonio, el hombre consiente en ser conocido íntima y sexualmente por su esposa, y ella consiente en ser conocida por él del mismo modo, otorgando a su esposo un derecho singular sobre su cuerpo, así como él le otorga a ella un derecho singular sobre el suyo —este es el punto que Pablo expone en 1 Corintios 7:4: "La mujer no tiene autoridad sobre su propio cuerpo, sino el marido. Y asimismo el marido no tiene autoridad sobre su propio cuerpo, sino la mujer". Este "conocimiento" íntimo propio del matrimonio es tan singular y especial que no puede admitir a una tercera persona sin pervertir la ordenanza.[16]

Además, cuando los hombres del pueblo de Dios tomaron muchas esposas en los días de Malaquías, Dios manifestó su odio hacia tal práctica rechazando las ofrendas y oraciones que Israel le presentaba (Mal. 2:13–15). Dios no quiso recibir adoración de sus manos (v. 13) porque estaban pervirtiendo su institución del matrimonio mediante la poligamia (v. 14). Habían tomado para sí otras mujeres, pecando así contra la esposa de su juventud (vv. 14–15). Y puesto que la esposa es un don del Señor (Pr. 19:14) y el pacto hecho entre marido y mujer en el matrimonio se celebra delante del Señor, quien es testigo del matrimonio y autor del vínculo conyugal, la poligamia es un pecado contra Él (Stg.

[14] Smith, 1:10.
[15] Ainsworth, 1:17. Por ejemplo, Proverbios 2:16; 5:3, 10, 17, 20.
[16] Ames, 198.

2:10–11). "La bigamia y la poligamia son ambas ilícitas",[17] escribió George Swinnock. Richard Stock explicó:

> Habían sido injustos no solo contra sus esposas, sino contra Dios, quien fue testigo del pacto que hicieron entre sí; pacto que, siendo de Dios y ordenado por Él para que fueran una sola carne, fue hecho estando Él presente y siendo invocado como testigo cuando el esposo se comprometió a tomarla por su única esposa.[18]

Malaquías silenció el argumento a favor de la poligamia del mismo modo que Cristo silenció el argumento de los fariseos a favor del divorcio, apelando a la institución original del matrimonio por Dios. El versículo 15 dice: "Pero ninguno que tenga un remanente del Espíritu lo ha hecho así". Lo que Malaquías quiere decir es que Dios señaló la unidad del matrimonio y la estableció como ley de la naturaleza: Un hombre debe unirse a una mujer. Aunque podía haber creado más de una mujer, no lo hizo. Dio a Adán una mujer para casarse y a Eva un hombre para casarse, a fin de que fuera un patrón perpetuo para la humanidad.[19] Stock dijo: "Después de hacer a la mujer de su costilla, sopló en ella aliento de vida, como si fuese el resto del espíritu; y aunque tenía abundancia… dispuso que esos dos fueran uno, y no más".[20] Así, tanto la bigamia como la poligamia son "simplemente malvadas, impías e ilícitas".[21]

En cuarto lugar, aprendemos que la única manera en que un hombre y una mujer deben unirse y llegar a ser una sola carne es mediante la ordenanza del matrimonio, pues este es el medio que Dios ha instituido para ello. El versículo 25 es la primera mención de la desnudez en la Biblia, y aparece en el contexto de "el hombre y su mujer". La unión sexual entre un hombre y una mujer, con la cual el Señor se complace, está vinculada al matrimonio en el cual Él la colocó originalmente (Heb.

---

[17] Swinnock, 1:465.
[18] Stock, 173.
[19] E. B. Pusey, *The Minor Prophets: A Commentary* (Grand Rapids: Baker, 1950), 2:483.
[20] Stock, 177.
[21] Stock, 181.

13:4). Fue este matrimonio del hombre y la mujer, que estaban desnudos delante de Dios, el que recibió la aprobación y bendición divinas: "Sean fecundos y multiplíquense… Dios vio todo lo que había hecho; y era bueno en gran manera" (Gn. 1:28, 31).

Esta aprobación divina condena toda actividad sexual fuera del matrimonio, incluyendo la de quienes conviven como novios y mantienen relaciones sexuales como si estuvieran casados. Por aceptables que puedan parecer la fornicación y la convivencia prematrimonial en nuestra sociedad, ambas son contrarias no solo a la institución del matrimonio en Génesis 2, sino también al mandamiento de Dios respecto al matrimonio en Éxodo 20:14: "No cometerás adulterio".

El hombre y su mujer estaban desnudos y no se avergonzaban delante de Dios, su Creador y quien los unió, lo que demuestra que no había culpa ni pecado inherente en la intimidad y sexualidad que Dios colocó dentro del matrimonio. Pero también muestra que la actividad sexual fuera del matrimonio —sea en pensamiento, palabra u obra— es vergonzosa y produce culpa delante de Dios porque es pecado. Por tanto, solo el matrimonio legítimo de un hombre con una mujer recibe la bendición que Dios pronuncia sobre el matrimonio en Génesis 1:28, mientras que quienes buscan apropiarse de la bendición del matrimonio sin su ordenanza se exponen al juicio de Dios (Pr. 5:18–23; Gn. 19:24–25, 27–28; Heb. 13:4).

Si hemos de vivir para la gloria de Dios en el matrimonio, debemos estar unidos como un hombre con una mujer, porque ese es el tipo de matrimonio que Dios declaró en Génesis 1:31 ser "bueno en gran manera".

El Honor del Matrimonio

Dios instituyó el matrimonio, y también lo honró. A diferencia de un marco que es externo al cuadro que contiene, el honor del matrimonio no es algo añadido desde fuera a su institución. Más bien, es tan esencial y natural al matrimonio como lo es el hecho de haber sido instituido por Dios. Por mucho que veamos el matrimonio dañado por el pecado y por más que algunos se esfuercen en contaminarlo mediante perversión, el matrimonio tal como fue instituido por Dios es honorable (Heb. 13:4).

Esto eleva el matrimonio a un lugar de excelencia y, por tanto, nos obliga a considerar seriamente cómo lo valoramos, cómo entramos en él y cómo vivimos en él, así como la manera en que honramos el voto matrimonial, el vínculo matrimonial, el lecho conyugal y la relación matrimonial. Si el matrimonio es honorable, debemos procurar disfrutar y preservar su honor, y vivir en él para la gloria de Aquel que lo hizo honorable. Además, si el matrimonio es honorable, no hay nada en él—tal como Dios lo instituyó—que no sea bueno y recto, conducente tanto a nuestro deleite como a nuestro provecho eterno.

Los puritanos observaron que el honor propio del matrimonio depende de su relación con Dios, de las circunstancias de su institución, de su relación con Cristo y de su relación con el mundo. Cuando estas consideraciones se sopesan debidamente, comprendemos por qué el matrimonio es una institución tan excelente.

El Matrimonio Es Honorable en Relación con Dios

El honor del matrimonio comienza con Dios como su Autor. Él lo ideó y lo estableció.[22] Henry Smith escribió:

> Mientras que todas las demás ordenanzas fueron establecidas por Dios por medio de manos humanas o de manos angelicales (Hch. 12:7; Heb. 2:2), el matrimonio fue ordenado por Dios mismo, quien no puede errar. Ningún hombre ni ángel trajo la esposa al esposo, sino Dios mismo (Gn. 2:22); por tanto, el matrimonio tiene más honor de Dios… que todas las demás ordenanzas, porque Él mismo lo solemnizó.[23]

---

22 Reyner, 2.
23 Smith, 1:5–6.

Esto distingue inmediatamente al matrimonio de otras ordenanzas, pues procede directamente de la mano de Dios y, por consiguiente, debe recibir la estima digna de su Autor. ¿Cuántas leyes e instituciones humanas tenemos en alta consideración por causa de quienes las redactaron? ¿Cuántos objetos valoramos no tanto por su valor intrínseco, sino por quien nos los dio? ¿Cuántas obras de arte o composiciones son elogiadas por la reputación de quien las pintó o escribió? Pero aquí tenemos a Uno mayor que cualquier autor, compositor o benefactor que pueda nombrarse en la tierra o en el cielo. Aquí está el matrimonio proveniente de la mano de Dios (Pr. 19:14).

El Autor del matrimonio es el Soberano del mundo, el Señor del cielo y de la tierra, el Rey de los siglos y Padre de la eternidad. El matrimonio es obra de Sus manos, depende enteramente de Su unión, solo puede cumplir su propósito mediante Su bendición, y posee la sanción y el derecho de Su autoridad incontestable, pues Él dijo: "No es bueno que el hombre esté solo" (Gn. 2:18).

Así, para quienes buscan la gloria de Dios en él, el matrimonio tiene poco significado fuera de Aquel que lo instituyó, poco gozo fuera de Aquel que lo bendice y poca paz fuera de Aquel que lo llena con Su presencia.

El Matrimonio Es Honorable en las Circunstancias de Su Institución

Directamente relacionado con el honor que Dios otorga al matrimonio está el honor que el matrimonio recibe de varias circunstancias de su institución. Estas incluyen el momento, el lugar, las personas y la manera.

En primer lugar, el matrimonio es honrado por el *momento* de su institución. En lugar de ser instituido como una idea de último momento, como si sugiriera que después de crear a los seres humanos Dios se diera cuenta de que faltaba algo, Dios instituyó el matrimonio desde el principio para mostrar que la creación habría sido imperfecta sin él. Tan pronto como creó al hombre, tomó a la mujer del hombre y se la trajo como esposa. Smith dijo:

> Fue la primera ordenanza que Dios instituyó, incluso lo primero que hizo, después de crear al hombre y a la mujer... Antes de que el hombre tuviera cualquier otro llamado, fue llamado a ser esposo; por lo tanto, tiene el honor de la antigüedad por encima de todas las demás ordenanzas, porque fue ordenada primero y es el llamado más antiguo de los hombres.[24]

Además, Dios instituyó el matrimonio antes de que el hombre cayera en pecado. Gouge lo llamó "el tiempo más puro y perfecto que jamás haya existido en el mundo, cuando ningún pecado ni contaminación del hombre lo había mancillado".[25] La entrada del pecado en el mundo estropeó todo lo que Dios había creado, contaminando lo que Dios había hecho limpio y corrompiendo lo que Dios había hecho puro. Pero el matrimonio fue dado al hombre antes de que el pecado entrara en el mundo, no como un alivio para él en su estado caído, sino como un complemento perfecto para él en la creación. Porque cuando Dios consintió en crear al hombre en Génesis 1:28, no cesó en esa obra hasta que la mujer fue creada, ya que ella era una parte necesaria del matrimonio que Él pretendía instituir tras la creación del hombre.[26] Por lo tanto, no hay pecado ni en el matrimonio ni en el lecho matrimonial, como algunos han enseñado, porque fue creado antes de que existiera el pecado y recibió la aprobación divina de Génesis 1:31, que, junto con todo lo demás que el Señor había hecho, era "bueno en gran manera".[27]

En segundo lugar, el matrimonio es honrado por el *lugar* en el que se celebró por primera vez. El primer matrimonio tuvo lugar en el Jardín del Edén, el santuario donde Dios manifestó Su presencia a nuestros

---

[24] Smith, 1:6.
[25] Gouge, 151.
[26] Rogers, 5.
[27] Reyner, 3.

primeros padres, convirtiéndolo en un paraíso en la tierra.[28] Gouge lo llamó "el lugar más bello, glorioso, agradable, honorable, cómodo (es decir, conveniente) y, en todos los sentidos, más excelente que jamás haya existido en este mundo".[29] Las transacciones solemnes se valoran más cuando tienen lugar en un lugar de gran honor. Por ejemplo, acudimos al juzgado para celebrar un juicio, los ministros predican la palabra de Dios desde un púlpito e incluso algunas parejas que no tienen ninguna relación con la iglesia prefieren celebrar su boda en una iglesia. Así, al solemnizar el primer matrimonio en su propio jardín de delicias, Dios le otorgó un gran honor.

En tercer lugar, el matrimonio es honrado por las primeras *personas* que se casaron, Adán y Eva, nuestros primeros padres y los padres comunes de toda la humanidad, incluidos reyes, reinas, príncipes y nobles. Incluso Jesucristo, según Su humanidad, era hijo de Adán (Lc. 3:38). Gouge describió a Adán y Eva como:

> Los más honorables que jamás existieron, incluso los primeros padres de toda la humanidad, quienes tenían un poder y dominio absolutos sobre todas las criaturas, y a quienes todos estaban sujetos. Nadie más que ellos tuvo jamás una verdadera monarquía sobre todo el mundo.[30]

Además, su matrimonio tenía un honor peculiar, ya que quien los casó fue el Señor Dios, quien habitaba con ellos en el paraíso. El Señor trajo a la mujer al hombre para que fuera su esposa (Gn. 2:22) y bendijo su unión (Gn. 1:28) como aquella que cumplía Su propósito para el hombre y satisfacía las necesidades del hombre (Gn. 2:18).

Por último, el matrimonio es honrado por la *manera* en que fue instituido. Consideremos en primer lugar la manera en que el Dios trino instituyó el matrimonio. Fue, como señaló Gouge, "con tanta deliberación como se ha empleado jamás en la institución de cualquier

---

28 Reyner, 3.
29 Gouge, 151.
30 Gouge, 151.

ordenanza".[31] ¿Qué leemos en este punto del relato de la creación (Gn. 2:18)? "El SEÑOR Dios dijo". Él habló a las otras Personas divinas de la Trinidad. ¿Y qué habían decidido que ahora era conveniente proclamar? "No es bueno que el hombre esté solo". El hombre necesitaba una compañera. ¿Y qué hizo Él con respecto a la necesidad del hombre? "Le haré una ayuda adecuada». Inmediatamente procedió a crear una mujer para el hombre, para que fuera su esposa.

Consideremos en segundo lugar la manera en que Dios creó a la mujer como compañera adecuada y ayuda idónea para el hombre. Génesis 2:22 dice: "De la costilla que el SEÑOR Dios había tomado del hombre, formó una mujer". La palabra hebrea utilizada para "formó" significa literalmente "edificar". Dios edificó una esposa adecuada para el hombre, modelándola según las necesidades del hombre, así como ya había modelado al hombre para satisfacer las necesidades de la mujer que Él crearía a partir de él. Smith escribió:

> No se dice que *hizo* al hombre una esposa, sino que le *edificó* una esposa, lo que significa que el hombre y la mujer forman juntos una sola casa, y que la construcción no fue perfecta hasta que se creó a la mujer, así como al hombre.[32]

Willet lo expresó de esta manera:

> Con esto se quiere decir que el hombre era aún una construcción imperfecta antes de que se creara a la mujer, y que gracias a la mujer se construye el hogar y la familia mediante la procreación de hijos.[33]

Además, el versículo dice que Dios hizo a la mujer de la costilla de Adán. Esto le mostró al hombre qué honor debía otorgar a su matrimonio si quería honrar a Dios, pues la mujer no fue hecha de la cabeza del hombre como si hubiera de gobernarlo, porque el hombre es cabeza de la mujer

---

[31] Gouge, 151.
[32] Smith, 1:7.
[33] Willet, 38.

(Ef. 5:23). Tampoco fue hecha del pie del hombre como si hubiera de ser colocada a sus pies como su sierva. Más bien, fue hecha de la costilla del hombre para mostrar que es su ayuda idónea, que ha de reposar en su seno y que ha de estar cercana a su corazón.[34] Andrew Willet ofreció varias razones por las cuales Dios hizo a la mujer de la costilla del hombre y no de la tierra, como hizo al hombre:

> Para que así apareciese la preeminencia que el hombre tiene sobre la mujer, como señala el apóstol (1 Co. 11:7–8) … por tanto, también la mujer tiene su nombre y denominación del hombre… Otra causa de esta obra fue que fuese un vínculo más seguro de amor, para que el hombre, sabiendo que la mujer fue tomada de él, pusiera más firmemente su afecto en ella… Otras razones son… no [fue hecha] de su cabeza, para que no fuese orgullosa, ni de sus pies, como si fuera vasalla del hombre, sino de su costado, para mostrar el amor y la unión que hay entre ellos.[35]

La creación de la mujer del costado del hombre daba testimonio de que ella era distinta del resto de la creación y, por tanto, debía recibir del hombre un cuidado, consideración, amor y cercanía especiales.

¿Es de extrañar, entonces, que en Proverbios 19:14 se diga que la mujer prudente es un don del Señor? Honras y riquezas pueden heredarse de los padres, pero una buena esposa es un presente del cielo, como si llevara escrito sobre sí: *Don de Dios*. Tan precioso es este don de Dios que Henry Smith escribió:

> Las bestias son ordenadas para alimento, y los vestidos para abrigo, y las flores para deleite; pero la esposa es ordenada para el hombre; como un pequeño Zoar, una ciudad de refugio a la cual huir en todas sus aflicciones (Gn. 19:20); y no hay paz comparable a la suya, sino la paz de la conciencia.[36]

---

[34] Smith, 1:8.
[35] Willet, 37.
[36] Smith, 1:8.

Daniel Rogers también habló de la mujer como don de Dios cuando dijo que:

> Es uso del Espíritu Santo llamar a las cosas excelentes cosas de Dios… porque la excelencia no puede apropiarse de nada que sea vil. La grandeza de Dios no concede dones comunes, de modo que una esposa no es una bendición común: Es la mujer de Dios… un verdadero don de Dios, una pieza excelente, por la cual un hombre puede bendecir a Dios mientras viva… Bienaventurado aquel sobre cuya cabeza es puesta tal corona, a quien el cielo ha dado tal don.[37]

Así, el matrimonio es honorable en relación con varias circunstancias que acompañaron su creación. Es honorable porque fue instituido inmediatamente como parte de la propia creación del hombre y en el estado de su inocencia antes de su caída en pecado. Es honorable porque fue instituido en el Paraíso, donde todo era conforme a la satisfacción y deleite del hombre. Es honorable porque el primer hombre y la primera mujer que se casaron fueron los primeros padres de toda la humanidad, y quien los casó fue el Señor Dios mismo. Es honorable porque fue el resultado del consejo trinitario para suplir la necesidad del hombre. Es honorable porque la mujer fue hecha perfectamente adecuada a la necesidad del hombre y el hombre perfectamente adecuado a la de la mujer. Es honorable porque la mujer fue hecha de la costilla del hombre para significar el honor que él debía otorgar tanto a su esposa como a su matrimonio, a fin de ser un buen administrador delante de Dios.

William Gouge concluyó, por tanto:

> Pésense bien todas las ramas anteriormente mencionadas acerca de la primera institución del matrimonio, expresamente registradas por el Espíritu Santo, y veremos fácilmente que no hay ordenanza ahora

---

[37] Rogers, 4.

> vigente entre los hijos de los hombres tan honorable en su institución como esta.[38]

De igual manera, Rogers preguntó: "Ahora bien, aquello que un Dios de pureza ordena por un decreto perpetuo de pureza, en un estado de pureza, ¿cómo podría no tener grabado en sí un carácter y naturaleza formal de preciosidad y honor?"[39]

El Matrimonio Es Honorable en Relación con Cristo

Dios Padre honró el matrimonio, y también lo hizo Dios Hijo. Cristo honró el matrimonio de cinco maneras: Por Su nacimiento, por Su presencia, por Su encomio, por Su relación con Su iglesia y por medio de Sus discípulos.

En primer lugar, Cristo honró el matrimonio al nacer como la simiente de la mujer (Gn. 3:15; Mt. 1:18–25). Si Cristo se encarnó para llevar a cabo nuestra redención y escogió ser concebido y nacido de una mujer desposada con un hombre, entonces ciertamente esto honra el matrimonio al reconocerlo como el único contexto legítimo para la procreación. Fue a la pareja casada a quien Dios dio el mandato: "Sean fecundos y multiplíquense" (Gn. 1:28).

En segundo lugar, Cristo honró el matrimonio con Su presencia en las bodas de Caná de Galilea, donde realizó Su primer milagro al convertir el agua en vino (Jn. 2:1–11). Cristo se complació en estar presente en aquel banquete nupcial y en realizar Su primer milagro en esa ocasión para mostrar cómo honraba el vínculo matrimonial y su gozosa celebración. Así como la primera bendición de Dios registrada en la Escritura fue la bendición que puso sobre el primer matrimonio (Gn.

---

[38] Gouge, 152. Gouge continúa abordando los *fines*, los *privilegios* y el *misterio* del matrimonio, todos los cuales, según argumenta de manera persuasiva, contribuyen al gran honor que Dios ha otorgado al matrimonio. Hemos decidido no hablar de estos puntos aquí porque los trataremos en capítulos posteriores.

[39] Rogers, 5–6.

1:28), así también la primera bendición de Cristo registrada en los evangelios fue Su presencia en las bodas de Caná (Jn. 2:11).

En tercer lugar, Cristo honró el matrimonio al utilizarlo como símbolo del reino de los cielos. En Mateo 22:2, Cristo compara el reino de los cielos con un banquete de bodas que un rey hizo para su hijo y al cual todos fueron invitados. Y luego, en los versículos 11–14, compara la presencia legítima de una persona en el reino de los cielos con estar vestido con un traje de bodas. El matrimonio es, por tanto, recomendado como una comparación adecuada de los gozos, la comunión y la confraternidad que disfrutamos con Cristo en el reino de los cielos.

En cuarto lugar, Cristo honró el matrimonio al escogerlo para ilustrar Su relación con Su iglesia. En Efesios 5:32, después de hablar de los deberes de la esposa para con su esposo y de los deberes del esposo para con su esposa, y de comparar su relación con la relación entre Cristo y Su iglesia, Pablo declara: "Grande es este misterio, pero hablo con referencia a Cristo y a la iglesia". El matrimonio ilustra mejor que cualquier otra relación humana la manera en que Cristo se relaciona íntimamente con Su iglesia, la consuela, se deleita en ella y se glorificará a Sí mismo en ella y con ella para siempre.[40] Nosotros somos la esposa de Cristo, unidos a Él por el Padre, así como Dios trajo la mujer a Adán. El Padre nos da al Hijo para que seamos Su esposa (Jn. 6:37) y, con soberanía, nos atrae al Hijo por una atracción y amor irresistibles (Jn. 6:44), y nos concede la gracia de venir al Hijo para que conozcamos Su amor (Jn. 6:65).

Así, cuando la Escritura celebra nuestra unión con Cristo como nuestro Salvador, a menudo emplea la metáfora de estar casados con Él. Leemos acerca de nuestro matrimonio con Dios en Oseas 2:19: "Te desposaré conmigo para siempre; sí, te desposaré conmigo en justicia y en derecho, en misericordia y en compasión". Dios lleva a cabo este matrimonio al unirnos a Cristo como nuestro Esposo, a lo cual Pablo se refiere en 2 Corintios 11:2: "Pues los desposé a un esposo para presentarlos como virgen pura a Cristo". Además, todo el Cantar de los

---

40 Reyner, 4. Hablaremos de esto con más detalle en un capítulo posterior.

Cantares celebra la unión mística entre Cristo y Su esposa en el lenguaje del amor, la pasión y la intimidad que se disfrutan entre un hombre y una mujer en el matrimonio. Asimismo, el Salmo 45 es un salmo de amor que expone la gloria de Cristo como Esposo en los versículos 1–9 y la gloria de la iglesia como Su esposa en los versículos 10–17. Por tanto, el matrimonio es honrado por Cristo al escogerlo, entre todas las ordenanzas, para ilustrar “la sagrada, espiritual, real e inviolable unión entre Cristo y Su iglesia”.[41]

Finalmente, Cristo honró el matrimonio por la manera en que Sus siervos hablaron de él en Su nombre. En Apocalipsis 19:7–9, las huestes celestiales hablan de la consumación de nuestra fe en Cristo como “las bodas del Cordero” y de los gozos de esa comunión y confraternidad como “la cena de las bodas del Cordero”. Todos los creyentes serán reunidos como uno en aquel día y presentados como una esposa al Hijo, vestidos con Su justicia. ¡Será nuestro día de bodas! Así, en Apocalipsis 21:9–10, cuando el ángel muestra a Juan la iglesia que Dios ha preparado para Su Hijo, la llama “la novia, la esposa del Cordero… que descendía del cielo, de Dios”. En contraste, aquellos que han rechazado la invitación a unirse al Cordero de Dios en santo matrimonio son descritos como fornicando con “la gran ramera” del mundo (Ap. 17:1–2).

Pablo también honra el matrimonio en sus escritos. No solo habla de él con gran dignidad en Efesios 5, sino que también muestra en 1 Timoteo 2:14–15 cómo la maldición puesta sobre la mujer caída (que daría a luz con dolor, Gn. 3:16) es convertida en bendición cuando, aun en su estado caído, puede traer hijos al mundo dentro del contexto del matrimonio y, finalmente, al mismo Hijo de Dios que sería su Salvador (Gn. 3:15; Is. 9:6).

El matrimonio es, por tanto, hecho honorable en virtud de su relación con Cristo. Él escogió nacer de una mujer desposada con un hombre. Honró la unión matrimonial con Su presencia en un banquete de bodas en Caná y al manifestar Su gloria en la realización de Su primer milagro público en aquella ocasión. Honró el matrimonio al usarlo como

---

[41] Gouge, 153.

ilustración para representar la comunión que tendremos con Él en el reino de los cielos. Lo honró de manera aún más significativa al utilizarlo para presentar Su relación con Su iglesia, Sus expresiones de amor hacia ella y los deberes de ella para con Él.[42] Y lo honró por medio de las enseñanzas que dio a la iglesia a través de Sus discípulos, las cuales hicieron eco y desarrollaron las Suyas propias. ¿Cómo, entonces, podríamos considerar el matrimonio como algo menos que honorable cuando nuestro Salvador ha puesto sobre ello tan grande honor?

El Matrimonio Es Honorable en Relación con el Mundo

El matrimonio también posee un honor especial al proveer el medio por el cual el mundo ha de ser poblado (Gn. 1:28; Mal. 2:15). Sin el matrimonio, hombres y mujeres no tienen una manera justa de cumplir el mandato dado por Dios a nuestros primeros padres. Si intentaran cumplirlo fuera del matrimonio, sería inmoralidad sexual, lo cual es contrario al designio del Señor y, por tanto, abominable ante Sus ojos (Mal. 2:13–14). Sobre este punto, William Whately argumentó:

> Quítenlo y el mundo necesariamente… llegará a su fin en una sola generación… Prohíban el matrimonio y llevarás la existencia del mundo a su término, sí, a su conclusión final. Prohíban el matrimonio y no habrá familias que se conserven, ni nombres que se mantengan entre los hombres; sino que esta gran morada, el mundo, por falta de herederos legítimos, caerá para ser poseída solo por bestias y aves, o bien, lo que es peor, será invadida por hombres viles y mal engendrados. No tendríamos mundo alguno, o solo un mundo bestial y confuso, si no existiera el matrimonio.[43]

"¿Qué sería el mundo —escribió Daniel Rogers— sino una mazmorra sin él? ¿Y qué es el mundo sino vacío y vanidad sin la utilidad del

---

42 Reyner, 4–5.
43 Whately, *A Care-Cloth*, 22–23.

matrimonio?"[44] Refiriéndose específicamente al beneficio que el matrimonio aporta al bienestar del mundo, escribió:

> El matrimonio es el preservador de la castidad, el seminario de la república, semillero de la iglesia, columna (bajo Dios) del mundo, mano derecha de la providencia, sostenedor de leyes, estados, órdenes, oficios, dones y servicios; la gloria de la paz, los tendones de la guerra, el mantenimiento de la política, la vida de los muertos, el consuelo de los vivos, la ambición de la virginidad, el fundamento de países, ciudades, universidades, la sucesión de familias, coronas y reinos.[45]

En resumen, el matrimonio es honorable en relación con Dios que lo instituyó; en relación con las muchas circunstancias que acompañaron su institución original; en relación con Cristo, que lo coronó de diversas maneras; y en relación con el mundo, al cual provee sustento perpetuo. ¿Cómo debería esto afectar nuestra manera de pensar acerca del matrimonio, de entrar en él, de perseverar en él y de aquello que principalmente debemos procurar en él?

Considérese el siguiente consejo. En primer lugar, si Dios ha hecho honorable el matrimonio, no debemos pensar ligeramente de él ni considerarlo un estado inferior al que Dios ha declarado;[46] ni debemos juzgar el matrimonio por lo que los pecados u opiniones de los hombres lo han convertido. Una corona sigue siendo corona aunque sea arrojada al lodo.[47] Por tanto, debemos juzgar el matrimonio según lo que Dios lo hizo y declarar que todavía es honorable (Heb. 13:4).

En segundo lugar, si el matrimonio es honorable, no debemos entrar en él descuidadamente, como muchos lo hacen en nuestros días. Quienes contraen matrimonio no deben hacerlo con poca consideración de los deberes que recaen sobre ellos, con escaso aprecio por el fruto que Dios espera de los que se casan, ni sin tener en cuenta las dificultades que

---

[44] Rogers, 6.
[45] Rogers, 6.
[46] Reyner, 5.
[47] Rogers, 5.

enfrentan los casados. Si hemos de honrar el matrimonio como Dios espera, debemos procurar su honor entrando en él con la debida preparación y con un cónyuge sabiamente escogido. Solo entonces podemos esperar la bendición del Señor.

En tercer lugar, si el matrimonio es honorable y hemos procurado su honor mediante una buena entrada en él, entonces quienes nos casamos debemos procurar *preservar* ese honor mediante la fiel observancia de los deberes que deben cumplirse el uno para con el otro dentro del matrimonio. El matrimonio debe ser guardado celosamente, atendido con toda diligencia y acompañado de las gracias de Dios necesarias para tratar con las debilidades del cónyuge. Solo así nuestros matrimonios florecerán para la gloria de Dios y su honor se mantendrá sin desvanecerse "hasta que la muerte nos separe".[48] ¡Cuán triste es ver a tantas parejas que, ya sea por contaminación externa o por corrupción interna, pierden el honor de sus matrimonios que tenían al principio! Porque, como observó Rogers, nada es tan miserable como *haber sido* feliz.[49] Arrojan su corona al lodo y luego se preguntan por qué ya no disfrutan de las bendiciones y beneficios del matrimonio.

En cuarto lugar, si el matrimonio lleva el honor que Dios ha puesto sobre él, quienes nos casamos debemos hacer de Dios y de Su gloria el principio, el propósito y el fin de nuestros matrimonios. Debemos comenzar invocando el nombre de Dios, continuar dependiendo de Su gracia y mirando a Su ley, y perseverar hasta el fin, mirando siempre a Él. Como dijo Richard Baxter: "Aquellos que siguen sinceramente el consejo de Dios y buscan Su gloria, y lo hacen para agradarle, hallarán que Dios reconoce y bendice su matrimonio".[50] En otras palabras, solo cuando comenzamos nuestros matrimonios con honor podemos proseguir en ellos con piedad y concluirlos dando gloria a Dios.[51]

Para ayudarle a procurar y preservar el honor del matrimonio, se presentan ante usted los capítulos restantes. Oramos para que Dios los

---

48 Rogers, 115–16.
49 Rogers, 115. Énfasis añadido.
50 Baxter, 47.
51 Taylor, 5.

use para guiarle con buen consejo, de modo que pueda entrar en el matrimonio con la mirada puesta en la gloria de Dios, ordenar su matrimonio conforme a Su Palabra, depender de Su presencia y bendición en su matrimonio, y cultivar su matrimonio para promover su salvación y su caminar cristiano todos sus días.[52]

Preguntas de estudio

1. ¿Cuál es el texto fundamental en la Biblia para entender el matrimonio como creación de Dios? ¿Qué cuatro principios básicos enseña ese texto acerca del matrimonio?

2. ¿Por qué las uniones entre personas del mismo sexo no son verdaderos matrimonios?

3. ¿De qué maneras es deshonrado o despreciado el matrimonio en nuestra cultura actual?

4. ¿ Cómo honran al matrimonio las circunstancias de su institución por parte de Dios?

5. ¿Cómo debería Proverbios 19:14 aumentar nuestra gratitud si tenemos buenos cónyuges?

6. ¿Cómo honró Jesucristo el matrimonio? Mencione pasajes específicos de la Escritura.

7. ¿Qué funciones honorables cumple el matrimonio en la sociedad?

8. ¿Qué implica el honor del matrimonio respecto a cómo debemos buscar cónyuge y contraer matrimonio?

---

52 Reyner, 8–9.

9. ¿Cómo debe una pareja casada preservar y acrecentar el honor de su matrimonio?

10. ¿De qué maneras un matrimonio honorable da honor a su Creador, el Señor?

§2. LOS PROPÓSITOS Y BENEFICIOS DEL MATRIMONIO

Los puritanos creían que los propósitos y beneficios del matrimonio fluyen naturalmente de la institución divina del matrimonio en el momento de la creación. Esto otorga al matrimonio un lugar honorable en el mundo y en los planes que Dios tiene para la humanidad, puesto que Él no hace nada arbitrariamente (Ef. 1:11). Por tanto, el matrimonio debe tener un *propósito* tan grande como la primacía que se le dio en la creación de Dios (Gn. 1:26–27; 2:21–22). Asimismo, debe ser *beneficioso* para la humanidad, ya que Dios creó el matrimonio después de declarar que no era bueno que Adán estuviera solo (Gn. 2:18, 20, 23). En el capítulo anterior abordamos la institución divina del matrimonio y el honor que Dios le otorga. Ahora hablaremos de los propósitos para los cuales Dios ordenó el matrimonio, así como de los beneficios que fluyen de él cuando el esposo y la esposa buscan la gloria de Dios.

Los Propósitos del Matrimonio

Los puritanos sostenían que los tres propósitos principales por los cuales Dios instituyó el matrimonio eran: El beneficio de una buena compañía, la procreación de hijos y, después de la Caída, evitar la fornicación.[1] Henry Smith dijo:

---

[1] Swinnock, 1:464.

> Es necesario, pues, que el matrimonio, que fue ordenado por tan excelente Autor, en lugar tan dichoso, en tiempo tan antiguo y con orden tan notable, tenga igualmente causas especiales para su institución.[2]

Sin embargo, como el relato de la creación del hombre en Génesis 2:7, 15–23 amplía lo que leemos en Génesis 1:26–27, es evidente que la declaración de Dios en Génesis 2:18, de que no es bueno que el hombre esté solo, *precede* tanto a la creación de la mujer como al mandato dado a nuestros primeros padres en Génesis 1:28 de fructificar y multiplicarse. Esto nos muestra que Dios se preocupó primeramente por la ayuda mutua, la sociedad y el consuelo del hombre, y solo *después* de la creación de Eva bendijo a nuestros primeros padres con el mandato de traer hijos al mundo.

La preocupación inicial de Dios fue que el hombre estaba solo, y eso no era bueno para él; por ello el Señor creó a Eva como ayuda idónea para Adán. Por consiguiente, el beneficio de la compañía tiene precedencia sobre la procreación de hijos como propósito del matrimonio. De ahí que, conforme se desarrolló la enseñanza sobre el matrimonio entre los puritanos, no sorprende que el beneficio de una buena compañía llegara a ser la primera razón ofrecida para la institución del matrimonio.[3]

Por ejemplo, en el comentario de Andrew Willet sobre Génesis, la compañía ocupa el lugar principal en su explicación de por qué Dios dijo que no era bueno que el hombre estuviera solo:

> Esto se dice así: 1) respecto a la sociedad y consuelo mutuos; 2) respecto a la propagación del mundo; 3) especialmente para la generación y aumento de la iglesia de Dios; 4) pero sobre todo era conveniente que la mujer fuese unida al hombre a causa de la simiente prometida de la mujer, de la cual vino nuestro Salvador Cristo según la carne.[4]

---

[2] Smith, 1:8.
[3] Ryken, 47–48.
[4] Willet, 35.

En su sermón titulado "El Anillo Matrimonial" (The Marriage Ring), Jeremy Taylor también afirmó que la compañía era la prioridad principal. Él dijo: "La primera bendición que Dios dio al hombre fue la sociedad; y esa sociedad fue un matrimonio, y ese matrimonio fue unido por Dios mismo y santificado con una bendición".[5] Consideraremos, por tanto, tres propósitos del matrimonio en este orden.

1. Compañerismo

Así como el hombre fue creado en respuesta al consejo deliberado de Génesis 1:26, "Hagamos al hombre a Nuestra imagen, conforme a Nuestra semejanza", así también la mujer fue hecha tras el consejo deliberado de Génesis 2:18: "No es bueno que el hombre esté solo; le haré una ayuda adecuada". De este modo, la primera causa de la creación de la mujer fue que el hombre estaba solo entre todas las criaturas que Dios había hecho. Dios determinó que era mejor que el hombre perdiera una costilla a que careciera de esposa; mejor carecer de parte de sí mismo que estar sin un segundo yo que complementara la totalidad de su ser.[6]

El matrimonio fue, por tanto, ordenado en respuesta a una necesidad natural.[7] Henry Smith explicó que Eva fue dada como esposa

> Para evitar el inconveniente de la soledad, significado en estas palabras: 'No es bueno que el hombre esté solo'. Es como si Él hubiera dicho: Esta vida sería miserable, penosa y desagradable para el hombre, si el Señor no le hubiera dado una esposa para acompañar sus aflicciones.[8]

Smith continuó: "Si no es bueno que el hombre esté solo, entonces es bueno que el hombre tenga compañía; por tanto, así como Dios creó un

---

[5] Taylor, 1.
[6] Reyner, 39.
[7] Taylor, 6.
[8] Smith, 1:12.

par de todas las demás clases, así creó un par de esta clase".[9] Henry Ainsworth dijo que Dios hizo la compañera del hombre "una que fuese como su segundo yo, semejante a él en naturaleza, unida a él en amor, necesaria para la procreación de descendencia, útil en todos los deberes, siempre presente con él, y así muy apropiada y conveniente para él".[10]

Esto no significa que no haya lugar para la vida soltera, que la soltería carezca de verdaderas ventajas, o que una vida de celibato no sea agradable al Señor. En un tiempo en que la iglesia primitiva anticipaba ser dispersada y despedazada por la persecución, muchos del pueblo de Dios consideraron más prudente vivir en soltería, no fuera que el matrimonio causara sufrimiento y dificultad indebidos a una familia cuando uno de los padres fuese arrebatado por necesidad o por fuerza (cf. 1 Co. 7:25–31). En un tiempo de persecución el matrimonio podía incluso convertirse en "un impedimento accidental para la difusión del evangelio,[11] que llamaba a los hombres desde la estabilidad de sus responsabilidades domésticas al viaje, la huida, la pobreza, la dificultad y el martirio".[12] Jeremy Taylor dijo que, en tal tiempo, el apóstol Pablo recomendó:

> Las ventajas de la vida soltera, no por mandamiento del Señor, sino por el espíritu de prudencia… para las necesidades presentes y apremiantes, y en orden a las ventajas que redundaban en los ministerios públicos y la piedad privada.[13]

La soltería no era en sí misma un mejor servicio a Dios, pero podía ser más útil en tiempos de aflicción como los que vivía la iglesia primitiva. Richard Bernard afirmó: "San Pablo en verdad recomienda la vida

---

[9] Smith, 1:12.
[10] Ainsworth, 1:15.
[11] Es decir, por las circunstancias y no por sí mismo.
[12] Taylor, 3.
[13] Taylor, 3.

soltera, no simplemente, sino con respecto a los tiempos entonces presentes, llenos de problemas y persecuciones".[14]

Cuando Dios llama a una persona a la soltería, esa condición tiene muchas ventajas que el apóstol Pablo describe en 1 Corintios 7:35 como el servir al Señor con "constante devoción", es decir, sin distracción. Por necesidad —aunque en modo alguno desagradable al Señor— una persona casada está *dividida* entre atender a su cónyuge y servir a su Señor (vv. 32–34). La ventaja de la soltería es, por tanto, esa devoción "constante" o sin distracción de la que habla el apóstol en el versículo 35. Taylor dijo acerca de esta ventaja:

> La vida soltera tiene en sí tal privacidad y simplicidad de asuntos… que hay más espacios para la religión *si* los hombres quisieran emplearlos para tales propósitos. Y porque *puede* contener mucha religión y oración, y *debe* contener una perfecta mortificación de nuestros apetitos más fuertes, es por ello un estado de gran excelencia.[15]

Sin embargo, el matrimonio sigue siendo recomendado como "honroso en todos" (Heb. 13:4), cosa que no se afirma de la soltería. Además, la soltería nunca es mandada en la Escritura, mientras que en algunos casos el matrimonio sí lo es (1 Co. 7:9, 36). Aunque el matrimonio tiene sus aflicciones, la vida soltera tiene sus deseos, que pueden ser más problemáticos, peligrosos y propensos a resultar en pecado; mientras que las dificultades del matrimonio llaman al ejercicio del deber conyugal y de la piedad. Aunque pudiera argumentarse que la vida soltera tiene la ventaja de la castidad y la devoción, debe recordarse que ninguna de estas gracias está ausente del estado matrimonial. Tanto la castidad como la devoción deben ejercerse en el matrimonio para preservar su honor, y ambas deben ejercerse en medio de pruebas que no aquejan a la vida soltera.

---

14 Richard Bernard, *Ruth's Recompence: Or, A Commentary Upon the Book of Ruth* (Stoke-on-Trent, England: Tentmaker Publications, 2006), 66.

15 Taylor, 5. Énfasis añadido.

Algunos dicen que la vida soltera está llena de dulzura perpetua porque carece de las amargas pruebas de la vida matrimonial. Esto puede ser cierto en cierta medida; pero sigue siendo una vida de singularidad y —lo que a veces es más dominante— una vida de dificultad, porque por definición es una vida sin la compañía que solo un cónyuge puede proveer. Eclesiastés 4:10 resume con sobriedad la dificultad de estar solo cuando dice: "¡Ay del que cae cuando no hay otro que lo levante!". Aplicando este versículo al matrimonio, Charles Bridges resumió la perspectiva puritana sobre las ventajas del matrimonio diciendo:

> Comencemos por el principio —con aquella ordenanza donde Dios declaró Su propia mente— 'No es bueno que el hombre esté solo'... Si no era 'bueno' en el paraíso, mucho menos lo es en un mundo desértico. ¿Qué pretensión tiene, entonces, la vida monástica o célibe de mayor perfección? Cuando dos son unidos por la providencia del Señor (Gn. 2:22) —y especialmente cuando cada uno es preparado para el otro por Su gracia— 'habitando juntos como coherederos de la gracia de la vida' (1 P. 3:7), en una unión permanente de corazones —teniendo una fe— una esperanza— un propósito— ¿quién puede dudar del hecho de que dos son mejores que uno? El amor endulza el trabajo, alivia el aguijón de la aflicción y da un gozo cristiano a cada aspecto de la vida diaria. Los ejercicios mutuos de simpatía dan vigor a la oración y proporcionan abundante materia para la confianza y la alabanza.[16]

Por tanto, si la vida soltera dispone de más tiempo para una devoción singular, la vida matrimonial es más compleja y, por ello, tiene mayor necesidad de ejercitar más gracias —aquellas propias del estado conyugal— en más maneras hacia el cónyuge y la familia. Por ejemplo, ¿qué puede saber una mujer soltera acerca de la sujeción a su esposo "como al Señor", y qué puede saber un hombre soltero de amar a su esposa como Cristo ama a Su iglesia? ¿Qué puede saber un célibe de los

---

[16] Charles Bridges, *Ecclesiastes* (Edinburgh: Banner of Truth, 1992), 90.

deberes de los padres y del ejercicio del amor hacia los parientes políticos, o de la unión de manos y corazones y de los deleites del lecho matrimonial sin mancilla? ¿Qué puede saber una persona soltera del privilegio de ser la cuna del cielo y el retrato terrenal del matrimonio de Cristo con Su esposa? En muchísimas maneras, el matrimonio es reconocido como una excelente bendición del Señor.

Aunque el matrimonio tiene sus espinas, también las tiene toda relación en este lado del cielo. Este mundo es un desierto en el que toda condición está rodeada de las dificultades y aflicciones del pecado. Según Job, los días del hombre son pocos y llenos de problemas (14:1). Por tanto, ninguna condición en la tierra es completamente feliz, si por feliz entendemos "libre de dificultades". Pero el matrimonio tiene la ventaja particular del apoyo en tiempos de dolor, por la compañía que ofrece. Dios unió a dos "para que las innumerables aflicciones que nos sobrevienen en el mundo sean aliviadas con el consuelo y la ayuda mutua".[17] Richard Baxter dijo: "Aunque la corrupción del hombre ha llenado [el matrimonio] y todo estado de vida de lazos y dificultades, no fue así desde el principio". Pero "Dios lo designó para ayuda mutua, y como tal puede ser usado... La vida matrimonial tiene sus beneficios, los cuales deben aceptar agradecidamente y reconocer a Dios".[18]

Una persona soltera carece de un compañero tan cercano como el cónyuge con quien compartir sus cruces. Todas sus aflicciones deben ser llevadas en su propio corazón y soportadas sobre sus propios hombros. Si un hombre es afligido, ¿quién lo consolará? Si una mujer está enferma en cama, ¿quién cuidará de ella? Sobre tales consideraciones Salomón pronunció un "¡ay!" sobre el hombre que está solo (Ec. 4:9–12). Smith escribió acerca de tal persona: "Pensamientos, preocupaciones y temores vendrán a él porque no tiene quien lo consuele, así como los ladrones entran cuando la casa está vacía".[19] Una persona soltera puede tener amigos que la ayuden en tales tiempos de necesidad, pero carece de un

---

17 Smith, 1:12.
18 Baxter, 46.
19 Smith, 1:12.

compañero tan íntimo como un cónyuge, un compañero tan cercano como para ser uno con él, que pueda proveer consuelo y alivio.

Un hombre casado tiene una compañera que entra en su corazón, participa de todo lo que le sucede, es tocada por todas sus desgracias y hace todo lo que está en su poder para endulzar su condición, aliviar su mente, alegrar su corazón y compartir sus cargas. Marido y mujer pueden ayudarse mutuamente a mantener las dificultades a raya; y cuando eso resulta imposible, pueden ayudarse llevando las cargas el uno del otro, supliendo las necesidades mutuas y siendo colaboradores del gozo del otro.[20] William Gouge dijo que el cónyuge ayuda a traer y criar hijos, ayuda a ordenar la prosperidad y soportar la adversidad, ayuda en la salud y en la enfermedad, ayuda en toda la vida e incluso ayuda en la muerte, viéndola como ocasión para dar gracias al Señor por los días y años que han pasado juntos en útil compañía.[21]

Por tanto, en el estado matrimonial podemos esperar:

> Los mayores consuelos terrenales alcanzables en esta vida, incluso mucho consuelo espiritual, si los compañeros de yugo verdaderamente temen a Dios… de modo que se apliquen a ser de ayuda y hacer el bien, y darse toda satisfacción lícita el uno al otro en todos los buenos oficios que deben como marido y mujer, y como coherederos de la misma gracia de la vida".[22]

Esa convicción llevó a Henry Scudder a preguntar si existía mayor bendición que "disfrutar de una ayuda idónea, una que alegre tu corazón en esta peregrinación, una que te acompañe y te anime en el camino, cuando estás dando muchos pasos cansados hacia la tierra de descanso".[23]

2. Procreación

---

[20] Scudder, 63–64.
[21] Gouge, 152–53.
[22] Scudder, 64.
[23] Scudder, 6.

El segundo propósito del matrimonio fluye de Génesis 1:28: "Dios los bendijo y les dijo: Sean fecundos y multiplíquense. Llenen la tierra y sométanla. Ejerzan dominio sobre los peces del mar, sobre las aves del cielo y sobre todo ser viviente que se mueve sobre la tierra". Dentro del matrimonio, nuestros primeros padres fueron bendecidos por Dios con dominio sobre toda la creación y con el mandato de traer hijos al mundo.

Así como Dios creó toda forma de vida para que se reprodujera según su especie —ya fueran plantas o animales— así también Sus portadores de imagen, el hombre y la mujer, fueron creados con capacidad de reproducción. En su señorío sobre toda criatura viviente, los portadores de la imagen de Dios constituían la cúspide de todo lo que Él había hecho; pero ese propósito no podía cumplirse si el hombre no se multiplicaba sobre la faz de la vasta tierra que Dios había creado para él. Porque el hombre no solo debía multiplicarse, sino también "dominar o señorear" sobre toda la creación como virrey de Dios, ejerciendo su dominio bajo Dios y en el nombre de Dios. La creación reconocerá instintivamente la imagen del Creador en el hombre y se inclinaría a su servicio, ya fuera el buey ofreciendo su cuello al yugo o la tierra rindiéndose al arado para producir abundantes cosechas a su tiempo. Tal dominio global y representación vicaria requerían que el hombre fuera fructífero y se multiplicara.

En consecuencia, cuando Dios trajo a la mujer al hombre en matrimonio (Gn. 2:22), inmediatamente les encomendó que trajeran hijos al mundo. ¿Qué demuestra este encargo dado en el sexto día de la creación, sino que la procreación era uno de los propósitos mismos por los cuales Dios hizo y unió en matrimonio a Adán y Eva? Por tanto, uno de los fines del matrimonio es la procreación. Dios los hizo, explicó Henry Smith:

> No ambos varones ni ambas mujeres, sino uno varón y la otra mujer; como si los hubiese creado aptos para propagarse… Y por eso, cuando los creó así, para mostrar que la propagación de hijos es uno de los fines del matrimonio, les dijo: 'Sean fecundos y multiplíquense' (Gn. 1:28);

> es decir, traigan otros hijos, así como las demás criaturas producen los de su especie.[24]

Smith añadió:

> Por esta causa el matrimonio es llamado *matrimonio*, voz que alude al *estado de madre*, porque convierte en madres a las que antes eran vírgenes, y es el seminario del mundo, sin el cual todas las cosas [en la creación] serían en vano, por falta de hombres que las usen; porque Dios se reserva la gran ciudad [el cielo] para Sí mismo, y este arrabal lo ha asignado a nosotros, que somos sus regentes.[25]

Este mandato fue dado a nuestros primeros padres antes de que cayeran en pecado. Esto muestra que Dios buscaba algo más que la mera multiplicación natural, semejante a la de los animales, pues los hombres caídos pueden lograr eso suficientemente. Más bien, Dios deseaba "una descendencia religiosa y santa, que le adorase".[26] Por eso, en Malaquías 2:15, cuando el profeta reprendió al pueblo por pervertir la ordenanza del matrimonio tomando más de una esposa, declaró que la razón por la cual Dios unió a un hombre con una mujer era que Él buscaba "una descendencia de parte de Dios".

Al llamar a nuestros primeros padres a ser fecundos y multiplicarse *antes* de la entrada del pecado, Dios los estaba llamando a propagarse para que Su iglesia —de la cual ellos eran los únicos miembros en ese momento— cubriera la tierra. Debían glorificar a Dios levantando una descendencia apartada para adorarle. Thomas Stock lo expresó así:

> Aunque el pecado nunca hubiese entrado, este fin fue ordenado por Dios (Gn. 1:28): La propagación del género humano, pero especialmente de la iglesia; más aún, por [la familia en Gn. 1:28] solo se entiende la iglesia, puesto que [Adán y Eva] estaban en su perfección; y si entonces

---

[24] Smith, 1:9.
[25] Smith, 1:9.
[26] Stock, 177.

> se hubieran dedicado a la propagación o hubieran permanecido en su primer estado, habrían engendrado hombres santos en su imagen perfecta, que habrían sido la descendencia de Dios.[27]

Ahora bien, tanto la Escritura como la experiencia nos enseñan que ningún matrimonio puede traer hijos santos y piadosos por naturaleza, pues todos somos concebidos y nacidos en pecado y somos por naturaleza hijos de ira (Sal. 51:5; 58:3; Ef. 2:3). Aunque nuestros primeros padres fueron creados a imagen de Dios y habrían engendrado hijos conforme a esa imagen si hubieran obedecido en el tiempo de prueba (Gn. 2:16–17), Génesis 5:1–3 nos dice que, a causa de la caída, la posteridad de Adán (todo nacido *después* de la Caída) nace conforme a su imagen caída. Asimismo, el apóstol Pablo declara en Romanos 3:10 que "no hay justo, ni aun uno", y Eclesiastés 7:29 afirma que el hombre cayó de su estado original de rectitud: "Mira, sólo esto he hallado: Que Dios hizo rectos a los hombres, pero ellos se buscaron muchas artimañas". Por tanto, la santidad y la santificación no proceden de la naturaleza, sino únicamente de la gracia, por causa de Cristo.

¿Hizo la caída nulo el propósito de la procreación, dado que dos pecadores casados no pueden engendrar sino pecadores? En absoluto. Este fin del matrimonio no ha cambiado, porque Dios no cambia (Mal. 3:6). Uno de los propósitos del matrimonio hoy sigue siendo criar una descendencia piadosa para el Señor. Richard Baxter escribió: "No es pequeña misericordia ser padres de una descendencia piadosa; y este es el propósito de la institución del matrimonio (Mal. 2:15)".[28] Efesios 6:4 manda a los padres criar a sus hijos "en disciplina y amonestación del Señor"; Proverbios 22:6 exhorta a instruir al niño en su camino, que no puede ser otro que el camino del Señor; y Efesios 6:1–2 ordena "Hijos, obedezcan a sus padres en el Señor, porque esto es justo. Honra a tu padre y a tu madre".

---

[27] Stock, 183.
[28] Baxter, 46.

Dios manda a los padres creyentes criar a sus hijos para Él, y exhorta a esos hijos a honrar a sus padres por causa de Él. William Gouge animaba a los creyentes a tener hijos para que:

> El mundo fuese aumentado; y no simplemente aumentado, sino con prole legítima y familias distintas, que son los seminarios de ciudades y repúblicas. Y también para que en el mundo la Iglesia fuese preservada y propagada por una descendencia santa (Mal. 2:15).[29]

Por supuesto, este propósito no puede esperarse de padres incrédulos, pues no pueden criar hijos para Dios. Pero cuando los padres son creyentes y por la gracia de Dios disfrutan el honor de un matrimonio que se vive para Su gloria, este propósito se revela en el pacto que Dios establece con ellos y con sus hijos (Gn. 17:7; Is. 44:3; Hch. 2:39). En virtud del pacto, nuestros hijos nacen para el Señor (Ez. 16:20) y son llamados santos (1 Co. 7:14).

Así, nuestros hijos son hijos *de Dios*, encomendados a nosotros para criarlos para Él. Él tiene un derecho especial sobre ellos como Aquel que bendice y abre el vientre (Rut 4:13; 1 S. 1:19–20). Nos hace responsables de enseñarles acerca de Él, dirigirlos hacia Él, exhortarlos a creer en Él y a tomarlo como su Dios. Habiendo expresado Su disposición de ser su Dios en su bautismo infantil, Dios nos hace responsables de animarlos a consentir al matrimonio entre Cristo y sus almas. Nos responsabiliza de criarlos, en cuanto dependa de nosotros, no como extraños a Él, sino como abrazadores de la verdadera religión y adoradores del Dios verdadero. Solo Su gracia puede salvarlos, santificarlos uniéndolos a Cristo. Mientras Él nos exhorta a velar por que nuestros hijos sean criados dentro de la familia del pacto, miramos a Dios para que, por Su gracia, lleguen a profesar la fe en el único Dios verdadero.[30]

Esto explica por qué Dios prohíbe (1 Co. 6:15–16; 2 Co. 6:14) y reprueba (Gn. 6:1–2; Esd. 10:10–11) los matrimonios desiguales entre

---

[29] Gouge, 152.
[30] Stock, 183.

creyente e incrédulo, y por qué manda casarse "solo en el Señor" (1 Co. 7:39). Como señaló Thomas Stock, aunque tales uniones puedan aumentar el número de personas, frustran el propósito central de una descendencia piadosa, pues el yugo es tirado en direcciones opuestas.[31]

Tales matrimonios pueden criar hijos apartados de Dios, ignorantes de Él o en abierta rebelión contra Él. Tal crianza fuera del pacto, en lugar de fomentar la neutralidad en las mentes y los corazones de los niños, los motiva en contra de Dios y la autoridad de Su Palabra, en contra de Cristo y la salvación que Él les ofrece como pecadores, y los endurece en los caminos de la impiedad y la destrucción. Si Dios no está en el centro de la formación de nuestros hijos, hará falta un milagro para que ocupe un lugar salvador en su adultez, pues ordinariamente Dios salva por medio de la instrucción en la Palabra (Pr. 22:6; Ro. 10:17).[32]

Dios todavía busca una descendencia que le adore, una descendencia criada dentro del pacto, que le confiese como su Dios y confíe en Él para salvación. Y todavía hace responsables a los padres de instruir a sus hijos para amarle, obedecerle y servirle con todo su corazón y alma, así como de alimentarlos, vestirlos y cuidar de sus cuerpos.

Con todo, aunque Dios sigue siendo soberano en la dispensación de Su gracia salvadora y no está obligado a concederla a ninguno de nuestros hijos, promete bendecir nuestra descendencia (Is. 44:3; Pr. 22:6) y declara que se complace en impartir Su gracia cuando reconocemos nuestra responsabilidad y procuramos criarlos para Él (Ex. 34:6–7; Sal. 103:17). Debemos instruir a nuestros hijos en los caminos del Señor, confiando en que Él bendecirá nuestros esfuerzos y que, cuando comparezcamos ante Él, podamos decir: "Aquí estoy, yo y los hijos que Dios me ha dado" (Heb. 2:13).

3. Evitar el Pecado

---

31 Stock, 183.

32 Cf. "Parental Responsibilities" en *Discussions by Robert L. Dabney, D.D.* (Harrisonburg: Sprinkle Publications, 1982), 1:676–93.

El tercer propósito del matrimonio surgió después de la Caída, cuando la concupiscencia del hombre comenzó a luchar contra la pureza y la castidad a las que Dios lo había llamado, y se manifestó en fornicación, adulterio e inmundicia. Dios, en Su gracia, hizo avanzar Su institución del matrimonio como oposición a los placeres engañosos del pecado, para que sirviera como remedio.[33] Con este tercer propósito en mente, George Swinnock definió el matrimonio como "la unión legítima de un hombre y una mujer por el término de sus vidas naturales, para... evitar el pecado".[34]

El apóstol Pablo declara este propósito del matrimonio en 1 Corintios 7:2 cuando dice: "Por razón de las inmoralidades, que cada uno tenga su propia mujer, y cada una tenga su propio marido". Por ello, John Reyner escribió:

> Aunque el matrimonio fue instituido antes de que existiera el pecado, y Adán no lo necesitaba como remedio contra [la concupiscencia], sin embargo, bajo otro aspecto... después de la caída, es de uso necesario y soberano para prevenir el pecado y procurar o promover nuestra santificación, para que poseamos nuestros cuerpos en santidad y honor, no en pasión de degradante: Esta es la voluntad de Dios (1 Ts. 4:3–5).[35]

Dios nos llama a evitar la fornicación y el adulterio; por eso designó el matrimonio como la alternativa más santificada frente a tales pecados (1 Co. 7:9). El matrimonio, dice Pablo, está ordenado por Dios para satisfacer el apetito sexual cuando marido y mujer se rinden mutuamente el "deber conyugal (con benevolencia)" (1 Co. 7:3). Cuando esta benevolencia se ejerce con amor (1 Co. 7:5), "el matrimonio es puerto seguro para quienes están en peligro de su salvación por los vientos impetuosos de las tentaciones a la lujuria".[36]

---

33 William Arnot, *Studies in Proverbs* (Grand Rapids: Kregel, 1998), 133.
34 Swinnock, 1:464.
35 Reyner, 40.
36 Gouge, 152.

En Proverbios 5, Salomón exhorta al hombre a mantenerse lejos de la mujer extraña (v. 8) y a no dejarse cautivar por la ajena (v. 20). En vez de saciar su sed fuera de casa, debe beber el agua de su propia cisterna y de su propio pozo (v. 15), regocijarse con la mujer de su juventud (v. 18), deleitarse en su hermosura y embriagarse siempre en su amor (v. 19). Sobre estos versículos, Charles Bridges escribió: "El afecto doméstico, tierno y bien regulado, es la mejor defensa contra los deseos errantes de la pasión ilícita".[37]

Algunos, como el apóstol Pablo (1 Co. 7:7), tienen el don del celibato y pueden permanecer castos y satisfechos en estado de soltería; pero como el celibato es un don de Dios, no puede imponerse a todos (v. 6). Cada persona debe conocer su llamado del Señor y honrarle en él (v. 17). Por tanto, cualquier hombre o mujer es libre de casarse en el Señor como remedio contra la concupiscencia, pues el matrimonio es el medio que Dios ha dispuesto para apagar ese fuego (v. 9). "Para quienes no tienen el don [del celibato], este es el único remedio legítimo y santificado", dijo William Gouge.[38] Jeremy Taylor llamó a este tercer propósito del matrimonio "enemigo del infierno y antídoto contra la principal entrada a la condenación".[39]

A la luz de la bondad del Señor al proveer el matrimonio como remedio para los deseos lujuriosos del hombre, es doloroso ver a tantos que rechazan el matrimonio por los placeres engañosos de la fornicación, destruyen sus matrimonios por relaciones adúlteras o, peor aún, pervierten esta bendita institución mediante relaciones homosexuales. ¿Hemos olvidado cuán abominables son todas las formas de inmoralidad sexual y cómo el Señor juzgará a quienes las practican (Heb. 13:4)?

La belleza de una virtud se aprecia con mayor claridad cuando se la coloca junto a su vicio opuesto. La infamia de la inmoralidad sexual se comete *antes* de tantos matrimonios como *durante* ellos, y por ello impide tantos como destruye. La amplia aceptación de toda forma de

---

[37] Charles Bridges, *Proverbs* (Edinburgh: Banner of Truth, 1968), 58.
[38] Gouge, 152.
[39] Taylor, 13.

inmoralidad sexual en nuestros días hace que el matrimonio parezca una mera formalidad. Puede parecer inútil confrontar una práctica tan arraigada en la sociedad que sería como intentar detener la marea con las manos. Pero la verdad de Dios debe proclamarse, oigan o no los hombres; y descansamos en que Sus ovejas oirán Su voz (Ez. 2:3–5; Jn. 10:27).

No puede hacerse mayor daño a un matrimonio, a quienes se preparan para él o a quienes permanecen solteros, que entregarse al pecado sexual. Algunos dicen que las aguas hurtadas son dulces; pero como el pecado es siempre contra Dios, y solo Dios es bueno, el pecado jamás puede ser dulce en sí mismo. Si al probarlo nos parece dulce, eso dice más de la corrupción de nuestro paladar que de la naturaleza del pecado. El pecado es, solo puede ser y siempre será venenoso y destructivo. Cualquiera que sea la dulzura que nuestra carne encuentre en él, al final resultará amargo.

Para comprender cuán grave es el adulterio, la fornicación y toda inmoralidad sexual, consideremos lo que escribió William Greenhill en su exposición de Ezequiel 18:5–6.[40] Primero, el pecado sexual viola la institución de un Dios infinitamente sabio, quien ordenó que dos fuesen una sola carne, y no tres o más (Gn. 2:24; 1 Co. 6:16). Aunque los hombres intenten cometer tales actos en secreto, Dios ve y conoce todo (Pr. 5:20–21).

Segundo, el adulterio mancha la ordenanza de Dios, que la Escritura declara honorable en sí misma (Heb. 13:4), y que es figura terrenal del matrimonio entre Cristo y Su Iglesia (Ef. 5:31–32). El adulterio contamina el lecho matrimonial y, cuando lo cometen quienes pertenecen al Señor, une vergonzosamente a la esposa santa de Cristo con otro (1 Co. 6:15–16).

Tercero, el adulterio degrada a hombres racionales —la cúspide de la creación de Dios— al nivel de bestias irracionales, haciéndolos olvidar la razón y perseguir sus pasiones (Os. 4:11; Jer. 5:7–8; 13:27).

Cuarto, en el adulterio y la fornicación el hombre peca: Contra su propio cuerpo (1 Co. 6:18), haciéndose uno con la adúltera y

---

[40] Greenhill, 441–43.

contaminándose con inmundicia (Mt. 15:19–20); contra su nombre y reputación, pues se acarrea deshonra (Pr. 6:33); contra la paz y el consuelo de su conciencia, pues será herido por la culpa, la vergüenza y las acusaciones de la ley de Dios (Pr. 7:26); y contra su propia alma, que vale más que el mundo entero (Pr. 6:32; 7:27; 23:27; Mr. 8:36–37).

Quinto, el adulterio es una gran ofensa contra la parte inocente, sea esposo o esposa (Pr. 23:27–28). Cuando el esposo va tras otra mujer, rompe el pacto hecho con su esposa ante el Señor. Cuando la esposa va tras otro hombre, abandona al esposo a quien prometió fidelidad y amor delante de Dios. ¿No es este el mayor agravio que un cónyuge puede hacer al otro, arrancándose del compañero de su juventud y entregando su corazón, afectos y cuerpo a otro (1 Co. 7:3–4)?

Sexto, el adulterio trae ruina sobre la familia (Job 31:12).

Séptimo, el adulterio implica, si no causa, muchos otros pecados, pues quienes lo cometen suelen trabajar también para negarlo u ocultarlo (2 S. 11). Richard Rogers escribió: "Ningún pecado va solo; y ciertamente [el adulterio] no puede evitar que muchos otros lo acompañen. Una vez que has metido los pies en este lodazal, rara vez Satanás te dejará hasta hundirte por completo".[41]

Finalmente, el adulterio es pecado contra el séptimo mandamiento de un Dios santísimo y puro. Por tanto, excluye del cielo por Su justo juicio y provoca Su ira eterna, de la cual no hay escape ni apelación si no hay arrepentimiento (Mal. 3:5; Heb. 13:4; 2 P. 2:9–10; 1 Co. 6:9–10; Ap. 21:8; 22:15; 2 Ts. 1:9).

Aunque el adulterio es un mal tan grande y trae consecuencias tan mortales (si la gracia no interviene), la mayoría de los adúlteros no están dispuestos a apartarse de esta conducta.

Pero Dios ha provisto un remedio contra el adulterio en el bendito estado del matrimonio. ¡Y ha provisto un Salvador por medio de quien todos los que reconocen su necesidad de liberación pueden ser salvos! La lujuria es un monstruo de muchas cabezas y una fuente que se divide en muchos ríos en la vida del hombre; pero Cristo es el Rey de reyes y Señor

[41] Rogers, 318.

de señores, cuyo trono está sobre cielo y tierra y cuyo poder domina sobre todo. Solo Él puede quebrantar el poder de la concupiscencia, y lo hará para todos los que acuden a Él (Mt. 11:28–30). Solo Él puede darte amor por la pureza y la castidad, deseo de vivir para la gloria de Dios y gracia para mortificar el pecado de inmundicia y presentar los miembros de tu cuerpo como instrumentos de justicia.

> Si eres culpable del terrible pecado del adulterio, humíllate bajo el justo juicio de Dios y busca refugio en el Salvador que está dispuesto a perdonar, tiene poder para salvar y posee un amor por los pecadores que impulsa ambas cosas. Richard Rogers exhortó: "Ruega al Señor que convierta un corazón aterrorizado en uno contrito… que moldee un alma inmunda en una limpia y casta. Ningún martillo puede hacer esto; la misericordia debe fundirlo en el horno de la gracia".[42] Y mira a las promesas de Dios: primero, que todos tus pecados serán perdonados y nunca imputados a tu cuenta (Jer. 3:1–2; 1 Jn. 1:9), pues el Señor ha abierto en Jesucristo una fuente tal que aun el principal de los pecadores puede ser perdonado y lavado de todos sus pecados. Segundo, que una vez perdonado, aunque tus pecados hayan sido muy graves y hayas vivido largo tiempo en ellos, Él no te mirará más de esa manera; sino que te verá en Su Hijo como miembro de Su cuerpo, santo y acepto (1 Co. 6:9–11; Ef. 1:6).

Los Beneficios del Matrimonio

Así como Dios instituyó el matrimonio y lo hizo honorable, también lo bendijo y lo hizo beneficioso. Por tanto, los *beneficios* del matrimonio coinciden con sus *propósitos*. Dios lo instituyó con fines específicos, pero también con un bien concreto en mente, y el disfrute de este último depende de nuestra búsqueda de los primeros. Si abusamos del matrimonio en contra de Sus propósitos, este nos reportará poco beneficio, pues Dios no ha prometido bendecir nuestro abuso. Solo

---

42 Rogers, 343.

cuando reconocemos los fines para los cuales Él ordenó el matrimonio —y buscamos Su ayuda para que nuestros matrimonios sirvan a esos fines— podemos esperar experimentar sus bendiciones.

¿Cuál es el bien que Dios tuvo en mente para el matrimonio y cuáles son los beneficios con que corona el estado matrimonial? Dos puritanos resultan de gran ayuda aquí: Edward Reyner y Thomas Gataker. Reyner abordó esta cuestión en un tratado sobre el matrimonio, y Gataker la trató en varios sermones. Esos sermones hablaban del bien que proviene de una buena esposa, pero mucho de lo que Gataker dijo puede aplicarse fácilmente también a los esposos. Antes de presentar el enfoque de Reyner, conviene explicar con mayor precisión la relación entre los propósitos y los beneficios del matrimonio, pues algunos de los aspectos que Reyner describe como beneficios ya han sido presentados como propósitos, y es importante comprender la diferencia.

Un *propósito* del matrimonio es la razón por la cual Dios lo instituyó. Por ejemplo, uno de sus propósitos es que el hombre tenga el beneficio de una buena compañera (Gn. 2:18). Otro es que se levante descendencia piadosa para el Señor (Mal. 2:15). Un *beneficio* del matrimonio, en cambio, es un fruto que disfrutamos por la misericordia y bendición de Dios cuando lo honramos viviendo para Su gloria en nuestro matrimonio. Así, al enumerar un propósito como beneficio se subraya que, cuando honramos a Dios en nuestro matrimonio, disfrutaremos la bendición de cumplir los fines para los cuales Él lo ordenó.

Esto no significa que una pareja incrédula, que vive sin considerar la gloria de Dios en su matrimonio, no pueda disfrutar algunos de sus beneficios. Bajo el amparo de la gracia común de Dios, muchas parejas incrédulas reciben ciertas bendiciones del matrimonio. Sin embargo, existe una gran diferencia entre ser receptores ciegos de tales bendiciones y recibirlas conscientemente de la mano de un Padre celestial amoroso y sabio.

Las parejas incrédulas pueden experimentar bendiciones como la compañía y la procreación, pero quizá no vean estas realidades como dones de Dios, y por tanto no le den gracias, reconociendo Su sabiduría y amor en la distribución de Sus bendiciones. Tampoco pueden beneficiarse plenamente de ellas, porque no las ven como instrumentos en las manos de Dios para su santificación. En lugar de eso, esas mismas bendiciones a menudo se convierten en espinas y lazos, en obstáculos más que en ayudas, en cargas más que en ocasiones de alabanza. Por el contrario, una pareja cristiana puede orar a Dios por los beneficios del matrimonio, alabarle y agradecerle por ellos, ejercer una mayordomía fiel delante de Él respecto de tales dones, y confiar en que, sean concedidos, limitados o incluso negados, Dios hace que todas las cosas cooperen para su bien por causa de Cristo (Ro. 8:28). Una pareja incrédula no llega verdaderamente a gustar y ver que el Señor es bueno; más bien, tiende a morder la mano que la alimenta y a negar al Dador el reconocimiento debido por Sus dones.

Reyner sugirió que los beneficios del matrimonio pueden dividirse en cinco categorías: Personales, familiares, políticos, eclesiásticos y universales.[43] Consideremos brevemente cada uno, comenzando por los beneficios *personales*.

El primero es la compañía. La constitución del cuerpo y la disposición de la mente muestran que el ser humano está hecho para la relación. El esposo y la esposa se complementan y se perfeccionan mutuamente como compañeros idóneos y ayudas adecuadas (Ec. 4:9–10).

El segundo es la preservación de la castidad. El matrimonio provee la satisfacción legítima, dada por Dios, de los deseos sexuales, y así refrena la lujuria (1 Co. 7:2, 9).

El tercero es la ayuda mutua. Pueden ser consuelo el uno para el otro en la adversidad, la enfermedad y la pobreza, así como en la alegría y la prosperidad (Est. 4:14). Richard Baxter dijo al respecto:

> Si Dios te llama al matrimonio, considera las ayudas y los consuelos de ese estado, así como sus impedimentos y dificultades, para que puedas

---

[43] Reyner, 38–48.

> servir a Dios en él con ánimo alegre, esperando Su bendición... Dios lo ordenó para ayuda mutua, y como tal puede usarse.[44]

El cuarto beneficio personal es el privilegio de promover su relación con Cristo, quien es el Esposo celestial de ambos (Jer. 3:14; Ef. 5:31–32). El mayor beneficio del matrimonio es proveer ayuda mutua en la religión. Como señaló George Swinnock: "Dios no instituyó el matrimonio como un estorbo, sino como una ayuda en la religión. La buena compañía debería impulsarnos a caminar con mayor gozo en el camino de los mandamientos de Dios".[45]

El matrimonio dirige a las esposas a Cristo para el amor espiritual, la bondad, la ternura, el consuelo y el cuidado que deben a sus esposos. Enseña a los cristianos a reservar el corazón enteramente para Cristo: abrazarle solo a Él, sujetar nuestros deseos y voluntad a los Suyos, entregarnos por completo a Su disposición, abrirle el corazón, estar "enfermos de amor" por Él y entristecernos por Su ausencia, dejar todo lo que nos es querido para seguirle y unirnos a Él con fidelidad. Esto es "espiritualizar el matrimonio y emplearlo para un uso alto, santo y celestial, cuyo beneficio se extenderá hasta los días de la eternidad".[46]

La segunda categoría es *familiar*. Los esposos creyentes disfrutan del beneficio de edificar una familia que puede extenderse por varias generaciones. Así como Raquel y Lea fueron instrumentos para edificar la casa de Israel (Rut 4:11), el matrimonio provee el único medio legítimo para hacer a hombres y mujeres padres y madres, para criar hijos e hijas que continúen después de ellos como monumentos vivos y representaciones de sí mismos.[47] Sin el matrimonio, el nombre ilustre de una familia puede extinguirse pronto (Jue. 11:34, 38); pero puede ser recordado por largo tiempo mediante hijos que reflejen aquello por lo cual sus antepasados se distinguieron y sirvan al Dios por quien vivieron (2 Ti. 1:5; 3:14–15; Rut 4:12).

---

[44] Baxter, 46.
[45] Swinnock, 1:465.
[46] Reyner, 44.
[47] Gouge, 153.

La tercera categoría es *política*. El matrimonio pone el fundamento "de ciudades, países y naciones; de leyes y gobiernos civiles; de repúblicas y reinos", según Reyner.[48] Es, por tanto, la base sobre el cual se edifica toda estructura política, y mediante su descendencia provee las personas necesarias para sostenerla.

La cuarta categoría es *eclesiástica*. El matrimonio nutre y renueva la iglesia de Cristo en la tierra con nuevos miembros y provee piedras vivas y columnas para la iglesia celestial.

La quinta categoría es *universal*. El matrimonio preserva y multiplica la raza humana. Este fue uno de los propósitos del matrimonio de nuestros primeros padres antes de la caída (Gn. 1:28) y fue incluido en la bendición divina después de la caída (Gn. 3:15; 4:1). Suponiendo que los seres humanos no transgredieran el mandamiento de Dios teniendo hijos fuera del matrimonio, Reyner afirmó que "si no fuera por el matrimonio, el mundo llegaría a su fin".[49]

Al reflexionar sobre estos diversos beneficios de un matrimonio que honra a Dios, Edward Reyner exhortó a tres respuestas. Primero, esto debería llevarnos a ser *agradecidos* con Dios por haber provisto una relación tan provechosa como el matrimonio. "Es un conjunto de beneficios", dijo Reyner. "¡Cuántos, tanto privados como públicos, están atados en él como en un solo volumen!".[50] También debería movernos a agradecer toda la ayuda y el consuelo que el Señor nos concede por medio de nuestros cónyuges. Con razón los esposos deben bendecir a Dios por sus esposas, y las esposas por sus esposos, porque no hay ayuda en todas las aflicciones de la vida comparable a la de un cónyuge piadoso. Como afirmó William Gouge: "Ninguna ayuda puede el hombre tener de criatura alguna como de una esposa, ni la mujer como de un esposo".[51]

Segundo, Reyner señaló que esto debe enseñarnos a *potenciar* nuestros matrimonios para disfrutar todos los beneficios para los cuales Dios los instituyó. Debemos esforzarnos por glorificar a Dios en el

---

48 Reyner, 45.
49 Reyner, 45–46.
50 Reyner, 46.
51 Gouge, 153.

matrimonio, para experimentar el consuelo que Él prometió en él. Debemos procurar que nuestro matrimonio sirva al bien de nuestras almas así como de nuestros cuerpos, de modo que atienda nuestras necesidades en la tierra y fomente nuestra preparación para el cielo. Debemos procurar edificar familias piadosas cuyos miembros conozcan, teman y sirvan a Dios. Debemos procurar enviar descendencia que sirva a la iglesia y a la sociedad para la gloria de Dios.

Tercero, Reyner afirmó que los beneficios de un matrimonio que honra a Dios *reprenden* a quienes se casan sin la intención de glorificarlo. Tales parejas disfrutan pocos de los beneficios del matrimonio. Cuando se casan para sus propios fines, sus hogares suelen convertirse en lugares de discordia que pueden terminar en divorcio. Cuando se casan por causa de la lujuria, nunca quedan satisfechos con su cónyuge; sus ojos permanecen llenos de adulterio (2 P. 2:14) y pronto son atraídos hacia otro. Cuando se casan sin tener en mira la gloria de Dios, no esperan ayuda del cielo, sino que consideran el matrimonio un estorbo. Descuidan levantar descendencia para el Señor, y así a menudo reciben hijos tan impíos como ellos, si no más. No se preocupan de que sus hijos honren al Señor, y sus familias suelen edificarse sobre los caprichos de los hijos; por ello, lejos de ser una ayuda para la sociedad, estos llegan a ser pródigos y disipadores de lo que sus padres les dieron. Cuando se casan sin el deseo de amarse y servirse mutuamente por causa del Señor, con frecuencia terminan siendo espinas el uno para el otro y provocándose a ira. Se casan sin referencia al Señor del matrimonio, y así nada saben de cómo el matrimonio debe reflejar a Dios ante un mundo perdido.[52] ¿Puede haber algo más importante que honrar a Dios en el matrimonio y vivir para Su gloria todos nuestros días?

Thomas Gataker también habló de los *beneficios* del matrimonio. Su sermón "Una Esposa de Verdad" (A Wife in Deed) se basa en Proverbios 18:22: "El que halla esposa halla algo bueno y alcanza el favor del SEÑOR". En ese sermón, Gataker explicó seis beneficios de tener una esposa piadosa. En su resumen escribió que una buena esposa es:

---

[52] Reyner, 47–48.

> La mejor compañera en la prosperidad; la asistente más idónea y pronta en el trabajo; el mayor consuelo en las aflicciones y dolores; el único medio legítimo y consolador de descendencia y posteridad; un remedio singular y soberano ordenado por Dios contra la lujuria; y la mayor gracia y honra que puede tener quien la posee.[53]

Thomas Secker lo expresó más sencillamente: "Buenos siervos son una gran bendición; buenos hijos son una bendición mayor; pero una buena esposa es la mayor bendición".[54]

Gataker comenzó, como Reyner, con el beneficio de la *compañía*. Este encabeza tanto la lista de propósitos como la de beneficios del matrimonio en los escritos puritanos. Aunque no condenaban el celibato para quienes eran llamados a él, los puritanos estaban convencidos de que el hombre fue creado para la sociedad, y que la soledad era incómoda e "inconveniente" o gravosa (Gn. 2:18; Ec. 4:9–11). Creían que el hombre desea compañía con quien compartir sus pensamientos y su vida; y cuanto más afín sea esa compañía, mayor será el beneficio y el gozo que de ella se obtenga, y más la deseará y la buscará nuevamente.

La esposa es, por tanto, la mejor compañera y amiga del hombre. Gataker sugirió que Adán fue *verdaderamente* feliz en el Edén, pero no *plenamente* feliz hasta que Dios le proveyó una esposa y fue unido a la mujer como su amiga y compañera más cercana en todo lo concerniente a la vida. Dijo Gataker: "No hay sociedad más cercana, más íntegra, más necesaria, más natural, más deleitosa, más consoladora, más constante y más continua que la sociedad entre marido y mujer".[55] Estaba convencido de que una casa estaba "a medio amueblar e incompleta, y no plenamente feliz sino solo medio feliz, aunque por lo demás fuera muy feliz", hasta que era completada con una esposa.[56]

---

[53] Gataker, 166.
[54] Secker, 269.
[55] Gataker, 161.
[56] Gataker, 161.

En segundo lugar, una esposa piadosa trae el beneficio de la *ayuda*. Eva fue dada a Adán no solo como compañera, sino como ayuda idónea. Como el hombre fue creado para trabajar y glorificar a Dios en la actividad, necesitaba ayuda (Gn. 2:18). Por eso Dios le proveyó una asistente. Si el hombre necesitaba esta ayuda antes de la caída, cuando el trabajo no era carga ni dolor, ¿cuánto más la necesitamos ahora, cuando nuestro trabajo es fatigoso, nuestro pecado pesado y nuestras aflicciones gravosas? Por eso Salomón afirma que mejores son dos que uno (Ec. 4:9). Si uno cae, el otro puede levantarlo; si uno tiene frío, el otro puede abrigarlo; si uno es débil, el otro puede fortalecerlo; si una tarea es demasiado pesada para uno, puede llevarse con mayor facilidad entre dos.

¿Quién está mejor capacitada para ayudar al hombre en sus tareas y pruebas que la esposa que Dios creó como su ayuda? La esposa está tan adaptada al hombre y a sus necesidades que es casi su segundo yo (Gn. 2:24). En el matrimonio hay cuatro ojos que ven, cuatro manos que trabajan y cuatro pies que caminan.[57] ¿Cuántos caminos prudentes pueden descubrirse cuando tantos ojos los buscan? ¿Qué obra no puede realizarse cuando tantas manos se entregan a ella? ¿Qué sendas de justicia no pueden recorrerse y qué caminos de maldad no pueden evitarse cuando tantos pies caminan al mismo paso? Además, si un par necesita descanso, el otro puede velar; si un par falla, el otro puede recuperar la pérdida y salvar a ambos.

Tal beneficio no puede hallarse simplemente en un amigo o en un hermano; es propio del cónyuge, pues el matrimonio hace de los dos una sola carne (Gn. 2:24). Un amigo no puede estar disponible a toda hora. Puede vivir lejos y no acudir con prontitud. Puede estar él mismo en necesidad y no poder ayudar a otro. Puede desviar su afecto hacia otro, de modo que su amor por ti se marchite. Pero el cónyuge es una ayuda siempre cercana, siempre dispuesta y siempre capaz, porque es próximo, querido y solícito. Además, ¿cuántas necesidades tiene un cónyuge que requieren la ternura, la intimidad y el amor incondicional que solo otro

[57] Gataker, 162.

cónyuge puede proveer? Por cercano que sea un amigo o un hermano, jamás podrá estar tan cerca del hombre como una esposa, ni de la mujer como un esposo.

Tercero, una esposa piadosa aporta el beneficio del *consuelo*. Ciertamente, un amigo es una bendición en todo tiempo, pero ¿qué necesidad es mayor que enfrentar la prueba y el dolor? En el peligro y la angustia, la presencia de un extraño solo desalienta y defrauda; en cambio, la vista de un amigo levanta el ánimo, infunde valentía y reaviva la esperanza. Ese amigo puede aliviar la carga o incluso quitarla por completo. Y si lo único que puede hacer es sentarse en el montón de ceniza y unir sus lágrimas a las nuestras, no sería un consuelo pequeño.

Pero ¿quién está mejor capacitada para consolar y aliviar a un esposo en tiempos de aflicción y adversidad que su esposa piadosa? Ella puede confortarlo en su enfermedad y acompañarlo en su debilidad. Gustosamente pondrá su propio cuello bajo el yugo que él lleva y sus hombros bajo la carga que él soporta. Sin pensar en sí misma, se inclinará para hacer cuanto esté a su alcance para animar y consolar a su esposo. Como dijo Thomas Gataker:

> No hay necesidad de misericordia donde no hay miseria, ni uso de consuelo donde no hay cruz. Y si en el Paraíso… lugar todo de deleite, jardín de placer, hubo necesidad de ayuda y sociedad, y de la ayuda y sociedad de [una esposa]… ¡cuánto más en este mundo, en este valle de lágrimas, donde las cruces son tan comunes… y donde cuanto más cruces carga el hombre… más necesita consuelo y ayuda!.[58]

Cuarto, Gataker afirmó que una esposa piadosa trae el beneficio de los *hijos*. Génesis 1:28 declara: "Dios los bendijo y les dijo: Sean fecundos y multiplíquense", mostrando que la capacidad de engendrar hijos es parte de Su bendición sobre el matrimonio. ¡Y qué gran bendición es esa! El hombre tuvo la preeminencia en la creación, pues fue formado primero (Gn. 2:7). Pero también fue un gran honor que Dios hiciera al hombre y

---

[58] Gataker, 163, citando a Bernard.

a su esposa instrumentos para traer hijos al mundo y así poblar la tierra. Aquel que creó de la nada podría haber seguido haciéndolo, pero decidió designar al hombre y a la mujer como Sus instrumentos para esa obra.

Después de la caída, cuando los seres humanos se hicieron mortales y corrompidos por el pecado, Dios podría haber retirado este honor; sin embargo, no lo hizo. Más bien, continuó usando a hombres y mujeres para dar origen a cada generación sucesiva (Gn. 5:1–3). Frente a nuestra mortalidad (Gn. 5:4–31), esta bendición es un gran consuelo, pues nos concede una especie de inmortalidad, ya que nuestro nombre y posesiones pueden continuar por medio de nuestra descendencia. El hombre en su vejez se consuela al saber que, aunque debe seguir el camino de toda la tierra (1 R. 2:2), tiene un heredero que continuará en su lugar (Gn. 15:2). No es pequeña bendición para un moribundo haber engendrado hijos.

Si los hijos son una bendición tan grande, ¡cuánto mayor es la bendición del matrimonio que los produce! El matrimonio es la raíz de la cual brota el fruto de los hijos. ¿Cuán grande, entonces, es la bendición de una esposa? Porque, como escribió Gataker, sin mujer no puede haber hijos en absoluto; sin esposa, no puede haber hijos legítimos; y sin buena esposa, no puede haber hijos con gozo.[59]

Quinto, una esposa piadosa trae el beneficio de un *remedio* contra la lujuria. Antes de la caída, cuando el hombre estaba sano y en buen estado, no necesitaba tal remedio. Pero ahora que ha caído en pecado, el matrimonio provee un antídoto contra la fornicación (1 Co. 7:2). Ofrece un ámbito legítimo donde el hombre puede, conforme al diseño de Dios (Heb. 13:4), gozar de la esposa de su juventud, estando "siempre embriagado en su amor" (Pr. 5:19). Por la gracia de Dios, la intimidad conyugal contribuye en gran medida a mantener los deseos del hombre en su hogar y lejos de la casa de la extraña, tanto en pensamiento como en obra (Pr. 5:8, 15, 20).

Finalmente, una esposa piadosa aporta gracia y *honra* a su esposo. De todas las cosas que pueden considerarse honor para un hombre —

---

[59] Gataker, 164.

riquezas, recompensas o reputación— una esposa piadosa las supera todas, pues es como corona sobre la cabeza de su esposo (Pr. 31:10–12, 28), así como él lo es sobre la de ella. Son las joyas el uno del otro, testimonio de la riqueza del otro y deleite para sus ojos. ¡Cuán grandes deben ser, entonces, los beneficios del matrimonio si tantas bendiciones vienen envueltas en una esposa! Es una ayuda tan preciosa que Thomas Secker dio este consejo: "Búsquela quien no la tiene; suspire por ella quien la ha perdido; deléitese en ella quien la disfruta".[60]

Al igual que Edward Reyner, Gataker propuso varias respuestas ante la beneficencia del Señor. Primero, estas bendiciones deben advertirnos del gran poder del pecado, capaz de convertir una ordenanza tan llena de bendiciones en un estado colmado de miserias. ¿Cuántos no supieron lo que era la desgracia hasta que se casaron? ¿Cuántos han hallado en su cónyuge la mayor carga de su vida? ¿Cuántos han entrado en el matrimonio solo para lamentarlo todos sus días? Si esperamos cosechar sus frutos y hallar sus beneficios, debemos comenzar casándonos como Dios ordena y perseverar así, sin permitir que el pecado arruine nuestro matrimonio. Cualquier miseria, dificultad o cruz que soportemos en el matrimonio no puede atribuirse al matrimonio mismo, sino a nuestra propia pecaminosidad, pues el matrimonio es honorable (Heb. 13:4).

Segundo, si hemos honrado al Señor en la elección de cónyuge y en el acto de casarnos, debemos esperar los beneficios en nuestro matrimonio. Lamentablemente, muchas parejas entran al matrimonio esperando un mundo de preocupaciones, un océano de problemas y un laberinto inexplicable de molestias, ¡como si solo pudiera producir espinas y cardos![61] Aunque el matrimonio ciertamente tiene sus cuidados y dificultades, también tiene sus consuelos, bendiciones y deleites. Es una ordenanza de Dios y, por tanto, puede esperarse que esté coronada con las bendiciones que Él ha prometido, si las buscamos de Su mano.

Tercero, si una esposa puede ser tan beneficiosa para su esposo, entonces que las esposas se esfuercen por serlo. Cuanto más bien hagan

---

[60] Secker, 269.
[61] Gataker, 172.

a sus esposos, más deleite hallarán en su matrimonio y más consuelo recibirán de él.

Finalmente, que los esposos procuren andar de manera digna de una esposa piadosa y la animen a ser un depósito de bendiciones, proveyéndole el consuelo, amor, protección y sustento que necesita. Los esposos deben dar a sus esposas las mismas bendiciones que ellas les ofrecen. Porque todo lo que el Señor requiere de la esposa, también lo requiere del esposo.

El matrimonio es una institución bendita, llena de bendiciones y consuelos para esta vida. Pero estas bendiciones no están tan ligadas al estado matrimonial que todos los que se casan las reciban automáticamente. El matrimonio es institución *de Dios*, y su propósito es glorificar *a Dios*; por tanto, sus bendiciones solo fluyen hacia un matrimonio que busca humildemente honrar a Dios. El matrimonio alcanza su verdadero propósito únicamente cuando se consuma entre dos personas que aman y temen a Dios.[62]

Preguntas de estudio

1. ¿Cuáles son los principales propósitos del matrimonio? Demuéstralos con la Escritura.

2. ¿Qué consideraciones podrían hacer prudente permanecer soltero? ¿Qué dificultades acompañan la soltería?

3. Lea Malaquías 2:15. ¿Qué revela este texto acerca del propósito de Dios para la procreación? ¿Cómo debería moldear eso nuestra crianza?

4. ¿Qué enseña Proverbios 5 acerca de las relaciones sexuales?

---

[62] den Ouden, 22.

5. ¿Qué argumentos presentó William Greenhill para mostrar el horror del adulterio?

6. Según los puritanos, ¿cuáles son los beneficios personales de un buen matrimonio?

7. ¿Por qué es cierto que el matrimonio es "la base sobre el cual se edifica toda estructura política"?

8. ¿De qué maneras prácticas puede una esposa piadosa ser:
   - una compañera bendita para su esposo?

   - una ayuda para su esposo?

   - un consuelo para su esposo?

9. ¿Cómo debe un esposo responder con gratitud y aprecio al don de Dios en su esposa?

§3. ASEGURANDO UNA BUENA ENTRADA AL MATRIMONIO

Hemos visto que el matrimonio es una ordenanza divina que Dios ha honrado de diversas maneras. También hemos visto que Dios lo instituyó con varios propósitos en mente y que, por ello, se complace en bendecirlo con múltiples beneficios. ¿Por qué, entonces, tantos matrimonios ni manifiestan ese honor ni disfrutan esos beneficios? La causa, por lo general, puede rastrearse hasta quienes se casan sin tener en cuenta al Señor del matrimonio. Si nos precipitamos a casarnos de manera irreflexiva, insensata y sin buscar la bendición del Señor, no podemos esperar que el matrimonio resulte la experiencia deleitosa que fue diseñada para ser.

Nuestra entrada al matrimonio es su raíz y fundamento. Si el fundamento es defectuoso, la casa no puede ser estable; si la raíz está podrida, también lo estarán las ramas y el fruto. Para obtener el honor que el Señor ha puesto sobre el matrimonio y disfrutar de sus beneficios, debemos acercarnos al estado matrimonial con la debida preparación y elegir sabiamente a nuestro cónyuge.

Una Debida Preparación

Casi todos comprenden el valor de la preparación. Cuando tenemos por delante una tarea importante —un examen, una entrevista laboral o la visita de un supervisor al lugar de trabajo— hacemos lo necesario para prepararnos y no ser tomados por sorpresa. Pero si decidimos "improvisar", un solo fracaso o vergüenza suele bastar para curar tal indiferencia y enseñarnos una lección valiosa.

Existen otros factores que convierten la preparación en una necesidad absoluta. Por ejemplo, cuanto mayor es el impacto que el resultado tendrá sobre nosotros y sobre otros, mayor es la necesidad de prepararnos. Algunas acciones son relativamente insignificantes en comparación con otras que producen un efecto expansivo en nuestra vida y en la de quienes nos rodean. Asimismo, una oportunidad limitada aumenta la importancia de la preparación. El incentivo crece exponencialmente cuando sabemos que solo tenemos una oportunidad.

Henry Scudder defendió el valor de la preparación con estas palabras:

> Los marineros aprenden su oficio antes de lanzarse a lo profundo; todo artista estudia la teoría antes de la práctica; los hombres sabios meditan largamente antes de aventurarse a la acción. Es una regla conocida: La deliberación debe ser larga cuando la determinación puede hacerse solo una vez; y donde no hay lugar para segundas reflexiones que corrijan un error previo, los primeros pensamientos deben ser cuidadosos, para prevenir el error.[1]

El matrimonio *requiere* preparación. Es "atar un nudo que nada sino la muerte puede desatar".[2] Tiene un efecto determinante sobre el gozo o la aflicción de nuestra vida; y es una institución sobre la cual Dios ha querido derramar muchas bendiciones preciosas. Además, exige una preparación *proporcional.* Sin preparación para el matrimonio, dijo William Whately, sería como intentar volar sin alas, caminar sin piernas o ver sin ojos.[3] La manera correcta de entrar en el estado honorable del matrimonio es "un asunto de la mayor consecuencia respecto al bienestar o desgracia del hombre en esta vida, según se haga bien o mal".[4]

---

1 Scudder, iii–iv.
2 Secker, 265.
3 Whately, *A Care-Cloth*, i.
4 Scudder, xiv.

¿Qué tipo de preparación es necesaria para asegurar un matrimonio feliz y piadoso? Hay dos cosas absolutamente indispensables para sentar el fundamento de un disfrute pleno del matrimonio todos los días de la vida. Primero, por la gracia de Dios, debes escoger a Dios para ti mismo. Segundo, debes buscar a tu cónyuge de parte de Dios.

1. Escoge a Dios para Ti Mismo

Las bendiciones y el honor del matrimonio dependen de honrar y glorificar a Dios en él. La preocupación primordial de quien entra en el matrimonio debe ser que, por gracia, escoja a Dios antes de escoger cónyuge. "El pacto personal con Cristo debe preceder al pacto matrimonial", dijo Wilhelmus den Ouden.[5] "Debemos estar casados con Cristo —afirmó Thomas Manton— antes de casarnos el uno con el otro; el pacto matrimonial debe comenzar y concluirse entre Cristo y tú".[6]

Lo que el matrimonio exige de nosotros supera con creces nuestras capacidades y fuerzas naturales. Esposos y esposas necesitan ayuda y gracia divinas para cumplir sus deberes mutuos. Además, toda bendición y consuelo que el matrimonio produce exige una respuesta de alabanza y gratitud a Dios. Por tanto, la primera piedra que debe colocarse en el fundamento de un buen matrimonio es confiar en Cristo como nuestro Salvador. En la epístola dedicatoria del tratado de Henry Scudder, *La Elección de un Hombre Piadoso* (A Godly Man's Choice), Jeremiah Whitaker escribió: "Antes que el Señor incline tu corazón a pensar en cualquier elección [de cónyuge] en la tierra, sé exhortado a hacer tu elección en el cielo; que el Señor Jesucristo sea el guía de tu juventud y así el Dios de tu vejez".[7]

¿Cómo puede un hombre ser un esposo fiel si carece del ejemplo de el señorío de Cristo sobre él (1 Co. 12:12–13, 27; Ef. 5:25–27)? ¿Cómo puede ser un buen padre si no comprende el ejemplo de la paternidad de

---

5 den Ouden, 22.
6 Manton, 2:165.
7 Scudder, iv.

Dios? Para poner el fundamento de su fidelidad como esposo y padre, el hombre debe rendirse primero al amor, cuidado y señorío de Cristo antes de buscar esposa. Del mismo modo, ¿cómo podrá una mujer ser esposa sumisa y ayuda idónea si es extraña a la sumisión y honra debidas a Cristo (Ef. 5:22–23)? ¿Cómo será madre fiel si desconoce el cuidado, amor y ternura con que Dios trata a Sus hijos? Para sentar el fundamento de su fidelidad como esposa y madre, debe entregarse primero al amor y cuidado de Dios antes de buscar matrimonio.

Además, aunque el matrimonio ofrece beneficios y consuelos incomparables, también trae cargas y preocupaciones que no existen en la soltería. ¿Cómo podrá alguien estar preparado para la negación propia, el servicio, el sacrificio y el amor que el matrimonio requiere si no está ya habituado a tal conducta como discípulo de Cristo (Mr. 8:34)? ¿Cómo ejercerá el perdón necesario en el matrimonio si no ha experimentado antes el perdón de Dios (Ef. 5:32)? ¿Cómo tendrá la paciencia, benignidad y fidelidad requeridas de un cónyuge si no posee primero el Espíritu de Dios (Gl. 5:22–23)? ¿Cómo guardará pureza en el lecho matrimonial si los deseos desordenados de su corazón no han sido subyugados por la hermosura y el reinado del Señor Jesucristo (Job 31:1–4)? ¿Cómo puede alguien aventurarse al matrimonio sin la salvación, que le capacita para sus deberes y le arma contra sus dificultades (Fil. 4:13)?

Es, pues, indispensable estar unido a Cristo en salvación antes de unirse a un cónyuge terrenal. Nuestro amor y unión con Él no solo guiarán nuestra elección, sino que serán la raíz y fundamento del matrimonio, produciendo fruto que honre a Dios, agrade al cónyuge y dé testimonio al mundo, al tiempo que otorga estabilidad en medio de tempestades y pruebas.

> En cuanto a su fe en Jesucristo —escribió Richard Greenham— entiendan que el matrimonio es santo solo para aquellos cuyos corazones han sido santificados por la fe en Su nombre. Y aunque Dios siempre

> aprobará Su propia ordenanza [del matrimonio], necesariamente resultará dañina al final para quienes no buscan Su bendición.[8]

2. Busca a Tu Cónyuge en Dios

Lo segundo necesario para un matrimonio piadoso es buscar al cónyuge en Dios. Si, como declara Santiago 1:17, "Toda buena dádiva y todo don perfecto viene de lo alto", y como testifica Proverbios 19:14, "la mujer prudente viene del SEÑOR", entonces los buenos y adecuados cónyuges están en la mano de Dios y deben buscarse en Él. Dios es —dijo Scudder— "el gran Patriarca, en cuya familia están todas las personas prudentes, sabias, virtuosas y religiosas que deben desearse; y si quieres una de ellas, procura obtener Su favor [y] así hallarás buena esposa (Pr. 18:22)".[9]

Todo objetivo tiene un camino que conduce a él. Pero, como dice Proverbios 14:12, "Hay camino que al hombre le parece derecho, pero al final, es camino de muerte". Existen muchos caminos torcidos e indirectos para alcanzar una meta, pero traen consigo problemas, remordimientos y esfuerzos innecesarios. También hay un camino que conduce con consuelo y gozo al fin deseado (Pr. 11:8; 21:23).[10]

¿Cuál es el camino seguro hacia un cónyuge piadoso y un matrimonio feliz? Scudder aconsejaba: "Si casarte, y casarte en el Señor, con una esposa buena, con quien puedas comenzar tus días con gozo, continuarlos en paz y terminarlos con consuelo, es el fin de tus pensamientos, entonces el camino más recto para obtenerlo es buscarla en Dios".[11] Edward Reyner explicó que "hacer de Dios el principio de nuestros matrimonios" implica varias cosas:

> Buscarle fervientemente para consejo y dirección; pedir que oriente nuestros afectos hacia el objeto correcto; rogar por la elección de un

---

[8] Greenham, 281.
[9] Scudder, 3.
[10] Scudder, 1–2.
[11] Scudder, 2.

> yugo apropiado; pedir que la mujer sea ayuda idónea y el hombre cabeza conveniente; y esperar recibir el uno al otro como don especial y señal de favor de la mano de Dios.[12]

Así, un cónyuge bueno y adecuado es don y elección del Señor para ti, no meramente el fruto de tu diligente búsqueda.

Para animarte a buscar cónyuge de la mano de Dios, considera esta verdad: Dios, el Escudriñador de los corazones (1 Cr. 28:9), es quien mejor puede guiarte hacia un cónyuge idóneo. Nuestras decisiones suelen basarse en la apariencia, que con frecuencia no refleja el corazón (1 S. 16:6–7). Por eso es necesario acudir a Aquel que ve y conoce el corazón. Como dijo Scudder, un cónyuge bueno y adecuado es "una flor que no crece en todo jardín, una hierba que no está en todo campo; no se halla en toda casa. Puedes buscar mucho tiempo antes de encontrarlo, y aun encontrándolo puedes engañarte, si Dios no te dirige".[13]

Segundo, el Señor conoce mejor que nadie quién eres y cuáles son tus necesidades. Un buen matrimonio une a dos personas complementarias. ¿Y quién sabe mejor qué tipo de persona te complementará, sino el Señor? Sométete humildemente a la sabiduría del Dios omnisciente (Job 36:5; Sal. 147:5).

Tercero, buscar cónyuge en el Señor es el camino más sencillo para hallarlo. ¡Qué fácilmente halló Adán a Eva! No solo dormía mientras ella era formada, sino que Dios mismo se la trajo (Gn. 2:21–23). Cuando buscamos cónyuge en el Señor, podemos dejar el asunto en Sus manos y, con confianza, paz y paciencia, esperar Su dirección. Él no defraudará a quienes esperan en Él (Pr. 3:5–6; Sal. 27:14). No extraviará a quienes le buscan, sino que ordenará sus pasos y afirmará sus caminos (Sal. 37:23–24). De hecho, primero establecerá nuestra pareja en el cielo y luego, sin falta, nos conduce a nuestro cónyuge y a nuestro cónyuge hacia nosotros. "Ningún matrimonio se consuma en la tierra que no haya sido primero concluido y dispuesto en el cielo; y ninguno es bendecido aquí que no

---

[12] Reyner, 7.
[13] Scudder, 2–3.

haya sido misericordiosamente dispuesto allá", observó Thomas Gataker.[14]

Cuarto, considera que nadie ha hallado un cónyuge bueno y adecuado por mejor vía que de la mano del Señor. Muchos han encontrado un cónyuge rico, de alta posición social, hermoso o agraciado, cortés o amable; pero sin la bondad y la idoneidad que el Señor provee en un cónyuge, las demás cualidades pronto se muestran vanas y se desvanecen. Considera la ansiedad, el descontento, la decepción e incluso el sobresalto que llenan a quienes buscan cónyuge aparte de Dios. Solo quienes lo buscan de parte del Señor "disfrutan mucho deleite y tranquilidad al buscar, contentamiento al hallar y consuelo al poseer".[15]

Quinto, reconoce el gobierno soberano de Dios sobre todas las cosas y sométete a Su guía y dirección en un asunto que afecta no solo nuestra felicidad y nuestra obediencia a Él (Ef. 5:22, 25), sino también a los hijos que hemos de criar en Su nombre (Mal. 2:15). Scudder dijo:

> Si nos precipitamos en negocio tan grave y nos aventuramos en cosas de tan grande importancia sin comunicarle [a Dios] el asunto, sin acudir a Él por ello ni implorar Su ayuda y asistencia para llevarlo a cabo, ¿qué es sino arrancar nuestro cuello de Su yugo, desechando toda obediencia y sujeción a Él, como si no dependiéramos de Él, y por tanto correr en todas direcciones lejos de Él?[16]

Sexto, sea cual sea el resultado del matrimonio, la única manera de hallar verdadero consuelo en nuestras decisiones es poder decir, con plena paz de conciencia, que nuestro esposo o nuestra esposa fue buscado y recibido *en el Señor* (Pr. 16:9; 3:5–6). Si tu esposa resulta ser la mujer virtuosa y piadosa que buscabas, entonces:

> El consuelo fluirá por todos lados; gran consuelo redundará para ti, al saber que Dios tuvo a bien inclinar Su oído hacia ti y darte tan favorable

---

[14] Gataker, 137–38.
[15] Scudder, 8.
[16] Scudder 8–9

> prenda de Su benignidad. Cada vez que pongas tus ojos en ella, podrás, con gozo, alzar tus ojos a Dios y decir: 'He aquí la mujer que Tú me has dado', y bendecirle por haberte concedido tan hermosa heredad.[17]

Pero si tu esposa resulta ser una mujer difícil y problemática, aun así puedes hallar consuelo —decía Scudder— si tienes:

> El testimonio interior de tu conciencia, que te da fe de que sinceramente encomendaste tu camino al Señor y te arrojaste sobre Él para que te dirigiera en ello. He aquí que puedes ciertamente consolarte en que todo será para tu bien. El que te condujo a esta condición te sostendrá en ella; o aliviará el peso de tu carga o fortalecerá la debilidad de tus hombros.[18]

Por el contrario, continuaba Scudder, si este matrimonio fue "una tela tejida por tus propias manos", entonces trajiste esta cruz sobre ti mismo y debes "poner tu mano sobre tu boca [y] someterte con paciencia; el arrepentimiento es más apropiado para tu consuelo".[19]

Séptimo, si buscaste a tu cónyuge en el Señor y puedes reconocer Su mano en tu matrimonio, serás capacitado para darle gracias por tu cónyuge y armado contra la tentación de lamentar tu elección. Como escribió Scudder:

> Te guardará de arrepentirte de tu unión, de desear no haberte casado con esta persona o de haberlo hecho con tal o cual. Ya no podrás decir —ni reprochar el uno al otro— que podrías haber tenido a alguien más hermoso, más apuesto, más rico o mejor dotado. No; ahora ves que no podías haber tenido a otro; este es el hombre, esta es la mujer que Dios me ha dado. Debes decir: por tanto, me contentaré agradecida y satisfechamente con esta mi suerte y porción.[20]

---

[17] Scudder, 9–10.
[18] Scudder, 10.
[19] Scudder, 11.
[20] Scudder, 70–71.

Finalmente, considera los beneficios de recibir cónyuge de la mano de Dios.[21] Primero, te animará a dar a Dios toda la gloria por el consuelo y el deleite que hallas en tu cónyuge. A menudo olvidamos que la mano detrás de todas nuestras bendiciones es la del Señor (Sal. 103:2–5) y no le alabamos suficientemente por Sus misericordias. Pero cuando recibes tu cónyuge de la mano de Dios, tu corazón será movido a alabarle a lo largo del matrimonio.

Segundo, tendrás mayor obligación de glorificar a Dios en tu matrimonio cuando reconoces que tu cónyuge proviene de Él, pues esto convierte tu matrimonio en una mayordomía recibida de Su parte. El matrimonio es un "talento" que debemos invertir para Su gloria.

Tercero, las cruces y pruebas del matrimonio se verán aliviadas al saber que no te precipitaste ciegamente y por pasión en esta relación, sino que recibiste tu cónyuge del Señor. Quien te dio cónyuge también te sostendrá en el matrimonio para que produzca el bien que Él se propuso.

Cuarto, te capacita para orar por las necesidades —temporales o espirituales— de tu cónyuge, como por aquel o aquella que Dios te ha dado.

Quinto, te ayudará a separarte el uno del otro con mayor disposición en la muerte cuando reconoces la mano del Señor en tu matrimonio. Lo que Él da libremente, también es libre de quitar; y podemos consolarnos sabiendo que tanto el dar como el quitar son actos de Su sabiduría y de Su amor.

En resumen, la felicidad de nuestros matrimonios tiene mucho que ver con a quién escogemos por cónyuge. Si somos descuidados o pecaminosos en nuestras decisiones, sin duda nos arrepentiremos de ellas, pues las bendiciones del Señor huirán de nosotros. Por tanto, debemos buscar a nuestros cónyuges de parte de Dios si deseamos ser agradecidos y contentos en el matrimonio.

---

[21] Manton, 2:166–68.

Cómo Buscar Cónyuge

¿Cómo se busca un cónyuge en Dios? Por los mismos medios por los cuales se buscan todas las demás misericordias de Dios: La oración.

> Si el siervo de Abraham oró al Señor para que prosperara su empresa (Gn. 24:12), cuando fue a escoger esposa para otro —escribió Smith—, ¿cuánto más debes orar tú cuando vas a escoger esposa para ti mismo, para que después puedas decir: 'Me ha tocado un lugar deleitoso'?.[22]

Un cónyuge debe obtenerse de la mano del Señor en respuesta a súplicas fervientes y dirigidas. Como dijo Juan Crisóstomo:

> Cuando estés en busca de esposa, acude a Dios; pues Él no se avergüenza de actuar como tu padrino… Cuando estés ansiosamente ocupada en buscar esposo, ora a Dios y di: 'Señor, concédeme como Tú quieras, y a quien Tú quieras'.[23]

Ambrose lo expresó así:

> Que [el hombre] acuda al trono de la gracia con oración ferviente; una buena esposa es un don más inmediato de Dios… Una joya tan rara y preciosa [como una esposa piadosa] debe solicitarse y buscarse en el propiciatorio de Dios con extraordinaria insistencia y celo; y si es obtenida de la mano de Dios por medio de la oración, hallará mil veces más dulzura y consuelo [en ella] que si le fuese concedida por una providencia ordinaria.[24]

¿Qué debe pedirse específicamente al Señor? Scudder sugirió lo siguiente.[25] Primero, pide que Dios te conceda sabiduría y entendimiento

---

[22] Smith, 1:13.
[23] *Puritan Sermons*, 2:300n, citado de Crisóstomo.
[24] Ambrose, 228.
[25] Scudder 12–26.

para que, cuando encuentres a un posible cónyuge, tu corazón no sea distraído por la belleza, las riquezas o los dones naturales, descuidando así lo que debe ser tu principal preocupación: La gracia en el corazón. "No ames primero y luego consideres; considera primero y luego ama. Fija principalmente tu observación en el alma de la persona", escribió Richard Steele.[26]

Segundo, pide al Señor que no una tus afectos a alguien cuyos afectos no estén ya unidos a Él, y que tu amor no se entregue a quien no ha entregado su amor al Señor. Puesto que podemos ser engañados por una apariencia atractiva, debemos pedir que Él examine y pruebe nuestros corazones y no permita que nuestros afectos sean desviados por un "fuego pintado".

Tercero, si después de que tus afectos se inclinan hacia alguien descubres que la verdadera gracia no está en su corazón, debes rogar con insistencia a Dios que retire tus afectos de esa persona, para que no peques manteniéndolos en alguien que te apartará del Señor. "Ruega a Dios —decía Scudder— que Aquel que sujeta todas las cosas a Sí mismo, sujete también tus afectos y los someta a Su voluntad, para que sean como el siervo del Capitán, que va y viene a Su mandato".[27]

¿Cómo puede alguien esperar hallar un cónyuge del cual recibir deleite y consuelo y con quien glorificar a Dios, si antes no consulta al Señor en abundante oración? Dios sigue siendo el gran y sabio Formador de matrimonios (Gn. 2:22). ¿Por qué intentaríamos siquiera buscar cónyuge sin Su ayuda y dirección (Pr. 18:22)? Steele exhortaba:

> Cuando descubras que eres llamado [al matrimonio], asegúrate de encomendarlo fervientemente a Dios en oración, como hizo el siervo de Abraham (Gn. 24:12). De este modo, 'reconócelo en todos tus caminos, y Él enderezará tus sendas'. Ningún asunto es tan delicado, ninguno tan importante; por tanto, ninguno requiere tanto de oración solemne y ferviente.[28]

---

[26] Steele, *Puritan Sermons*, 2:300.
[27] Scudder, 16. Cf. Mt. 8:8–9.
[28] Steele, *Puritan Sermons*, 2:300.

Vayamos, pues, a Dios, quien da a todos abundantemente y sin reproche (Stg. 1:5), y pidámosle no solo que nos conceda cónyuge, sino que nos una a uno que sea idóneo para nosotros. Pidámosle que nos vincule a un cónyuge no meramente por la ordenanza del matrimonio, sino por la mano de Su buena, sabia y amorosa providencia.[29] Pues, como escribió Thomas Manton, "Dios ordenará las cosas para bien cuando no tomamos la delantera, sino que le seguimos... y no nos atrevemos a emprender nada que no sea conforme a Su voluntad".[30] Y añadió: "Es cosa bienaventurada estar bajo la dirección de Dios, ser guiado o apartado por un Guía tan sabio, poderoso y suficiente; pues Él se deleita en hacerles bien y se complace en Sus determinaciones de prosperarlos".[31]

Cómo Encontrar un Cónyuge Idóneo para Nosotros

Debemos buscar a nuestros cónyuges de parte del Señor mediante la oración, pero también debemos examinar a aquellos que Él pone en nuestro camino para ver si son idóneos para nosotros. Es decir, no basta con buscar cónyuge por medio de la oración; debemos también, en oración, buscar un cónyuge. Nuestra principal preocupación debe ser que Dios nos guíe y dirija en nuestras decisiones; pero, bajo la protección de Su providencia, debemos observar las cualidades que hacen de una persona un compañero adecuado.

Dos asuntos deben ocupar ahora nuestra atención. Primero, ¿qué distingue a un *buen* cónyuge? Segundo, ¿cuáles son las marcas de un cónyuge *idóneo*? Los puritanos procuraban que ninguna de estas consideraciones fuese descuidada y que la primera tuviera prioridad sobre la segunda, pues una persona debe estar primero calificada como buen cónyuge antes de considerar su compatibilidad. Smith escribió:

---

29 Gataker, 143.
30 Manton, 2:168.
31 Manton, 2:168.

> Cuando estas [dos consideraciones] se observan cuidadosamente, pueden unirse y decir, como Labán y Betuel dijeron (Gn. 24:50): 'Del SEÑOR ha salido esto. No podemos decir que está mal ni que está bien'. ¡Cuán dichosos son aquellos en quienes la fe, el amor y la piedad están unidos antes de que ellos mismos se unan en matrimonio!.[32]

Muchos se acarrean problemas porque invierten este orden. Fijan sus afectos en alguien que no está calificado para ser buen cónyuge, esperando que el amor enderece todo lo torcido; pero ninguna cantidad de amor puede capacitar a quien no está calificado. Es decir, ningún grado de nuestro amor puede volver su corazón hacia Dios para que podamos considerarlo legítimamente como cónyuge.

La Marca de un Buen Cónyuge

La marca distintiva de un buen cónyuge es la presencia de la verdadera gracia salvadora o piedad, es decir, una relación personal con el Señor Jesucristo como Salvador. Quienes carecen de esta marca, por muy afables, atractivos o encantadores que sean, no son adecuados para nosotros; pues quienes pertenecemos al Señor Jesús no tenemos razón alguna para cortejar, salir o casarnos con ellos. ¿Puede Aquel en quien no hay tinieblas darnos un cónyuge en quien no hay sino oscuridad? ¿Por qué, entonces, habríamos de fomentar una relación romántica con tal persona? Según el apóstol Pablo, la unión con Cristo es *el* criterio de un buen cónyuge. Estamos, dice Pablo a la iglesia de Corinto, "en libertad de casarse con quien desee[mos], sólo que sea en el Señor" (1 Co. 7:39).

Es pecado que un creyente se case con un incrédulo, pues la Escritura nos insta a casarnos "sólo en el Señor". La importancia de esta señal se refuerza con el siguiente consejo de varios puritanos. Casarse en el Señor —escribió Daniel Rogers— "es emplear toda nuestra diligencia prudente para buscar compañeros que (según la caridad y la probabilidad) ya estén desposados con el Señor Jesús su Esposo por la fe y, como señal de ello,

---

[32] Smith, 1:18.

permanezcan unidos a Él en obediencia; o que al menos se esfuercen por ello". "Pero guárdense —añadía— de intentar cualquier matrimonio en el que no pueda percibirse ninguna de estas cosas".[33]

Cuando Robert Bolton aconsejó cómo asegurar un buen comienzo en el matrimonio, comenzó precisamente con esta señal como punto primero y principal de consideración. Escribió:

> En primer lugar: Que su elección sea en el Señor, conforme a la bendita regla de San Pablo: "Sólo que sea en el Señor" (1 Co. 7:39). Que la piedad sea el primer motor de su afecto, la consideración principal en este asunto tan grande; y luego consideren la persona, el linaje, la dote y otras cosas externas y añadiduras mundanas como accesorios cómodos, estimables solo en segundo lugar. Diga el mundo lo que quiera; para una mente verdaderamente bondadosa y ennoblecida por la gracia, la mayor concurrencia y la más exquisita belleza, oro, nacimiento, ingenio o cualquier otra cosa notable en ese sexo, no deberían pesar más que la pluma más ligera sobre la cabeza de una dama, comparadas con una disposición llena de gracia y un corazón piadoso. La religión, o el temor de Dios, así como es generalmente el fundamento de toda felicidad humana, debe ser especialmente considerada el fundamento de todo consuelo y dicha que marido y mujer desean hallar en el disfrute mutuo. Nunca hubo oro, ni grandes amistades, ni belleza ni brillo externo que ataran verdadera y cómodamente el nudo matrimonial. Solo el vínculo dorado y noble del cristianismo y la gracia tiene poder para hacer tan querido lazo amable y duradero, para sazonar y fortalecer esa sociedad tan cercana e inseparable con verdadera dulzura e inmortalidad.[34]

Immanuel Bourne propuso "veinte eslabones de oro del amor" para preservar el amor fuerte entre marido y mujer. A la cabeza de estos eslabones —haciendo depender los demás de él— estaba el especial cuidado de asegurarse de casarse con un verdadero creyente, no

---

[33] Rogers, 19.
[34] Bolton, 262–63.

simplemente con alguien que profese ser cristiano, sino con quien viva religiosamente y en el temor de Dios.

> Así —escribió Bourne— los matrimonios se contraen más prósperamente y puede esperarse bendición cuando ambas partes temen a Dios, siendo tales declarados bienaventurados por el Espíritu Santo (Sal. 112:1–3) … Pero, por el contrario… sin el temor de Dios… puede esperarse más bien maldición que bendición.[35]

Jeremy Taylor dio directrices similares:

> Comienza, pues, con Dios. Cristo es el Presidente del matrimonio y el Espíritu Santo es la Fuente de las purezas y de los amores castos, y Él une los corazones. Por tanto, que nuestra primera petición sea en la corte del cielo y con designios de piedad, prudencia y caridad. Que ningún espíritu impuro contamine… que todo contrato comience con afectos religiosos.

Y añadió:

> A veces pedimos a Dios una esposa… y solo Él sabe lo que esa esposa resultará ser y con qué disposiciones y modales… pero no necesitamos temer el resultado si la religión, las rectas intenciones y la prudencia lo conducen todo el camino.[36]

El autor anónimo de *El Nuevo Deber Integral del Hombre* (The New Whole Duty of Man) enseñó que la salvación del posible cónyuge debe ser la consideración principal en el matrimonio, pues no solo hará feliz el matrimonio, sino que también armonizará mejor con la relación personal con Cristo.

---

35 Bourne, 3–5.
36 Taylor, 12.

> Quienquiera que piense casarse no debe atender tanto a la forma externa o belleza, riqueza, etc., como a las cualidades espirituales de la persona con quien desea unirse; lo cual hará ese estado de vida verdaderamente santo y servirá al gran fin de la salvación del alma. Aunque debe considerarse una suficiencia para la comodidad de la vida, un hombre o mujer virtuosos valen más que todas las riquezas y honores que el mundo pueda ofrecer.[37]

William Whately escribió con franqueza acerca de las dificultades del matrimonio; pero aconsejó que, puesto que muchos problemas matrimoniales proceden del pecado, muchos pueden cortarse de raíz si nos cuidamos de casarnos en el Señor. Por tanto, exhortó al soltero a:

> Entrar con discreción y religiosidad en el matrimonio, observando el debido cuidado, para que en su mismo comienzo corte la raíz y cierre la fuente de muchísimos problemas... Lo más importante al edificar es poner un buen fundamento. Sin duda es así en el matrimonio, quien hace una entrada piadosa y sabia hallará que su progreso será mucho más llevadero y cómodo que cualquier cuidado posterior podría lograr sin este primer cuidado.[38]

Más adelante añadió:

> Tener un compañero de yugo adecuado prevendrá muchos problemas matrimoniales y hará todo más fácil. Y en un compañero de yugo, lo principal que debe desearse es virtud y piedad; quien al escoger les concede el primer lugar, ciertamente será bendecido en su elección; pero quien pone otras cosas inferiores antes que estas, obra de manera desordenada y necia, poniendo el carro delante del caballo... y nunca podrá avanzar cómodamente por el camino que desea.[39]

---

37 *The New Whole Duty of Man*, 231.
38 Whately, *A Care-Cloth*, 68–69.
39 Whately, *A Care-Cloth*, 71–72.

Y advirtió:

> Jóvenes, no se destruyan buscando solo una buena apariencia; juzguen padres e hijos como Dios juzga y sigan Su consejo que dice: 'No el rico, no el hermoso, sino el justo es más excelente que su prójimo'. El mejor camino para alcanzar la felicidad en el matrimonio es escoger no el cuerpo más fino, el rostro más dulce, la mayor fortuna o la mayor dote, sino el corazón más santo, el alma más rica, el espíritu más hermoso y el hombre o la mujer más virtuosos. Este es el fundamento de la felicidad en el matrimonio; pónganlo primero, pues de otro modo nunca podrán levantar un edificio cómodo.[40]

Finalmente, Richard Steele ofreció varios medios para ayudar a una persona a ser fiel a sus deberes conyugales. Al exhortar a sus oyentes a ser sumamente cuidadosos en la elección de cónyuge, insistía:

> Fija principalmente tu atención en el alma de la persona. Muchos se casan para juntar tierras con tierras o dinero con dinero; pero mira que su alma armonice con la tuya. Pues ninguna belleza, amistades o dote te darán una vida cómoda si el orgullo, la pasión o cualquier otra concupiscencia domina en el alma. ¿Por qué desposarías una cruz perpetua por algún provecho o deleite presente? Por tanto, conviene al hombre, y especialmente a la mujer, procurar casarse con un miembro de Cristo, una persona religiosa, de quien racionalmente puedan esperar el cumplimiento concienzudo de sus deberes respectivos. Si tales no son los mejores esposos y esposas, no es por su piedad, sino por falta de ella.[41]

Exhortando además a entregarse enteramente a Dios para poder *ser* buenos cónyuges, Steele afirmó:

---

40 Whately, *A Care-Cloth*, 73.
41 Steele, *Puritan Sermons*, 2:300.

> Hasta que no sean regenerados y santificados de manera salvadora, no pueden agradar a Dios ni ser bendición completa el uno para el otro. Pueden vivir juntos como paganos civilizados; pero ¿qué es eso comparado con la vida de cristianos? La religión los unirá firmemente a Dios; la religión los unirá firmemente el uno al otro. Un buen temperamento puede hacer mucho; pero una nueva naturaleza añadida a ello hará mucho más.[42]

Henry Smith ofreció el siguiente consejo al elegir esposa (aplicable igualmente a la elección de esposo). Su primer consejo fue que fuese piadosa:

> Porque nuestro cónyuge debe ser como la Esposa de Cristo, es decir, adornada con dones y bordada con virtudes, *como si nos casáramos con la santidad misma*. El matrimonio entre hombre y mujer es comparado por el apóstol al matrimonio de Cristo y la iglesia (Ef. 5:29). Ahora bien, la iglesia es llamada santa… sin mancha… hermosa por dentro…. Así también nuestro cónyuge debe ser santo, sin mancha y hermoso interiormente. Como Dios mira el corazón (1 S. 16:7), así nosotros debemos mirar el corazón, porque eso es lo que hemos de amar, y no el rostro.[43]

Más adelante Smith añadió:

> Aunque la herejía y la irreligión no sean causa de divorcio, como enseña Pablo, sí son causa de abstención… Cristo dice en Mateo 19:6 y Marcos 10:9: 'Lo que Dios ha unido, ningún hombre lo separe'; así también puedo decir: No junte el hombre a quien Dios separa. Porque si nuestro padre terrenal debe estar complacido con nuestro matrimonio, cuánto más debemos agradar a Aquel Padre que instituyó el matrimonio.[44]

---

[42] Steele, *Puritan Sermons*, 2:301.
[43] Smith, 1:13. Énfasis añadido.
[44] Smith, 1:20.

William Secker afirmó que la esposa (igualmente el esposo) debe ser santa, perteneciente al Señor como cristiana.

> Si el adulterio puede disolver un matrimonio ya contraído, la idolatría puede impedir uno aún no consumado. El ganado de distintas especies no debía cruzarse; 'no estén unidos en yugo desigual' (2 Cor. 6:14). Es peligroso tomar por esposa a quien no quiere tomar a Dios por esposo. No conviene que una sola carne sea de dos espíritus. ¿No hay árbol en el huerto que te agrade sino el que da fruto prohibido?.[45]

Finalmente, Richard Baxter escribió:

> No permitas que motivos carnales te persuadan a unirte con una persona impía. Antes bien, que el santo temor de Dios tenga prioridad en tu elección sobre cualquier excelencia mundana. No te cases con un cerdo por un comedero de oro, ni con un alma fea por un cuerpo hermoso.[46]

Si hay tan grande beneficio en casarse solo en el Señor, también debe haber gran *peligro* en casarse fuera de Él. Para evitar este peligro, Secker advirtió contra tres cosas que comúnmente desvían a los pretendientes:

> No elijas por belleza; no elijas por riquezas; y no elijas por dignidad. Porque quien busca belleza compra un retrato; quien ama por riquezas hace una adquisición; y quien salta por dignidad se empareja con una multitud a la vez.[47]

Acerca de la belleza advirtió: "Si la carne de una mujer tiene más hermosura que su espíritu *cristianismo*, es como veneno en dulces, sumamente peligroso (Gn. 6:2) … Guárdense de pecar ante las señales más hermosas".[48]

---

[45] Secker, 265.
[46] Baxter, 41–42.
[47] Secker, 266.
[48] Secker, 266.

Acerca de las riquezas señaló:

> Algunos están tan degradados que piensan que cualquiera es suficientemente bueno con tal de que tenga suficientes bienes. Tengan cuidado, porque a veces la bolsa y el equipaje vienen juntos... Cuando Temístocles iba a casar a su hija, dos pretendientes la cortejaron: Uno rico y necio; el otro sabio pero pobre. Preguntado cuál prefería, respondió: 'Prefiero que tenga un hombre sin dinero, que dinero sin hombre'.[49]

En cuanto a la dignidad de nacimiento o posición social, advirtió:

> Un buen tronco antiguo puede alimentar una rama estéril. Hay muchos hijos que no son bendición sino mancha de sus padres. Descienden noblemente, pero piensan vilmente... La piedad es mayor honra que el linaje. *Es la mejor dama la que es heredera de sus propios méritos, y no la descendencia degenerada de la virtud ajena.*[50]

Baxter enumeró varios problemas que sobrevienen a quienes se casan fuera del Señor.[51] Primero, dijo, levantarás grandes sospechas de impiedad, pues los cristianos que conocen tanto la miseria de un alma incrédula como la excelencia de un alma en la que brilla la imagen de Dios no pueden ser indiferentes respecto a unirse con piadosos o impíos.

> Por tanto, quien deliberadamente prefiere riquezas y belleza antes que la imagen y el temor de Dios da una señal muy peligrosa de un corazón y una voluntad sin gracia. Si valoras la belleza y las riquezas más que la piedad, tienes la señal más segura de que eres impío... ¿No demuestra esto que no crees la Palabra de Dios, o que no amas ni estimas Sus intereses? De otro modo, tomarías por amigos a Sus amigos

---

49 Secker, 267.
50 Secker, 267.
51 Baxter, 42–43.

> y por enemigos a Sus enemigos… ¿Puedes tan fácilmente casarte con un enemigo de Dios?.[52]

Segundo, quienes temen a Dios desean un cónyuge que sea ayuda para el alma, que los impulse en el camino al cielo, que ore con ellos y los estimule a amar a Dios y a pensar en lo celestial. Si te casas con un impío, o no tienes tal deseo, debes saber que o has elegido algo tan insensato para ti mismo como escoger agua para encender fuego o un lecho de nieve para calentarte.[53] Los frutos de un yugo desigual serán solo aflicción, pues ambos tirarán en direcciones opuestas. Como escribió un puritano:

> Cuando la unión es inadecuada, desiguales en espíritu aunque unidos en cuerpo, de afectos, corazones y religiones contrarias, con deberes incumplidos y constantes oposiciones, o cualquiera de los dos tan imprudentes que no aceptan ser amonestados, los frutos allí son ira, amargura, contienda, reproches, sospechas, celos, descontento, engaño, intrigas secretas, carencias sin compasión mutua, fatigas sin ayuda recíproca, cada uno buscando su propio crédito con descrédito de ambos, y muchos otros males tan dolorosos de mencionar como los ya citados.[54]

Tercero, si te casas con un incrédulo, no tendrás ayuda en el camino al cielo, sino quizá un estorbo. Un cónyuge incrédulo te apartará de la oración con distracciones mundanas, sembrará pensamientos terrenales en tus meditaciones y sofocará tu conversación celestial con charla mundana.

> Un solo impedimento tan cercano a tu pecho —advirtió Baxter— será peor que mil más lejanos. Así como un corazón impío dentro de

---

[52] Baxter, 42.
[53] Baxter, 42.
[54] Ste. B., 3-4.

> nosotros es nuestro mayor obstáculo (Ro. 7:21–24), así un esposo o esposa impíos son peores para nosotros que muchos vecinos impíos.[55]

Cuarto, un compañero impío será una tentación continua al pecado.

Quinto, será un dolor constante al pensar que en la muerte se separarán y que uno reposará en el cielo mientras el otro estará en tormento.

Sexto, un cónyuge impío será incapaz de recibir la parte principal de tu amor. Podrás amarle, pero nunca podrás amarle como hermano o hermana en Cristo.

Las Marcas de un Cónyuge Idóneo

El cónyuge no solo debe ser bueno, sino también *idóneo*, es decir, adecuadamente ajustado a ti como compañero de vida. Advirtió Henry Scudder:

> Porque así como no debes escoger a alguien que no sea piadoso, tampoco debes escoger a cualquiera que lo sea. Ella puede ser buena, pero no buena para ti; puede ser una esposa idónea, pero no idónea para ti. Amplía, pues, tus peticiones, para que Dios te provea no solo una buena esposa, sino una esposa adecuada, adecuada en todo sentido.[56]

Si la piedad es la primera regla para escoger esposa, la idoneidad es la segunda. Escribió Henry Smith:

> No basta con ser virtuosa, sino que debe ser adecuada; porque muchas mujeres tienen muchas virtudes y, sin embargo, no encajan con ciertos hombres; y muchos hombres tienen muchas virtudes y, sin embargo, no encajan con ciertas mujeres. Por eso vemos que, aun entre parejas piadosas, surgen fricciones después de casarse, porque hay cierta incompatibilidad entre ellos… Los que son semejantes no contienden;

---

55 Baxter, 42–43.
56 Scudder, 19.

> pero los que son desiguales son como fuego y agua. Por eso se ha dicho que la concordia no es otra cosa que semejanza, y que toda contienda nace de la incompatibilidad, como ocurre con cosas que no encajan entre sí.[57]

Casarse es unirse bajo un mismo yugo; pero ¿cómo podrá una pareja llevar armoniosamente el yugo del matrimonio si están unidos de manera incompatible? "Toma, pues", dijo William Whately, "un compañero de yugo adecuado para ti; porque la concordia entre los casados es la mejor ayuda contra todas las dificultades, y este es el camino más seguro para procurarla".[58] El matrimonio en sí mismo no convierte a dos personas en compatibles. Es ingenuo —cuando no necio— imaginar que dos personas incompatibles antes de casarse lo serán después, como si el matrimonio fuese una especie de remedio universal que borrara todos los defectos de carácter y conducta, reconciliando a dos personas que antes eran tan distintas como la noche y el día. Por el contrario, el matrimonio expone el verdadero carácter y comportamiento. Lo que causa fricción antes del matrimonio solo causará mayor fricción después.

Es, por tanto, crucial considerar la idoneidad de una persona *antes* de casarse con ella. Debemos observarla en distintos contextos y evaluar su aptitud mediante diversos criterios. Quienes se lanzan al matrimonio sin examinar la compatibilidad pronto lamentan su elección y descubren que la rutina diaria de la relación se vuelve pesada, incómoda y dolorosa. Tales matrimonios rara vez son felices y con frecuencia desembocan en el divorcio como intento de corregir una decisión imprudente.

Entonces, ¿Cuáles son las señales de idoneidad? ¿Qué debe observar alguien para discernir la compatibilidad? Isaac Ambrose propuso lo siguiente:

> Que observe y considere estos seis puntos en su elección: La reputación, el semblante, el habla, el vestido, las compañías y la educación. Estos

---

[57] Smith, 1:14.
[58] Whately, *A Care-Cloth*, 74.

son como los pulsos que muestran la idoneidad y la piedad de la persona con quien debe casarse.[59]

Consideremos cómo estas señales pueden ayudarnos a determinar la idoneidad de otro, sea hombre o mujer.

1. *La Reputación.* ¿Qué clase de reputación tiene? ¿Cómo hablan de él en su ausencia? ¿Qué crédito posee en la comunidad, en el trabajo o en la escuela? Proverbios 22:1 enseña que "más vale el buen nombre que las muchas riquezas, Y el favor que la plata y el oro". Busca a quienes tienen buen testimonio y no pueden ser acusados de vivir en pecado. Si el mundo habla bien de él, ¿es porque pertenece al mundo o porque el mundo se siente atraído por su bondad? Si es piadoso, el testimonio de la iglesia debe confirmarlo. De Zacarías y Elisabet se dijo: "Ambos eran justos delante de Dios, y se conducían intachablemente en todos los mandamientos y preceptos del Señor" (Lc. 1:6). Un buen testimonio no es infalible, pero es un punto de partida sabio. Debemos desconfiar de quienes no tienen buena reputación entre el pueblo de Dios.
2. *El Semblante.* Reflexionando sobre Eclesiastés 8:1, Smith afirmó que "la piedad está en el rostro del hombre, y la necedad está en el rostro del hombre, y la maldad está en el rostro del hombre".[60] El semblante revela mucho del carácter. ¿Tiene la mirada altiva que se menciona en Proverbios 6:17? ¿Muestra ella el aire arrogante que el Señor reprende en Isaías 3:16? ¿Su expresión manifiesta un corazón iracundo o descontento? ¿Sus ojos revelan ligereza o lujuria? Debemos guardarnos de rostros que delatan orgullo, ira, sensualidad o inconformidad, y buscar la piedad que brota de un corazón transformado.

---

59 Ambrose, 228.
60 Smith, 1:16.

3. *El Habla.* Cristo declaró en Mateo 12:34 que la boca habla de la abundancia del corazón. El habla es una medida confiable del interior. El "fruto de los labios" condenará o justificará (Mt. 12:37; Pr. 16:23; 18:7). ¿Hay impureza en sus palabras? Entonces hay impureza en su corazón. ¿Hay egocentrismo? Entonces hay amor propio desordenado. ¿Hay coqueteo constante? Entonces hay inclinación a la lujuria. Por el contrario: ¿Hay ternura y compasión? Entonces hay misericordia y amor. ¿Hay mansedumbre y contentamiento? Entonces hay un espíritu apacible. Quien no refrena su lengua tiene una religión vana (Stg. 1:26). Debemos cuidarnos de aquellos cuyo lenguaje no refleja la ciudadanía del reino de Dios.
4. *La Vestimenta.* La manera de vestir revela cómo alguien se percibe y cómo desea ser percibido. ¿Se viste para parecer mejor de lo que es? Smith escribió: "No esperes hallar mejor lo interior de lo que se ve en el exterior; porque todos parecen mejores de lo que son; si el rostro es vanidad, el corazón es soberbia".[61] ¿Se viste para agradar a los hombres o al Señor? Si una mujer disfruta atraer miradas, ¿qué revela eso de los deseos de su corazón? ¿O se viste con modestia, reflejando humildad ante Dios, de modo que su belleza —don del Señor para su esposo— no sea tropiezo para otros? La vestimenta suele ser una ventana al corazón. Cuidado con quienes se adornan para ser vistos como siervos de hombres y no como siervos de Dios (Is. 3:16).
5. *Las Compañías.* Smith afirmó: "Aves del mismo plumaje vuelan juntas". Los compañeros revelan el carácter. El joven Rehoboam escogió compañeros jóvenes e insensatos (1 R. 12). Las bestias domesticadas no se mantendrán con las salvajes, ni los limpios morarán con los leprosos. Si nada más revela quién es alguien, sus amistades lo harán, porque lo semejante se une a lo semejante. Cuando David dejó la iniquidad, dijo: 'Apártense de mí, todos ustedes que hacen iniquidad' (Salmo 6:8), mostrando

---

61 Smith, 1:17.

que nadie abandona el mal sin abandonar la mala compañía... Por lo tanto, elige para tu vida un compañero que haya elegido antes una compañía como la tuya".[62] ¿ Qué clase de amigos tiene un posible cónyuge? ¿Con quién pasa su tiempo libre? Fíjate no solo en sus amigos, sino también en cómo se comporta en su presencia. ¿ Es la misma persona en la iglesia que entre sus amistades? ¿ O cambia como camaleón según el entorno? ¿Es ella la misma en todas las compañías o sus amigos sacan a relucir otro lado de ella que te resulta desagradable? Desconfía de quien se deleita en compañía impía o adapta su carácter según la conveniencia del momento.

6. *La Educación*. La importancia de este punto radica en el efecto que la formación tiene sobre el pensamiento y la conducta. "La crianza y la educación imprimen un sello en la personalidad. Grandes diferencias en hábitos, cultura y desarrollo pueden convertirse en fuente constante de irritación y malentendidos, afectando negativamente el matrimonio".[63] Conocer cómo fue educada una persona permite entender qué factores moldearon su carácter y ayuda a discernir si realmente es adecuada para ti o no.

Estas son las señales comunes por las cuales puede medirse la idoneidad. Se requiere tiempo y mucha observación para realizar estas diversas evaluaciones, pero valdrá la pena cuando podamos casarnos (o abstenernos de hacerlo) con confianza y paz respecto a nuestra elección.

> Todas estas cualidades no se descubren en tres o cuatro visitas —observó Henry Smith— porque la hipocresía se hila con hilo muy fino, y nadie es engañado tan a menudo como los enamorados. Quien quiera conocer todas las cualidades de su esposa antes de casarse con ella, debe verla comer, caminar, trabajar, jugar, hablar, reír y reprender; de lo

---

[62] Smith, 1:17.
[63] den Ouden, 24.

> contrario, hallará en ella menos de lo que esperaba o más de lo que deseaba.[64]

Cuando estamos seguros de la *piedad* sincera de una persona y hemos evaluado su *idoneidad*, podremos entrar en el matrimonio con el corazón completamente entregado el uno al otro. El esposo podrá amar a su esposa y fijar sus afectos en ella como la mujer más adecuada que el mundo puede ofrecer; la esposa podrá amar a su esposo como el más apropiado para ella entre todos los hombres sobre la tierra. Y con tal contentamiento en la elección, el esposo será para su esposa como escudo sobre sus ojos y sello sobre su corazón, para que no ponga sus ojos en otro hombre ni permita que otro se abra camino hacia su corazón; y la esposa será tan grata a los ojos de su esposo y tan cercana a su corazón, que él la considerará hasta el día de su muerte como el deleite de sus ojos y el amor de su corazón, sin dejarse seducir por otra mujer.

Una señal más de idoneidad que ofrecieron los puritanos fue el consentimiento de los padres. Este requisito casi se ha perdido en nuestra cultura, donde cada uno hace lo que bien le parece (cf. Jue. 21:25) y los mandamientos de Dios son ampliamente ignorados; pero en la mente de los puritanos era una condición necesaria y debería recuperarse por la piedad, sabiduría y rectitud de motivos que la sustentan.

Basándose en el quinto mandamiento, los puritanos enseñaban que el hijo está obligado a pedir permiso a sus padres para casarse, a fin de contar con su bendición y apoyo en el matrimonio. Asimismo, los padres están obligados a ayudar a su hijo o hija a hacer una elección buena y adecuada, para que no sea engañado ni se desvíe, trayendo así dificultades a la siguiente generación. Así, Abraham procuró esposa para su hijo Isaac (Gn. 24:2–3); Isaac procuró esposa para su hijo Jacob (Gn. 28:2); y Agar procuró esposa para su hijo Ismael (Gn. 21:21). Asimismo, Caleb consintió en el matrimonio de su hija (Jos. 15:17); Saul consintió en el matrimonio de su hija (1 S. 18:27); y Noemí procuró esposo para Rut (Rut 3:1). Con base en tales ejemplos bíblicos, los puritanos

---

[64] Smith, 1:18.

afirmaban que parte de la piedad de un hijo consiste en someterse a la guía de sus padres en el asunto del matrimonio, pues eso honra al Señor y Su mandamiento (Éx. 20:12). De este modo, la bendición prometida en el quinto mandamiento vendrá sobre el matrimonio y sobre la relación del matrimonio con los padres. Aunque reconocían que *puede* haber excepciones en las que un cónyuge pueda tomarse legítimamente sin el consentimiento paterno, esto debe ser la excepción que confirma la regla.

Debemos esforzarnos por obtener el consentimiento de nuestros padres y abstenernos de casarnos con alguien a quien ellos no puedan recomendar, porque nuestros padres no representan a Dios en vano. Además, nuestra sumisión puede ablandar sus corazones hasta que finalmente consientan en la persona que amamos, mientras que una oposición voluntariosa puede arruinar tanto nuestra relación con ellos como nuestra paz de conciencia delante del Señor.[65] Asimismo, debemos procurar su consentimiento porque, cuando lleguen las pruebas, ¿a quién acudiremos sino a nuestros padres? Si nos casamos sin su aprobación, ¿cómo podremos luego buscar su ayuda? También debemos evitar que, cuando sobrevengan dificultades en el matrimonio, nos atormenten pensamientos —como ocurrió con los hermanos de José (Gn. 42:21)— de que tal prueba ha venido sobre nosotros por haber pecado contra nuestros padres.

¿Y si nuestros padres son irrazonables o egoístas al oponerse al matrimonio? ¿Y si, según podemos ver, no existen fundamentos para su negativa? Debemos recordar que estamos llamados a honrar y obedecer a nuestros padres en el Señor (Ef. 6:1–3), algo que el Señor ciertamente tendrá en cuenta y honrará. Cuando sentimos que nuestra elección es del Señor y, sin embargo, nuestros padres discrepan, debemos normalmente someternos en piadosa obediencia y perseverar ante Dios en oración, para que Él ablande sus corazones por el mismo Espíritu que ha unido nuestros corazones a nuestra elección. Porque si Dios está en la elección, también debe estar en nuestros padres; por tanto, después de orar, busca su

65 Rogers, 79–80.

consentimiento, ya que Dios declara que debes tenerlo (Éx. 20:12) y que ellos deben otorgarlo (Dt. 7:3; Jer. 29:6).

Además, acudamos al trono de la gracia y supliquemos a Dios que nos conceda hijos con corazones sumisos y contentos, y padres sabios y piadosos; hijos con espíritu amoroso y confiado, y padres con consejo tierno y reflexivo; y que conceda tanto a hijos como a padres obediencia a Su Ley (Éx. 20:12). Porque, aunque los hijos deben someterse a sus padres, los padres no deben obligar a sus hijos a casarse con un incrédulo o con alguien en quien no vean compatibilidad y a quien no puedan amar plenamente. Asimismo, así como los padres no deben aconsejar a sus hijos que se casen por belleza, riquezas o posición elevada, tampoco los hijos deben pedir aprobación para casarse movidos solo por un enamoramiento superficial. Un matrimonio apresurado suele fundarse sobre cimientos defectuosos y pronto se lamenta. Por tanto, los padres deben ayudar a sus hijos a escoger con discernimiento y sabiduría a alguien a quien puedan amar de manera plena y constante desde el día de la boda hasta el día de la separación.

Que los padres comiencen desde la niñez a ganar el corazón de sus hijos, demostrándoles que trabajan, disciplinan y oran por su bien, para que cuando sus hijos busquen orientación en la elección de cónyuge y consentimiento para casarse, no encuentren rebeldía ni obstinación si surge desacuerdo. Y, al mismo tiempo, que los padres eviten descuidar su deber al no brindar orientación, o de abusar de su autoridad reteniendo el consentimiento sin fundamento bíblico. Antes bien, que caminen —como esperan que sus hijos lo hagan— en el camino del deber, recordando que el Señor les ha encomendado fidelidad en esta responsabilidad.

Una Exhortación Final

No podemos concluir este capítulo sin una exhortación final: Casarse solamente en el Señor. Quien se casa fuera del Señor no tendrá paz. El matrimonio tiene el potencial de asegurar las mayores bendiciones, así como de traer las mayores aflicciones y cruces, dependiendo de cómo se entre en él. ¿Por qué, entonces, habría alguien de aventurarse en el matrimonio sin el Señor y Su bendición? Considera el siguiente consejo de Daniel Rogers.[66]

Primero, niégate a ti mismo renunciando a la sabiduría de tu propia voluntad, como si no necesitaras consejo y fueras capaz de hacer una elección infalible en el matrimonio. Sométete al Señor mediante oración y paciencia, y no te precipites a casarte ante la primera inclinación u oportunidad. Puede ser que el Señor te haya llamado a la soltería, o que te haya llamado al matrimonio pero no en el momento presente. Busca la voluntad del Señor en este asunto y utiliza todos los medios para consagrarte de todo corazón a Él, con devoción incondicional , hasta que haga claro que te llama a casarte.

Segundo, si encuentras que el Señor te ha llamado al matrimonio, prepárate para ello. Ora para que el Señor te enseñe abnegación, humildad, sabiduría y castidad. El matrimonio saca a una persona de sí misma y la llama a amar, servir, sostener, atender, preferir y someterse a otro. Si estás acostumbrado a servirte a ti mismo, preferirte a ti mismo y amarte a ti mismo, el matrimonio será un yugo muy difícil de llevar.

Tercero, cuídate de la enfermedad común que ha nublado los ojos de muchos, de modo que solo ven la apariencia externa de las cosas. No permitas que la belleza, las riquezas, la posición o la educación te engañen sobornando tu juicio y desplazando la piedad como criterio principal. Guárdate también de la codicia, el orgullo y las ambiciones que llevan a muchos a considerarse el mejor partido entre mil y, por tanto, demasiado buenos para cualquiera que no sobresalga en belleza, riquezas o inteligencia.

Como dijo Rogers a los hombres que buscaban esposa: "No pienses demasiado alto de ti mismo cuando hay poco en ti que iguale aun a la más humilde de las mujeres… modera tu espíritu y cásate en el Señor. Si nada lo impide y el Señor y los medios externos concurren… la cuestión queda resuelta. Pero si se te ofrece una dote menor con el Señor y otra mayor sin Él… ¿qué se debe hacer? Respondo. Desprecia la mayor oferta

[66] Rogers, 43–54.

y toma la menor, considerando feliz la pérdida de ganancia si con ella obtienes la gracia, y más feliz aún la ganancia de la gracia aunque implique pérdida material".[67] Piensa, por tanto, no solo en lo que ganarías, sino en lo que estarías dispuesto a renunciar por un compañero bueno y adecuado; porque el matrimonio es honorable y debes procurar su honor mediante una buena entrada en él, cueste lo que cueste, no sea que pierdas su honra y, con ella, su bendición.

Cuarto, pide fervientemente al Señor la bendición de un buen matrimonio. Que el Señor vea, por tu fervor y constancia ante Su trono, que anhelas un matrimonio que le honre, y no te negará. O bien responderá concediéndolo, o te dará una razón para negarlo que satisfará tu corazón. Recuerda que un buen cónyuge es un don precioso del Señor, y que Él no suele conceder fácilmente Sus dones más estimados, sino que quiere que se le suplique con insistencia (Mt. 15:22–28). Añade incluso un voto a tus oraciones: Que si el Señor te concede una esposa de Su elección y provisión, la escogerás sobre mil que estuvieran a su lado según los criterios del mundo.

Quinto, busca el consejo de amigos prudentes, imparciales y piadosos, para no ser engañado ni por tu propia opinión ni por el halago. Dios ha prometido guiarte en tu elección, pero también ha provisto a los hermanos para tu apoyo y confirmación.

Sexto, sé observador y cuidadoso en tus conversaciones con quien consideras puede ser un buen y adecuado cónyuge. Procura conocer no solo sus palabras, sino su alma. No hables únicamente de religión, sino del poder de la religión sobre el alma. Habla de la obra de Dios en el corazón, del poder de Cristo para someter el pecado, del poder del Espíritu para dominar la carne y de la gracia operante de Dios en la vida. No busques solo dones, sino gracias. Busca el fruto del Espíritu, especialmente humildad y modestia. Defectos leves pueden suplirse pronto mediante la religión cuando el amor es genuino, pero la falta de verdadera piedad no puede compensarse con ningún talento o virtud externa.

---

[67] Rogers, 47.

Finalmente, si alguno objeta que esperar un cónyuge elegido por el Señor puede significar quedarse sin matrimonio, reiteramos el consejo: Espera en el Señor, encomienda a Él tu camino, porque Él sabe mejor lo que necesitas (Sal. 27:14; 37:5–6). Quienes esperan estarán en mejor condición que quienes no esperan, pues los primeros confían en Aquel que no puede fallar, mientras los otros presumen ser más sabios que su Creador y Señor. Y si alguien objeta que hoy no puede hallarse un cónyuge bueno y adecuado, recuerda que el Señor que te llama a esperar sabe perfectamente quién es y dónde está esa persona, y no dejará de traértela.

No te dejes arrastrar por la corriente y la moda del mundo; porque si Él llama a un hijo de Abraham al matrimonio, también proveerá una hija de Abraham para que se case en el Señor. "Usa los medios para hallarlo, y habiéndolo hecho, prefiere perlas antes que piedras, y el Señor traerá lo bueno a lo bueno, porque Él es Dios de orden y no de confusión".[68]

Preguntas de Estudio

1. ¿Por qué es importante, por la gracia de Dios, "escoger a Dios para ti mismo" antes de buscar cónyuge?

2. ¿Qué pasajes bíblicos nos muestran por qué debemos buscar un cónyuge de parte de Dios?

3. ¿Cómo debemos orar respecto a los afectos de nuestro corazón cuando buscamos cónyuge? ¿Por qué?

4. Menciona varias razones por las que un creyente debe escoger a otra persona piadosa como cónyuge.

---

[68] Rogers, 53.

5. Henry Scudder dijo: "Ella puede ser buena, pero no buena para ti; puede ser una esposa idónea, pero no idónea para ti". ¿Qué significa esto? Da algunos ejemplos.

6. ¿Cuáles seis puntos propuso Isaac Ambrose para evaluar a un posible cónyuge? ¿Puedes ampliarlos?

7. ¿Cómo puede la reputación de un posible cónyuge entre cristianos piadosos confirmar o corregir nuestra opinión sobre él o ella?

8. ¿Qué papel deben desempeñar los padres en la evaluación de un posible cónyuge?

9. ¿Cuán crucial es la aprobación de los padres para contraer matrimonio? ¿Por qué?

10. ¿Por qué es la abnegación una cualidad importante que cultivar al buscar cónyuge?

§4. PRESERVANDO EL HONOR DEL MATRIMONIO

Cuando nos casamos en el Señor honramos al Señor del matrimonio y, por tanto, podemos acudir a Él esperando las muchas bendiciones que se complace en conceder al matrimonio. Sin embargo, así como el hombre que ha trabajado arduamente para adquirir una fortuna reflexiona seriamente sobre cómo conservarla, así ahora debemos considerar los medios por los cuales podemos preservar y mantener el honor del matrimonio. Daniel Rogers dijo: "Quienes han hallado un matrimonio honorable deben velar por él y conservarlo como tal".[1]

Si el honor del matrimonio *proviene* del Señor y se obtiene casándose *en* el Señor, entonces se deduce necesariamente que el único medio para preservar ese honor es caminar fielmente *delante* del Señor dentro del matrimonio. De lo contrario, la infidelidad empañará el honor del matrimonio ante los hombres, traspasará el corazón de nuestro cónyuge y hará que el Señor retire Sus bendiciones. En consecuencia, la Escritura no solo nos enseña a casarnos en el Señor (1 Co. 7:39), sino también cómo vivir juntos en fidelidad delante del Señor (Ef. 5:22–33; Col. 3:18–19; 1 P. 3:1–7).

Caminar fielmente delante del Señor en el matrimonio significa atender a los *deberes* mutuos y particulares que este conlleva. El matrimonio es una mayordomía dada por el Señor y se contrae mediante votos hechos el uno al otro delante del Señor. Por tanto, el matrimonio debe considerarse primordialmente desde la perspectiva del deber y la

---

[1] Rogers, 115.

obligación. El matrimonio no consiste tanto en unirse a alguien a quien se ama apasionadamente en un momento determinado, sino en comprometerse con alguien a quien se promete amar siempre con fidelidad y responsabilidad.[2]

Cuando Dios une a un hombre y a una mujer en matrimonio, los llama a honrarle cumpliendo fielmente los deberes propios de la relación a la que Él los ha traído (Ef. 5:22–33; 1 P. 3:1–7). Como estos deberes son establecidos por Dios en Su Palabra, cumplirlos fielmente no solo le honra directamente, sino que también ayuda a preservar y mantener el honor que Él mismo otorga al matrimonio. William Gouge habló tanto de la necesidad como del beneficio de ser fieles en el cumplimiento de los deberes matrimoniales cuando afirmó:

> Estos [deberes] son o *absolutamente necesarios* para la *existencia* y *permanencia* del matrimonio, o bien necesarios y requeridos para su *buen estado* y *continuidad*; es decir, para la buena condición del matrimonio y para una convivencia encomiable y confortable.[3]

No obstante, Dios hace más que simplemente asignarnos deberes y llamarnos a obedecerlos fielmente. Él desea que tales deberes queden tan impresos en nuestra mente e inculcados en nuestro corazón que caminemos en ellos voluntaria y gozosamente, convencidos de que tanto Su gloria como nuestra felicidad están ligadas a nuestra fidelidad. Por eso nos *inculca* estos deberos al fundamentar la ordenanza del matrimonio en dos principios bíblicos: El principio Cristo-Iglesia y el principio pactual. Así, antes de abordar en los capítulos siguientes los deberes específicos dentro del matrimonio, examinaremos primero estos dos principios que constituyen el fundamento y la motivación del *deber* en el matrimonio. Una vez comprendidos, podremos someternos fielmente a todos los deberes a los que el Señor nos llama y, por Su gracia, *preservar* así el honor de nuestros matrimonios.

---

[2] den Ouden, 40–41.
[3] Gouge, 155.

El Deber de la Sumisión Mutua

La obra *Deberes Domésticos* (Of Domestical Duties) de William Gouge está basada en Efesios 5:21–6:9, pasaje que describe los deberes de esposos y esposas, padres e hijos, amos y siervos. Antes de explicar esos deberes, Gouge escribió una introducción en la que expone el texto frase por frase, a fin de que en cada estado o posición particular cada persona pueda conocer y entender su deber delante del Señor, que es *someterse unos a otros* (Ef. 5:21).

En Efesios 5:21, Pablo exhorta a sus lectores a someterse "unos a otros en el temor de Cristo". Gouge explicó que, sin importar el rol o posición específica que el creyente ocupe, es llamado por Dios a la *sumisión*. El inferior se somete a quienes están sobre él honrándolos y sirviéndolos en el temor del Señor (1 P. 2:13–17), mientras que el superior se somete a quienes están bajo su autoridad gobernándolos con amor y humildad en el temor del Señor (1 P. 5:1–4); y los iguales se someten entre sí poniendo los intereses de los demás por encima de los propios en el temor del Señor (Fil. 2:3–4).

La lógica de tal sumisión mutua es doble. En primer lugar, a cada uno de nosotros Dios nos ha asignado un lugar, no tanto para nuestro propio bien como para el bien de los demás. No hemos sido llamados a la autosatisfacción ni a la autoexaltación, sino al servicio y al deber. Por eso el apóstol describe a la iglesia o cuerpo de Cristo como compuesto por Dios de tal manera que cada miembro cuide de los otros (1 Co. 12:24–25) y así no busque su propio interés, sino el bien común (1 Co. 12:7). Dios concede a los miembros del cuerpo de Cristo diferentes funciones conforme a lo que es bueno para todo el cuerpo, no simplemente para los miembros individuales. En nuestros llamamientos particulares debemos considerar el bien de los demás más que el propio (Fil. 2:3–4). Respecto a quienes ejercen autoridad, Gouge afirmó que los oficios de los superiores "son en verdad ministerios de servicio, cargas bajo las cuales deben poner voluntariamente sus hombros, habiendo sido llamados por

Dios, y de las cuales han de dar cuenta en cuanto al bien que hayan hecho a otros; para lo cual es necesario que se sometan".[4]

En segundo lugar, al habernos asignado nuestro lugar, Dios nos hace responsables de serle fieles. Sea cual sea nuestra posición, debemos cumplir nuestros deberes en el temor del Señor porque, dijo Gouge, ese es el "*principio eficaz* que mueve a un verdadero cristiano a cumplir voluntariamente todo deber hacia el hombre".[5] Conscientes de cuán bueno es Dios con nosotros y de que la verdadera felicidad consiste en disfrutar de Su favor, un temor recto y santo del Señor nos dispone a hacer todo lo que Él requiere y a evitar lo que le desagrada.

En el temor del Señor nos sometemos unos a otros al cumplir los deberes propios de nuestras posiciones. Las esposas se someten a sus esposos y los esposos aman a sus esposas (Ef. 5:22, 25); los hijos obedecen a sus padres y los padres crían a sus hijos (Ef. 6:1–4); y los siervos obedecen a sus amos y los amos gobiernan a sus siervos con un cuidado y una bondad semejantes a los de Cristo (1 P. 2:17; 2 Cr. 19:5–9). Como escribió Gouge: "El que no obedece a quienes están sobre él *en el temor de Dios* no muestra respeto por la imagen de Dios; y el que no gobierna a quienes están bajo su autoridad *en el temor de Dios* no muestra respeto por el encargo de Dios".[6]

Algunos podrían argumentar que la sumisión mutua niega la diferencia entre quienes están en autoridad y quienes están bajo autoridad. Sin embargo, ocurre lo contrario si recordamos que la forma que adopta la sumisión varía según el rol que ocupamos. Quien está en autoridad se somete gobernando con humildad y amor a los que están bajo su cuidado. Del mismo modo, quien está bajo autoridad se somete cumpliendo con amor y fidelidad sus deberes, dando honor a quien honor merece. Y el Señor recibe el mayor honor de todos, pues todos somos siervos los unos de los otros según nuestras respectivas posiciones,

---

[4] Gouge, 4.
[5] Gouge, 5.
[6] Gouge, 9.

igualmente responsables ante Él e igualmente movidos por el temor de Él como miembros de Su cuerpo.

Por ello, Gouge exhortó a los creyentes diciendo:

> Así pues, que todos, de toda condición, pongan el *temor de Dios* como blanco al que apunten en todas sus acciones… Que los superiores (Nm. 11:29) no hagan nada para agradar a sus inferiores, ni permitan que se haga nada por causa de ellos que no pueda sostenerse ante el *temor de Dios*. Y que los inferiores (Gn. 39:10; 1 S. 22:17) no hagan ni dejen de hacer, por voluntad de sus superiores, cosa alguna que se aparte del temor de Dios; sino *que cada uno se someta a los demás en el temor de Dios*.[7]

Cristo y Su Iglesia

En el contexto de la sumisión mutua, William Gouge siguió al apóstol Pablo quien, en Efesios 5, aborda los deberes que incumben a esposas y esposos en el Señor. Como fundamento de esos deberes, Pablo introduce el primer gran principio del matrimonio: *El principio Cristo-Iglesia*. Según este principio, el esposo debe amar a su esposa como Cristo ama a la iglesia, y la esposa debe mostrar reverencia y sumisión a su esposo como la iglesia se somete a Cristo. Pablo invoca este principio, dijo Gouge, para que tanto el esposo como la esposa estén "mejor dirigidos" y "más eficazmente estimulados".[8]

El señorío del esposo sobre su esposa es paralelo al señorío de Cristo sobre Su iglesia (Ef. 5:23). Así como Cristo ama a Su iglesia, así el esposo debe amar a su esposa. Debe amarla de manera absoluta (v. 25), con propósito (v. 26), con una mira realista (v. 27) y sacrificialmente (vv. 28–29). Ha de ejercer hacia ella un "amor verdadero, libre, puro, eminente y constante", alimentándola y cuidándola como Cristo lo hace con Su

---

[7] Gouge, 10.
[8] Gouge, 18 and 30.

pueblo congregado (v. 29).[9] El amor de Cristo por Su iglesia es el modelo que el esposo debe seguir.

Ciertamente, el amor de Cristo por Su iglesia es tan excelente, perfecto e infinito como Su propia persona divina. Por ello, ningún esposo puede amar a su esposa en la misma medida del amor de Cristo. Como pecador, siempre quedará corto frente al alcance infinito del amor de Cristo (v. 25). Sin embargo, el amor de Cristo por Su esposa es el objetivo y patrón que todo esposo debe proponerse.[10] Debe acercarse a ello tanto como le sea posible. Tal amor semejante al de Cristo, dijo Gouge, servirá "como azúcar que endulza los deberes de autoridad que corresponden al esposo", facilitando así que su esposa amorosa se someta a él.[11] Su fidelidad alentará la fidelidad de ella, y su amor despertará su sumisión.

Del mismo modo, la sumisión de la esposa a su esposo es paralela a la sumisión de la iglesia a Cristo (Ef. 5:22–24). "La esposa debe someterse a su esposo —escribió Gouge— porque él es su *cabeza*; y debe hacerlo *como al Señor*, porque su esposo es para ella lo que Cristo es para la iglesia".[12] Así, el principio Cristo-Iglesia provee tanto la *razón* de la sumisión de la esposa como la *manera* en que debe ejercerla. No debe someterse a su esposo en *nada* que contradiga su sujeción a Cristo (v. 22), pero sí en *todo* aquello que esté en armonía con su obediencia a Cristo, porque se somete a su esposo como se somete a Cristo (v. 24).

Si una esposa se somete a su esposo en cosas contrarias a Cristo, entonces no se está sometiendo *como al Señor*. Las esposas concienzudas deben recordar, escribió Isaac Ambrose:

> Que tienen un esposo en el cielo así como en la tierra, entre los cuales hay mayor diferencia que entre el cielo y la tierra; y por tanto, si mandan

---

[9] Gouge, 31.
[10] Gouge, 31.
[11] Gouge, 94.
[12] Gouge, 19.

> cosas contrarias, deben preferir a Dios antes que a los hombres, a Cristo antes que a todos los hombres.[13]

Una esposa "debe, como un espejo fiel, reflejar y devolver al corazón de su esposo, con dulce y agradable docilidad, los rasgos exactos y proporciones de todos sus deseos y demandas honestas, y hacerlo sin descontento, oposición ni aspereza. Porque su sujeción en este sentido debe ser como a Cristo: Sincera, cordial y libre".[14]

Este principio Cristo-Iglesia se mantiene aun cuando el esposo sea un hombre indigno que no conoce al Señor (1 S. 2:12; cf. 1 Co. 7:12–13). Ambrose escribió:

> La esposa debe ser mansa, apacible, amable y obediente, aunque esté unida a un esposo torcido, perverso, profano y malvado. En tal caso debe apartar sus ojos de la disposición personal de su esposo y fijarlos en la condición de su posición; y en virtud de ella (puesto que lleva la imagen de Cristo) estar sujeta a él como a Cristo.[15]

Su mirada debe estar siempre puesta en Cristo, quien está por encima de su esposo y por cuya causa ella se somete voluntariamente a él, pues eso le permitirá cumplir fielmente su deber delante del Señor que la llamó a él.

No obstante, este principio también muestra el *beneficio* de la sumisión. Así como Cristo, cabeza de Su iglesia, la protege y provee para ella, así el esposo, como cabeza de la esposa, debe protegerla y proveer para ella (vv. 23, 29). La esposa se somete a su esposo para su propio bien, a fin de disfrutar de su protección y provisión. Así como el señorío de él implica responsabilidad, la sumisión de ella implica beneficio; y así como el rol de él refleja la bondad de Cristo, el de ella refleja el deber de la iglesia.[16]

---

[13] Ambrose, 235–36.
[14] Bolton, 279.
[15] Ambrose, 235.
[16] Gouge, 20–21.

Entonces, ¿cómo opera concretamente este principio en el matrimonio? El esposo debe recordar que su deber hacia su esposa es representar y reflejar el amor del Salvador por Su iglesia. Aunque el amor del esposo siempre será muy inferior al de Cristo por Su iglesia, el matrimonio está diseñado para ser una ilustración de ese amor. El amor del esposo debe ser tan puro como el de Cristo, no mezclado con miradas lascivas hacia otras mujeres, ni con un corazón codicioso de otros placeres, ni con un interés egoísta que pronto se vuelve insatisfecho. Debe ser un amor dedicado total y exclusivamente a ella. Su amor debe ser tan sincero como el de Cristo, no motivado por riqueza, familia o talentos, sino dirigido a ella como persona. Debe ser tan constante como el de Cristo, no como la pasión juvenil que pronto se desvanece, sino un amor duradero y fiel todos los días de su vida. Debe ser tan sacrificial como el de Cristo, promoviendo no solo sus intereses temporales sino también los espirituales, aun a costa de sí mismo. Además, su amor debe expresarse de tal manera que la atraiga y la encariñe con él, haciendo así que su sumisión sea fácil. Ella debería deleitarse en ser esposa de un esposo tan amoroso y cuidadoso, y cumplir con gozo todo lo que Dios le exige hacia él.

El esposo debe cuidar y sustentar a su esposa como Cristo ama a la iglesia. No debe ser áspero en sus palabras, sino hablar de manera que la consuele y la edifique. No debe ser descuidado en sus modales, sino conducirse hacia ella con ternura, delicadeza y el sincero deseo de agradarla y ganarse su afecto. Debe hablar de ella con estima y cariño en su ausencia, dejando claro ante todos que la valora y la atesora. Ha de ser paciente con sus debilidades y procurar ayudarla a crecer más firme en el Señor y a ser fiel en sus deberes para con Él.

La relación del esposo con su esposa señala al lugar de Cristo como Cabeza de Su iglesia, la cual es Su cuerpo. Por tanto, el esposo debe esforzarse celosamente por representar a Cristo con fidelidad. Debe cuidar de su esposa como de su propio cuerpo, pues ambos, por el matrimonio, han llegado a ser una sola carne (Ef. 5:28–31). Y esto debe hacerlo con alegría y disposición voluntaria, considerando el honor que se le ha concedido de manifestar a Cristo en el matrimonio.

De igual manera, la esposa debe reflejar la relación de la iglesia con Cristo sometiéndose a su esposo. Debe arder en el deseo, por causa de Cristo, de honrar a su esposo y someterse a él de una forma que evidencie su propia sujeción a Cristo. Su esposo no es *Cristo* para ella, pero dentro del matrimonio es para ella *como* Cristo. Cristo considera su sumisión al esposo como parte de su sumisión a Él mismo, pues, como dice el apóstol, ha de someterse "como al Señor" (v. 22). Su falta de sumisión a su esposo en todo lo lícito es pecado, porque implica falta de sumisión a Cristo; es rebeldía contra su Señor. Por tanto, debe ceder a la dirección de su esposo, depender de su provisión y confiar en su protección, honrando al Señor que lo ha puesto sobre ella.

Es importante entender que la sumisión a la que el Señor la llama no es cuestión de jerarquía ontológica, sino de *función*. Dios asigna el liderazgo al esposo no porque sea mejor que su esposa, sino porque Él le delega esa autoridad. John Robinson lo explicó así:

> Dios creó al hombre y a la mujer espiritualmente iguales, y cuando ambos cayeron en pecado, ella no se depravó más que él respecto a la bondad original. Sin embargo, en el matrimonio uno de los dos debe tener autoridad final, pues surgirán diferencias, y uno debe ceder y ajustarse al otro; esto, Dios y la naturaleza lo han puesto sobre el hombre.[17]

La sumisión de la esposa, por tanto, no es una sujeción servil, sino una sumisión que honra a Dios.

¿Puede cada miembro de una nación ser rey? ¿Pueden todos en una familia ser padres? ¿Pueden todos ser esposas? ¿Pueden todos ser todo? Por supuesto que no. Necesariamente debe haber no solo orden, sino también grados de autoridad, sumisión y gobierno. La esposa piadosa mirará, entonces, con contentamiento la mano de Dios que la hizo esposa

---

[17] Citado en Ryken, *Worldly Saints*, 76.

y no esposo, vaso más frágil y no más fuerte, llamada a obedecer y no a gobernar. Rebelarse contra su lugar ofendería más a Dios que a su esposo; y asumir las riendas de la familia y gobernar en lugar de su esposo sería usurpar autoridad en vez de ejercerla legítimamente. Cualquier gobierno que ella ejerza en el hogar debe hacerlo bajo el señorío de su esposo y no en contra de ello; lo disfruta con el consentimiento de él y en referencia a su voluntad sobre ella (así como la luna recibe y refleja su luz del sol). Lo ejerce para administrar el honor y los deseos de su esposo con la misma prudencia y cuidado con que administraría su dinero o cualquier otro bien que se le haya confiado.

Verdaderamente, un matrimonio en el que se observa y se disfruta el orden establecido por Dios es un *buen* matrimonio. En tal caso, ¡cuán grande es el honor que el gobierno piadoso de la esposa aporta al esposo!, pues él ese como rey para mandar pero con amor de esposo, podrá entrar y salir en medio de su familia sin temor a pérdida, ya esté en casa o fuera de ella; ni necesitará ganancias ilícitas para sostener su estado. Y asimismo, ¡qué servicio tan honroso es el de la esposa al depender de él, consultar a su cabeza, apoyarse en su pecho, y aun así disfrutar la autoridad para hacer lo que desee, siempre que su voluntad sea honesta, lícita y para el bien de su esposo![18]

Puesto que su sumisión honra al Señor, la esposa debe ejercerla voluntaria y gozosamente; su sujeción no debe limitarse a palabras o actos externos, sino brotar de un corazón alegre. Su esposo debería regocijarse al ver cuán pronta y gustosamente ella lo honra, lo sirve y lo reconoce como la cabeza que Dios lo ha llamado a ser. Ella debe vivir de tal modo que se gane su afecto y atraiga su amor. Ha de cumplir su deber hacia él de forma que él pueda cumplir el suyo hacia ella con igual facilidad y deleite. Esto implica que su sumisión debe ser voluntaria. No debe ser forzada, así como el amor de él no debe ser impuesto. Más bien, ella debe mostrar su sumisión como parte de su obediencia a Cristo, al igual que él debe mostrar su afecto como parte de su obediencia a Cristo. Su matrimonio, y por tanto sus funciones, están cimentados en el

---

[18] Ste. B., 49.

principio Cristo-Iglesia. Ambos han de ejercer su rol como parte de su obediencia a Cristo: ella al rendir su sujeción, él al manifestar su amor. El honor y la libertad de la esposa en Cristo reconocen a su esposo como su cabeza y se someten a él en consecuencia; y el honor y la libertad del esposo en Cristo reconocen a su esposa como su propio cuerpo y la aman en consecuencia.

Pero aquí hay más que mera motivación. Uno puede sentirse motivado a hacer lo correcto y, sin embargo, carecer de fuerzas para hacerlo. Para los creyentes, el principio Cristo-Iglesia también provee la capacitación necesaria para cumplir lo que Dios nos ha llamado a hacer. Es cierto que debemos apoyarnos en Cristo en toda circunstancia y acudir a Su santidad en cada estado y deber. El apóstol Pablo afirmó que todo lo podía en Aquel que lo fortalecía (Fil. 4:13). Si esto es verdad en todas las situaciones, con mayor razón podemos esperar que Cristo nos capacite para vivir en santidad dentro del matrimonio.

El Principio Pactual

Fluyendo del principio Cristo-Iglesia —que es la razón misma del *deber*— se encuentra el segundo principio: El principio pactual. Sobre este fundamento, ambas partes en el matrimonio consienten libre y voluntariamente en vivir conforme a las normas del matrimonio que Dios estableció cuando solemnizó la unión de nuestros primeros padres.[19] Cuando un hombre y una mujer contraen santo matrimonio delante del Señor, prometen cumplir los deberes matrimoniales sin condiciones ni reservas.

En Malaquías 2:14 se mencionan dos aspectos que subrayan la solemnidad de los votos hechos al inicio del matrimonio. El primero es que este intercambio de promesas es un pacto. En el versículo 14 el Señor llama a los esposos al arrepentimiento por haber obrado deslealmente contra sus esposas al divorciarse de "la mujer de tu pacto". En Proverbios

---

[19] Cf. Capítulo 1.

2:16–17, la mujer adúltera es descrita como aquella que no solo abandona al compañero de su juventud, sino que olvida "el pacto de su Dios", clara referencia a sus votos matrimoniales. El matrimonio es, por tanto, un vínculo sagrado. Cuando un hombre y una mujer intercambian votos, hacen más que acordar compartir un hogar y bienes materiales; entran en un pacto mutuo con estipulaciones y responsabilidades definidas. Como observó P. den Ouden: "Para los puritanos no era el amor romántico sino la fidelidad lo que constituía el matrimonio. Aun si el amor se debilitara, los cónyuges permanecen obligados a guardarse fidelidad debido al juramento matrimonial".[20]

El matrimonio debe, entonces, contraerse como un pacto en el que esposo y esposa prometen ante Dios cumplir los deberes que Él ha asignado a cada uno. El esposo promete amar fielmente a su esposa como Cristo ama a Su iglesia, servirla, consolarla, honrarla y cuidarla, y dejando a todas los demás, guardarle fidelidad mientras ambos vivan. La esposa promete amar a su esposo, consolarlo, respetarlo y someterse a él como la iglesia se somete a Cristo, y dejando a todos los demás, guardarle fidelidad mientras ambos vivan.

Por ello, den Ouden afirmó que "quien no desea asumir responsabilidades no comprende la esencia del matrimonio".[21] Definir el matrimonio ignorando o negando su compromiso pactual de fidelidad a deberes prescritos por Dios es abandonar su institución y fundamento, redefiniéndolo en términos centrados en el hombre. Tales matrimonios traen vergüenza, no honor, sobre la relación de Cristo con Su iglesia, y por eso no experimentan el honor ni las bendiciones propias del matrimonio. Reyner escribió: "Los deberes matrimoniales son asuntos de religión, de conciencia y de obediencia al evangelio, plenamente establecidos y ordenados en él; y que Cristo vendrá un día en llama de fuego para dar retribución a los que no obedecen el evangelio (2 Ts. 1:8)".[22]

---

[20] den Ouden, 45.
[21] den Ouden, 42.
[22] Reyner, 36.

El segundo aspecto señalado en Malaquías 2:14 que expresa la solemnidad de los votos es que el Señor mismo es testigo del pacto matrimonial. El texto declara: "El SEÑOR ha sido testigo entre tú y la mujer de tu juventud, contra la cual has obrado deslealmente, aunque ella es tu compañera y la mujer de tu pacto". Es decir, el matrimonio no concierne únicamente al hombre y a la mujer que se unen. Fue instituido por Dios, bendecido por Dios para quienes lo honran, y es también presenciado por Dios. Él oye las promesas que los cónyuges se hacen, los votos que pronuncian; es testigo de la entrega mutua y los hará responsables de sus propias palabras. Por eso, Scudder aconsejaba a los matrimonios:

> Consideren lo que hicieron al casarse; entraron en un pacto íntimo el uno con el otro y, en verdad, en un *pacto con Dios* para pertenecerse mutuamente y guardarse fidelidad… Si se quebranta el pacto con el cónyuge, también se quebranta el pacto con Dios.[23]

El matrimonio no es solo un pacto entre esposo y esposa; es un pacto con Dios, que Él mismo atestigua y confirma.

Algunos piensan que un buen matrimonio consiste en que el hombre consiga la mujer más hermosa. Otros creen que es cuando la mujer logra casarse con el hombre más rico. Algunos lo consideran bueno si ambos conservan amplia independencia y no se sienten atados o limitados. Otros lo ven como aquel en que el hombre encuentra una esposa que haga todo lo que él ordene, o la mujer un esposo que le conceda todo lo que desea. Todos estos conceptos terminarán en profunda desilusión, porque están muy por debajo de lo que Dios dispone para el matrimonio.

Scudder aconsejaba a los solteros reflexionar y prepararse para los deberes matrimoniales *antes* de casarse, pues "Dios ya ha declarado en Su Palabra lo que deberán hacer cuando estén casados".[24] De igual manera, Reyner advertía que "casarse sin conocer el deber propio o cómo

---

23 Scudder, 71.
24 Scudder, 60.

conducirse en él es como abrir un negocio sin haber aprendido el oficio, o como responder antes de oír el asunto, lo cual es necedad y vergüenza (Pr. 18:13)".[25]

Para disfrutar de un matrimonio donde reinen el gozo y la paz, un puritano ofreció este consejo:

> La paz no depende de lo que marido y mujer acuerden según su propio parecer, sino del orden que Dios ha prescrito para que cada uno lo obedezca en su lugar. Deben mirar a la sabiduría, el orden y la disposición establecida por Dios para el gobierno del hogar, y no a lo que parezca correcto a sus propios ojos... Cada uno debe guardar su lugar, su orden y la disposición celestial a la que Dios lo ha llamado. El esposo ha sido hecho cabeza y la esposa comparada con el cuerpo. ¿Puede la cabeza de un cuerpo natural ponerse al revés sin que todo el organismo sufra? De igual manera, el gobierno del hogar no puede gozar de paz ni bendición si el orden es invertido.[26]

Secker lo expresó así:

> Nuestras *costillas* no fueron ordenadas para *gobernarnos*. No fueron tomadas de la cabeza para reclamar superioridad, sino del *costado*, para contentarse con *igualdad*. Quienes invierten ese *orden* abandonan al *Autor* de la naturaleza. La mujer fue hecha para el *consuelo del hombre*, pero el hombre no fue hecho para estar bajo el *mandato de la mujer*. Aquellos hombros que no se contentan con un lugar bajo la cabeza aspiran demasiado alto... El cuerpo de ese hogar jamás podrá moverse bien si sus huesos están fuera de su lugar.[27]

Richard Baxter dio un consejo similar:

---

[25] Reyner, 35.
[26] Ste. B., 41–43.
[27] Secker, 256–57.

> Es la subversión de todas las sociedades, y por tanto del mundo mismo, que personas egoístas e impías entren en toda relación con el deseo de servirse a sí mismas y de extraer todo lo que gratifique su carne, sin sentido alguno del deber propio de su relación. Consideran qué honor, provecho o placer les proporcionará su estado, pero no qué requieren o esperan de ellos Dios y los hombres (Gn. 2:18; Pr. 18:22). Todo su pensamiento se centra en lo que han de recibir, no en lo que han de ser y hacer. Son muy sensibles a lo que otros deben ser y hacer para con ellos, pero no a lo que ellos deben ser y hacer para con los demás. Así ocurre con magistrados y pueblo, con demasiados pastores y sus congregaciones, con maridos y mujeres, con padres e hijos, y con todas las demás relaciones. Nuestro primer cuidado debe ser conocer y cumplir los deberes de nuestras relaciones y agradar a Dios en ellas, y luego esperar Su bendición como recompensa alentadora. Estudien y cumplan su parte, y Dios ciertamente cumplirá la Suya.[28]

Asimismo, Scudder aconsejaba a los solteros:

> Será sabio de su parte ser prudentes y cautelosos al entrar en este estado; prever, reflexionar profundamente y prepararos para tener capacidad de cumplir los deberes y soportar las cargas que ese estado necesariamente impondrá.[29]

¡Cuánto bien haría que tal consejo fuese ponderado hoy por quienes desean casarse! El divorcio no sería tan común, especialmente entre el pueblo de Dios, que debería honrar el pacto que hizo delante de Dios y de testigos, y modelar su relación conforme al ejemplo de Cristo y la iglesia.

Conviene añadir aquí dos advertencias. Primera advertencia, puesto que tanto el esposo como la esposa tienen obligaciones que cumplir en el matrimonio, ninguno debe esperar a que el otro comience; cada uno debe procurar ser fiel delante del Señor independientemente de la conducta del

---

[28] Baxter, 127.
[29] Scudder, 65.

otro. El esposo es responsable ante Dios por sí mismo y no puede excusarse de sus deberes alegando el fracaso de su esposa. Si ella descuida los suyos, no solo perjudica a su esposo, sino que deshonra a Dios, quien la llamó a esos deberes y en cuyo nombre contrajo el pacto matrimonial. Del mismo modo, la esposa no debe rehusar someterse alegando que su esposo le niega amor. Ella es responsable ante Dios de cumplir sus deberes como esposa, cualquiera que sea el comportamiento de él. Debe perseverar en la sumisión, no solo para ganarse su afecto, sino también para recordarle sus propias obligaciones delante del Señor como esposo; pues ¿qué debería evocar en él su sumisión, sino su deber de someterse al Señor en el ejercicio de su liderazgo?

¡Por tanto, tanto el esposo como la esposa deben procurar cumplir primero su propio deber! Reflexionando sobre Romanos 12:10 ("con honra, dándose preferencia unos a otros"), un puritano escribió:

> Desearía que nunca surgiera disputa legal entre marido y mujer sobre quién debe iniciar el ejercicio del gobierno del hogar, sino que desearía más bien compitieran en quién sería más diligente en procurar el bien del otro. El esposo, en un servicio necesario, no debería tener que decir: 'Buena esposa, ayúdame en esto', sino que la esposa debería adelantarse: 'Buen esposo, permíteme hacerlo por ti'. Ni la esposa debería tener que pedir: 'Te ruego que hagas esto por mí', sino que él debería anticiparse a su deseo... No deberían rivalizar, salvo para darse honra y servirse mutuamente, procurando en amor adelantarse el uno al otro... Donde el amor verdadero reina... o donde... cualquiera de ellos se preocupa sinceramente por el bienestar del otro, no será necesario acudir a tribunales para reclamar derechos ni quejarse de agravios.[30]

Segunda advertencia**.** Ni el esposo ni la esposa deben definir sus derechos en función de los deberes del otro. El esposo puede verse tentado a exigir sumisión total y comportarse como tirano; la esposa puede verse tentada a exigir amor sacrificial. Tales exigencias son pecaminosas en sí mismas,

---

[30] Ste. B., 53–54.

pero además quien comienza a considerar el deber del cónyuge como su derecho ya ha descuidado el suyo propio. El abandono del deber personal es la *raíz* de la exigencia indebida hacia el otro. La única manera de evitar esta tentación es cumplir celosamente los propios deberes y permitir, en oración, que el cónyuge cumpla los suyos. Cuando se obra así, se experimenta la gracia de Dios para realizar fielmente aquello a lo que Él ha llamado. La felicidad en el matrimonio no depende de lo que el cónyuge haga, sino de cumplir voluntaria y gozosamente el propio deber, haciéndolo como para el Señor.

Sea, entonces, nuestra principal preocupación cumplir *nuestro* deber. Aunque es difícil estar casado con alguien que descuida sus responsabilidades, uno puede regocijarse delante del Señor cuando cumple fielmente las suyas. Como dijo William Gouge: "Que otros fallen en su deber hacia nosotros puede ser una pesada cruz; pero que nosotros fallemos en nuestro deber hacia otros es una temible maldición".[31] Por tanto, si el esposo procura gobernar con amor y la esposa procura obedecer con alegría, y ambos procuran permanecer contentos delante del Señor con su propia porción y lugar, entonces el yugo del matrimonio será llevado y cargado con facilidad.[32]

La siguiente exhortación debería animarnos, tal como animó a la joven pareja de recién casados a la que fue dirigida:

> La exhorto a usted [señorita], a una sujeción prudente, a un amor reverente y cristiano, a una obediencia fiel y cumplida, la cual no solo será su corona de gloria entre los piadosos y sabios, como lo fue para Sara (1 P. 3:6) … sino que, si deseas gobernar y ser digna de confianza con todo lo que tu esposo posee, este es el camino, y no hay otro. Si dices así: "Dame la espada", la recibirás junto con toda la ayuda necesaria para usarla; pero si intentas arrebatársela de la mano a tu esposo, no solo no lograras lo que deseas, sino que le harás daño en el intento. De este modo, tu sujeción piadosa hará que ganes más

---

31 Gouge, 96.
32 Ste. B., 92.

libertad, descanso, honra y legítima autoridad que toda la contienda del mundo podría alcanzar. Aborrece tanto el nombre como la naturaleza de la mujer contenciosa; recuerda que es como gotera continua, insoportable e incurable. Además, gobernar la familia con la designación del esposo es gran honra para la esposa; pero ejercer dominio contra su voluntad y favor no conlleva mayor cosa que vergüenza…

Y a usted, señor, como mi querido amigo, le aconsejo… reconoce que tu esposa es un vaso, y por tanto necesario —no diré, como algunos dicen, un mal necesario, pues confío en que ella será esa mujer virtuosa que haga bien y no mal a su esposo todos los días de su vida— pero sí digo que es un vaso necesario para fruto a la gloria de Dios; un vaso que, cuando estés lleno de tristezas, te ayude a llevarlas y te alivie. Un vaso para guardar tus consejos e instrucciones, y que no sea arado por la adversidad, sino como baluarte fiel contra los adversarios. Sin embargo, siendo también el vaso más frágil, debe ser tratada como tal. Nuestros vasos más preciosos (ya sean de vidrio o de oro) suelen ser los más frágiles… y esos son los que tratamos con mayor cuidado, no con rudeza ni descuido.

Para una mujer virtuosa no hay vaso ni joya comparable; tenla, pues, por el vaso principal de tu casa, que ha de contenerte a ti y todos tus tesoros. "Su valor supera en mucho al de las joyas", dice Salomón; no muestres tu rudo y varonil coraje (como Lamec) con tu esposa, sino con tu enemigo. Son ambos uno; por tanto, sean como uno. No mires tanto lo que se le exige a ella, como lo que le debes tú. Tú eres el velo de sus ojos; debes defenderla, no oprimirla. Ella procede de linaje y parentela piadosos, sabios y honorables; sus años han sido sazonados hasta ahora con la sal de una educación piadosa; por tanto, tanto más apta para que tu sabiduría obre en ella; perfecciona la obra y tendrás tanto el honor como el consuelo de ella. En fin, ¿qué le falta… que le quite el título de esposa virtuosa? … Están ambos en el tiempo más oportuno para comenzar un estado feliz; pon, pues, el fundamento conforme a la santa Palabra de Dios, y el edificio será glorioso. Que esta sea la regla de tus deberes, y sepas que Dios es sumamente sabio al ordenar tu vida.

> Así, mientras ambos atiendan a los deberes propios de sus respectivos lugares —primeramente de manera conjunta hacia el Señor, y luego mutuamente el uno hacia el otro— ¡cuán ligera será para ustedes la carga de su familia y vocaciones! La distribución equitativa hace liviana la carga. ¡Qué ejemplo será el suyo para siervos, hijos, vecinos, amigos, sí, para todos los hombres, digno de imitación y alabanza! … Serán muy felices primero en esta vida presente, y más felices aún —más allá de toda felicidad— en la vida venidera.[33]

Que seamos tan movidos a la fidelidad en nuestros deberes matrimoniales como seguramente lo fue aquella joven pareja por tan cálida exhortación, y que seamos conducidos a disfrutar y preservar la honra de nuestros matrimonios delante de Dios. El matrimonio es una flor delicada plantada por Dios. Si descuidamos nuestros deberes hacia él, esa flor se marchitará y morirá. Si tratamos el matrimonio con dureza, su hermosura y vida serán sofocadas y su bendición se tornará en maldición. Pero si cultivamos el matrimonio conforme a las instrucciones de Dios, y somos agradecidos *a* Él y fieles *delante* de Él, podremos preservar su belleza perdurable, su fruto, su satisfacción, su deleite y su honra.

Preguntas de Estudio

1. Explique la idea de la sumisión mutua (Ef. 5:21). ¿Qué significa en la práctica?

2. ¿Cómo se corresponde la sumisión de la esposa a su esposo con la sumisión de la iglesia a Cristo (Ef. 5:22–24)?

3. ¿Qué dijo Isaac Ambrose que debía limitar la sumisión de la esposa? Ofrezca algunos ejemplos contemporáneos que ilustren esa limitación.

---

[33] Ste. B., 92–97.

4. ¿Cómo debe el amor del esposo hacia su esposa corresponder al amor de Cristo por la iglesia (Ef. 5:25–27)?

5. Según William Gouge, ¿en qué sentido es el amor del esposo como "azúcar" para su autoridad?

6. Lea Malaquías 2:14 y Proverbios 2:16–17. ¿Cómo protege y enriquece la lealtad al pacto un matrimonio?

7. Richard Baxter advirtió contra las "personas egoístas e impías" que "consideran qué honra, provecho o placer les traerá su relación". ¿Qué hace el egoísmo al matrimonio? ¿Qué medidas puede tomar en su matrimonio para limitar la influencia del egoísmo?

8. Baxter contrastó a los egoístas con aquellos que procuran "cumplir los deberes de nuestra relación y agradar a Dios en ellos". Si es así, ¿cómo es el deber el camino del amor?

9. ¿Cuál es el peligro de exigir sus derechos basándose en los deberes de su cónyuge?

10. En la extensa exhortación citada al final de este capítulo, ¿qué encontró más útil o provocador de reflexión? ¿Por qué?

§5. LOS DEBERES MUTUOS DEL AMOR Y LA CASTIDAD

Los puritanos dividían los deberes matrimoniales en tres clases: Deberes mutuos, deberes de la esposa y deberes del esposo. Ambrose escribió: "Los deberes que el principal gobernante y su ayudante se deben el uno al otro son o bien comunes y mutuos, o bien propios y particulares de cada uno".[1] Habiendo establecido el fundamento y explicado la razón de todos los deberes del matrimonio en el capítulo anterior, ahora podemos delinear y explicar los deberes mismos. Comenzaremos examinando los deberes mutuos.

Zacarías y Elisabet son elogiados en Lucas 1:6 porque andaban irreprensiblemente delante del Señor en su matrimonio. El hecho de que un matrimonio comience bien no garantiza que continúe bien. El bienestar del matrimonio debe cultivarse y preservarse, y esto se logra esforzándose fielmente delante de Dios, en el poder de Cristo, en el cumplimiento de los deberes matrimoniales. Por eso Pablo no solo dice que debemos casarnos en el Señor (1 Co. 7:39), sino también que debemos andar fielmente delante del Señor en el matrimonio (Col. 3:18–19).

Los deberes mutuos del matrimonio son aquello que el esposo y la esposa se deben el uno al otro, y mediante lo cual disfrutan y preservan el honor de su matrimonio delante de Dios. Como explicó Robert Bolton, los deberes mutuos del matrimonio constituyen el primer conjunto de deberes conyugales por medio de los cuales podemos asegurar "una continuación placentera en el estado matrimonial".[2]

---

1 Ambrose, 233.
2 Bolton, 265.

Entre las decenas de autores puritanos investigados para este libro,[3] encontramos casi cuarenta deberes que, según ellos, el esposo y la esposa se deben mutuamente.[4] Aunque algunos de estos deberes se superponen (incluso en el tratamiento de un mismo autor), muchos fueron nombrados para evitar toda posible ocasión de discordia y asegurar toda posible ocasión para disfrutar el honor del matrimonio.

De este amplio número, consideraremos cinco puntos principales de deber mutuo de los cuales dependen la vida, la salud y el honor del matrimonio. También examinaremos los medios para andar obedientemente en cada uno de estos deberes.

Amor Mutuo

El primer deber mutuo es *amarse el uno al otro*. Según los puritanos, el amor es el deber mutuo más significativo y fundamental. Está en el fundamento de todo el matrimonio y, como tal, sostiene e impulsa todos los demás deberes. Es deber tanto del esposo (Col. 3:19) como de la esposa (Tit. 2:4). Un buen matrimonio es, por tanto, aquel en el que el esposo y la esposa muestran fielmente amor el uno hacia el otro.

Consideremos primero la *necesidad* de este amor mutuo. Whately observó: “El amor es la vida y el alma del matrimonio; sin él, difiere tanto de sí mismo como una manzana podrida de una sana y como un cadáver

---

[3] Consulte la página de Abreviaturas para ver la bibliografía completa.

[4] Por ejemplo, un amor fuerte, cuidar el cuerpo del otro, cuidar el nombre del otro, cuidar la reputación del otro, cuidar los bienes y la propiedad del otro, cuidar la familia del otro, cuidar el alma del otro, el honor conyugal, la convivencia, la intimidad sexual, la comunión en el culto, la castidad, la fidelidad, llevar las cargas del otro, evitar la ira, apaciguar las pasiones desenfrenadas, complacerse mutuamente en todo lo que es lícito, aborrecer el adulterio y todo lo que conduce a él, deleitarse el uno en el otro, vivir en tranquilidad y paz, edificarse mutuamente en las cosas de Dios, ser una ayuda en el camino cristiano del otro, paciencia, guardar los secretos del otro, luchar por la paz, orar por y con el otro, amonestarse mutuamente por el pecado, exhortarse mutuamente a crecer en la gracia, la procreación, construir una familia piadosa, la adoración familiar, satisfacerse mutuamente, el gobierno familiar, la fidelidad en los asuntos temporales, cortejarse mutuamente para alcanzar la felicidad, preferirse mutuamente en la bondad, contrarrestar los defectos del otro, ayudarse mutuamente en las aflicciones.

de un cuerpo vivo; sí, en verdad es una sociedad sumamente miserable e incómoda, y no es mejor que una muerte viviente".[5] Del mismo modo, Smith declaró: "Si no hay una unión de corazones y un entrelazamiento de afectos, no es matrimonio en realidad, sino solo en apariencia y en nombre; y habitarán en una casa como dos venenos en un estómago, y uno estará siempre enfermo del otro".[6] Por ello Scudder aconsejaba a quienes se casaban que "se amen el uno al otro como a sus propias almas, con un amor cristiano, puro, tierno, abundante, natural y matrimonial".[7]

Un matrimonio sin amor, señaló Rogers, no es más que un cadáver sin vida, puesto que el amor mutuo es:

> El espíritu vital y la sangre del corazón [del matrimonio], que produce una unión voluntaria y práctica de dos, sin la cual [el matrimonio] no es más que una necesidad forzada. Porque entonces esta ordenanza alcanza su perfección cuando este vínculo del amor, añadido a ella, hace que aquella unión que no puede romperse llegue a ser tan *voluntaria* que… no se desearía romper.[8]

Sin este amor, el esposo y la esposa sufren la miseria de una unión conyugal sin amor conyugal. Este amor es para la ordenanza del matrimonio lo que el eco es para la voz: Es una respuesta en el corazón al consentimiento de la boca, de modo que los amantes que se casan entran en una relación que, como dijo Rogers, no solo no puede romperse, sino que no se atreverían a romperla por el amor que disfrutan en ella.

Si este amor no pudiera hallarse en un matrimonio donde dos llegan a ser una sola carne, entonces la amistad sería una "unidad" (es decir, relación íntima) mejor que el matrimonio, porque la amistad puede romperse fácilmente cuando surgen dificultades, mientras que el matrimonio es un vínculo para toda la vida. "Sin la unión de los corazones —escribió Swinnock— la unión de los cuerpos no será de ningún

---

[5] Whately, *A Bride-Bush*, 31.
[6] Smith, 1:22.
[7] Scudder, 72.
[8] Rogers, 138. Énfasis añadido.

provecho".[9] Y Secker comentó con ironía: "Dos unidos sin amor no son más que dos atados juntos para hacerse miserables el uno al otro".[10] El amor mutuo es, por tanto, una necesidad en el matrimonio.

Consideremos también la *fuerza* peculiar de este amor mutuo. El matrimonio es la relación más cercana y por ello requiere el afecto más entrañable. ¿Quiénes deberían ser uno en corazón sino aquellos que comparten una misma cama, una misma mesa y una misma casa? Este amor no es un amor común; es un amor tan único como la relación matrimonial misma y tan singular como el cónyuge al que se dirige. Puesto que está basado en el amor entre Cristo y Su iglesia (un amor tan ardiente que ella es descrita como enferma de amor por Él [Cnt. 2:5] y por el cual Él entregó Su vida por ella [Jn. 15:13]), este amor mutuo es el más fuerte de los amores.[11] Por causa de él, un hombre y una mujer están dispuestos a dejar a sus familias y amigos para unirse, como con pegamento, el uno al otro (Gn. 2:24; 29:34). Sus corazones quedan tan unidos por este nudo de afecto que no pueden separarse. Las pruebas suelen romper relaciones y dividir amistades, lo cual demuestra la debilidad de esos vínculos; pero el amor mutuo es un vínculo tal en el matrimonio que, cualquiera que sea la prueba que lo amenace, el amor entre el esposo y la esposa llenará la brecha con perdón y actuará como una vela con la cual navegarán la tormenta hasta que el sol vuelva a brillar sobre ellos.

Consideremos también la *naturaleza* de este amor mutuo. El esposo y la esposa deben amarse con un amor fuerte, ferviente y constante; no con un amor que crece y decrece con la marea de la belleza, el vestido o las riquezas, ni que fluctúa con las emociones y los deseos. Este amor, escribió Ambrose, es "un dulce, amoroso y tierno derramamiento de sus corazones, con gran afecto entrañable, en el pecho el uno del otro".[12] Es un amor *pleno*, abundante, un amor que se derrama constantemente entre los esposos y sin reservas, en una variedad de expresiones, gestos,

---

[9] Swinnock, 1:472.
[10] Secker, 263.
[11] Swinnock, 1:471–72.
[12] Ambrose, 233.

miradas y acciones. Este amor matrimonial no es "levantado repentinamente en un arrebato de afecto, que sube y baja… sino un amor arraigado y estable plantado en ellos por Dios, mediante el cual, en un consentimiento constante, equilibrado y alegre de espíritu, se comportan el uno hacia el otro".[13] Por ello Bolton definió este deber del amor mutuo como "poner en acción y mantener en ejercicio el *hábito* del afecto conyugal y del amor matrimonial".[14] Si este amor mutuo se eclipsa aunque sea por un día o incluso por una hora, decía Baxter, el esposo y la esposa quedan "como un hueso fuera de su lugar; no hay descanso, ni orden, ni trabajo bien hecho hasta que sean restaurados y colocados de nuevo en su sitio".[15]

Consideremos también el *beneficio universal* de este amor. Este amor hace que todo en el matrimonio sea fácil, mientras que su ausencia hace que todo sea difícil. Cuando el amor abunda en un matrimonio, suple todas las demás necesidades; cuando falta, convierte todos los demás deberes en actos fríos y sin vida. Whately dijo:

> El amor sazona y endulza todas las condiciones; el amor resuelve y compone todas las controversias; el amor gobierna todas las pasiones; el amor regula todas las acciones; en una palabra, es el Rey del corazón, y en aquel en quien prevalece, es el matrimonio mismo… una agradable combinación de dos personas en un hogar, una bolsa, un corazón y una sola carne.[16]

El amor es, por tanto, la suma de *todos* los deberes que el esposo y la esposa se deben mutuamente (Ro. 13:10). Estar unidos por el vínculo del amor matrimonial, escribió Gouge, es el "verdadero matrimonio".[17] Donde el amor llena el corazón, los pies, las manos y los labios se mueven con facilidad en el servicio de la persona amada; pero donde falta el amor,

---

13 Rogers, 137–38.
14 Bolton, 265. Énfasis añadido.
15 Baxter, 128.
16 Whately, *A Bride-Bush*, 31.
17 Gouge, 163.

los deberes se descuidan o se cumplen de manera hipócrita, perezosa y descuidada.

El amor sincero, escribió Steele:

> Traerá verdadero contentamiento y constante consuelo al matrimonio; hará aceptables todos los consejos y reprensiones; mantendrá fuera los celos, ese veneno del consuelo matrimonial; mantendrá los pensamientos firmes y el corazón casto; porque no es el *tener* esposo o esposa, sino el *amarlos*, lo que preserva del adulterio. Esto evitará o pronto calmará las tormentas dentro del hogar; como vemos en la madre que ama profundamente a su hijo, aunque llore toda la noche y perturbe su descanso, el amor hace que por la mañana sean muy buenos amigos.[18]

Por tanto, este amor debe ser abundante, amplio y generoso, porque si no lo es, quienes se casan carecerán de lo necesario para cumplir honorablemente todos los demás deberes matrimoniales. Así como el amor motiva al esposo y lo gobierna para hacer todo el bien que pueda, así también despierta en la esposa que ama el deseo de corresponder bien por bien. El amor es como el fuego, "que no solo es caliente en sí mismo, sino que también transmite calor de uno a otro".[19]

Consideremos además el *contentamiento* mutuo que surge de este amor mutuo. Este amor hará que el esposo fije tanto sus afectos en su esposa que la vea como la mujer más adecuada que el mundo podría haberle dado; y que la esposa repose su corazón en su esposo de tal manera que lo estime como el hombre más adecuado para ella entre todos los que hay bajo el sol. El amor llena el corazón de tal contentamiento que la esposa no buscará afecto en otro hombre, ni el esposo pondrá sus ojos en otra mujer; más bien se amarán con fervor, alegría, ternura y abundancia.[20] Movido por esta gracia del amor, el esposo pasará por alto los defectos de su esposa, cubrirá sus debilidades, suplirá sus flaquezas y

---

[18] Steele, *Puritan Sermons*, 2:276. Énfasis añadido.
[19] Gouge, 163.
[20] Bolton, 263.

la verá como su reina. De igual modo, la esposa pasará por alto las faltas de su esposo, cubrirá sus imperfecciones y lo verá como su príncipe.

Los Fundamentos del Amor Mutuo

Consideremos también los fundamentos del amor mutuo. Reyner identificó varios fundamentos del amor entre el esposo y la esposa.[21] El primero es el *don*: Ambos —esposo y esposa— son regalos especiales que Dios se ha concedido mutuamente. Ella es la esposa formada y preparada por la propia mano de Dios para ser ayuda de su esposo (Pr. 18:22; 19:14). Del mismo modo, él es el esposo a quien Dios ha designado para ser su líder espiritual, guía y protector en la vida. Este fundamento los hace apreciarse mutuamente y exige un amor que supere a todos los demás amores.

El segundo fundamento es la *propiedad*, o el interés mutuo que un hombre y una mujer tienen el uno en el otro por medio del matrimonio. El esposo y la esposa se pertenecen mutuamente de manera propia y singular, distinta de cómo pertenecen a cualquier otra persona en el mundo. Tener un interés peculiar o exclusivo en una persona es un fundamento fuerte para un amor especial y singular hacia ella (1 Co. 7:3–4).

El tercer fundamento es la *unión*: El esposo y la esposa están unidos de tal manera que llegan a ser como uno solo (Gn. 2:24). El matrimonio es una unión espiritual, legal y sexual de dos personas en una sola carne. Es la relación más cercana en todo el mundo, más cercana incluso que la de padres e hijos, y por tanto exige el amor más fuerte. Scudder escribió:

> El fundamento que debe sostener este amor y la fuente que debe alimentarlo y nutrirlo no son solo, ni principalmente, las cualidades y dones loables que hay en cada uno de vosotros, sino la estrecha relación en la que han entrado, siendo ahora no ya dos, sino *una sola carne*, y

---

21 Reyner, 22–25.

hueso del hueso el uno del otro; y que es ahora por Dios que han sido hechos uno; y que es Su voluntad y Su agrado que así sea.[22]

El cuarto fundamento del amor es la *necesidad*: El hombre y la mujer se necesitan mutuamente. El esposo y la esposa deben considerarse el uno al otro como una ayuda y un compañero sin el cual no pueden vivir. Habiendo sido unidos por Dios, no es bueno que ninguno de los dos esté solo (Gn. 2:18). Y esta necesidad mutua produce amor mutuo (1 S. 1:8).

El quinto fundamento del amor es el *mandamiento*, pues el amor matrimonial manda que el hombre ame a su esposa, no solo ni principalmente porque ella sea hermosa, ingeniosa, hacendosa, obediente, amorosa y bien dispuesta en todo; sino sobre todo porque el Señor del cielo y de la tierra, ante quien deben rendirse todos los afectos, ha dicho: "Maridos, amen a sus mujeres". La esposa también debe amar a su esposo, "no solo porque sea un hombre de buenos recursos o de buen linaje, porque sea amable con ella, valiente y de buen carácter en todos los aspectos; sino porque es su esposo, y Dios, el Soberano de todas las almas, ha dicho a las mujeres que deben amar a sus esposos".[23]

Así, suponiendo que elegimos un cónyuge bueno y adecuado como se explicó en el capítulo 3, somos *libres* de casarnos con quien amemos en el Señor, pero también debemos amar a la persona con quien nos casamos.

Los Medios para Preservar este Amor

Gouge advirtió que si el amor matrimonial no es mutuo y recíproco, "el fin y el uso correcto del matrimonio serán pervertidos, y ese estado se volverá incómodo y muy gravoso".[24] De manera similar, Rogers escribió que "el amor más firme desaparece en poco tiempo cuando falta el combustible del amor"; y luego preguntó a sus lectores: "¿Piensan que

22 Scudder, 72.
23 Whately, 32.
24 Gouge, 163.

este filo [del amor] se mantendrá sin afilarlo cada día?"[25] Ambrose también dijo a sus lectores: "Este mutuo derretimiento de corazones, si se conserva fresco y fructífero, endulzará y embellecerá infinitamente el estado matrimonial".[26]

¿Cómo puede preservarse y mantenerse el amor mutuo en nuestros matrimonios?

Primero, debemos considerar regularmente el mandamiento de Dios de que los esposos amen a sus esposas (Col. 3:19) y de que las esposas amen a sus esposos (Tit. 2:4). La consideración constante de este fundamento principal del matrimonio ayudará a preservar el fervor y la constancia del amor que inicialmente nos prometimos el uno al otro al casarnos. Bolton dijo que el propósito de este mandamiento es que "siempre rechace y destierre de sus corazones todo resentimiento y amargura, disgusto y desafecto; todos los malos deseos de no haberse conocido nunca, de no haberse visto jamás, etc… De otro modo, cada vez que él vea a alguien mejor, deseará haber tenido la oportunidad de elegir otra vez, y así dejará de respetar este mandamiento".[27]

Segundo, puesto que Dios es el creador de las almas, de los matrimonios y de los afectos, debemos estar en oración constante para que Él haga crecer el amor por el cónyuge que primero puso en nuestro corazón, y para que nos capacite para expresar ese amor en nuestras palabras y acciones. Dios es misericordioso y concede lo que manda; por tanto, podemos acudir a Él tanto para conocer la regla de nuestra obediencia en el matrimonio como para recibir la capacidad de obedecer. Solo por Su gracia y Su Espíritu podemos hacer Su voluntad en el matrimonio (Fil. 2:13; Jn. 15:4–5). Debemos orar para que Él mantenga nuestros corazones unidos, nos conceda creciente satisfacción el uno en el otro y nos ayude a deleitarnos en la persona del otro, en su sonrisa, afecto, contacto, compañía, servicio y el tiempo compartido. También debemos orar para que cualquier cosa que pueda disminuir, obstaculizar

---

25 Rogers, 142.
26 Ambrose, 233.
27 Bolton, 266.

o apartar nuestro amor de nuestro cónyuge sea mantenida lejos de nosotros (Mt. 6:13).

Tercero, debemos considerar la compasión con que Cristo y Su iglesia se hablan mutuamente en el Cantar de los Cantares. Cristo se dirige a Su iglesia con expresiones como:

> ¡Oh la más hermosa de las mujeres!; ¡cuán hermosa eres, amada mía!; toda tú eres hermosa, amada mía, y no hay defecto en ti; has cautivado mi corazón, hermana mía, esposa mía; ¡cuánto mejores son tus amores que el vino!; he entrado en mi huerto, hermana mía, esposa mía; tus ojos… me han confundido; mi paloma, mi perfecta; ¡qué hermosa y qué encantadora eres, amor mío , con todos tus encantos!

Y leemos a la iglesia dirigirse a Cristo de manera semejante: "Mejores son tus amores que el vino; amado de mi alma; mi amado; ¡cuán hermoso eres, amado mío, y tan placentero!; estoy enferma de amor; mi amado… distinguido entre diez mil; todo él [es] deseable".[28]

Si el amor matrimonial ha de reflejar el amor ferviente entre Cristo y Su iglesia, entonces nuestros matrimonios también deben estar llenos de intercambios cálidos y conmovedores que aviven poderosamente y preserven nuestro amor mutuo. La boca es el desahogo del corazón; por tanto, si nuestros corazones están llenos de amor por nuestro cónyuge, ese amor debe expresarse en conversaciones amorosas.

Cuarto, debemos pasar mucho tiempo juntos. Los puritanos hablaban con frecuencia de la cohabitación como un medio para mantener el amor mutuo.[29] En Deuteronomio 24:5, Dios instruye que ningún israelita sea llamado a la guerra durante el primer año de su matrimonio, sino que permanezca en casa para "hacer feliz a la mujer que ha tomado". Dios quiere que el esposo disfrute de la esposa de su juventud, se satisfaga con ella y se deleite en su amor (Pr. 5:18–19). En ese tiempo, Él quería que su amor quedara firmemente establecido mediante un año de convivencia

---

[28] Cf. Cantares 1:8, 15; 4:7, 9, 10; 5:1; 6:5, 9; 7:6; y Cantares 1:2, 7, 13, 16; 5:8, 10, 16.

[29] Véase por ejemplo, Whately, *A Bride-Bush*, 42–54.

protegida, sin la amenaza de ser llamado a la guerra (cf. Gn. 2:24; Sal. 45:10; 1 Pe. 3:7; 1 Co. 7:10, 12–13).

¿Cómo, entonces, esperan las parejas mantener viva la llama de su amor cuando viven separados, comen separados y duermen separados? Aunque son dos, Dios los ha hecho una sola carne; por tanto, una sola casa, una sola mesa y una sola cama deben mantenerlos unidos. Tampoco deben ausentarse el uno del otro por motivos innecesarios como la vanidad o el simple placer. Que pasen todo el tiempo posible juntos, según lo permitan sus vocaciones. Que sean el mejor amigo y el confidente más cercano del otro. Que hablen con frecuencia, que compartan sus tristezas y sus alegrías, comunicando sus sentimientos, porque esto los unirá más estrechamente. Que no permitan que ningún desacuerdo permanezca entre ellos hasta hacer que uno duerma separado del otro, pues eso está fuera de armonía entre ellos y con Dios (1 Jn. 4:20–21). El sol no debe ponerse sobre su enojo (Ef. 4:26). Tampoco deben dar lugar al diablo para que obre contra ellos y contra sus afectos (Ef. 4:27). Secker dijo que el esposo y la esposa:

> Deberían ser como dos velas que arden juntas, que hacen la casa más luminosa; o como dos flores fragantes atadas en un mismo ramillete, que aumentan su dulzura; o como dos instrumentos bien afinados que, sonando juntos, producen una música más melodiosa. ¿Qué son el esposo y la esposa sino como dos manantiales que se encuentran y unen sus corrientes para formar una sola? Es un espectáculo desagradable contemplar cualquier contienda en esta unión.[30]

Quinto, el amor mutuo se preserva y aumenta mediante los ejercicios religiosos. El tiempo que se pasa juntos con Dios y en la adoración de Dios ayuda a preservar el amor matrimonial. Que el esposo y la esposa oren juntos, dijo Whately; "que conversen entre sí acerca de su patria celestial; que canten un salmo juntos y participen en tales ejercicios

---

30 Secker, 259.

religiosos; así sus corazones quedarán firmemente unidos primero a Dios, y luego el uno al otro".[31] Al hacerlo, continuó Whately:

> Los brillantes rayos de la imagen de Dios resplandecerán y se manifestarán en cada uno de ellos, y eso es hermoso y atractivo, y los hará amables el uno al otro. Estos ejercicios nutrirán el espíritu de santidad en ellos, y eso enciende el amor… aumentarán su fe en Dios, y la fe obra por el amor; en ellos sentirán que han sido espiritualmente provechosos el uno para el otro; y recibir un beneficio espiritual no puede sino producir un afecto espiritual. Aquí percibirán que son extranjeros de una misma patria, siervos de una misma familia, hijos de un mismo Padre y miembros de un mismo cuerpo, y esto necesariamente aumentará su buena voluntad mutua.[32]

La observancia religiosa es tan crucial que, por muy ferviente o fuerte que sea el amor de una pareja, si dejan de honrar y obedecer a Dios juntos, pronto sentirán una gran distancia entre ellos. Muchas parejas pasan horas en entretenimientos mundanos o placeres vanos, solo para descubrir que sus afectos se enfrían y sus corazones se inclinan hacia otros. Tales horas pueden convertirse en un veneno y un cáncer para su matrimonio, mientras que el tiempo pasado juntos en adoración aumentará su amor mutuo.

Sexto, debemos esforzarnos por estimular lo bueno y no lo malo en nuestro cónyuge (Heb. 10:24). Si despertamos lo bueno el uno en el otro, lo bueno será más evidente que lo malo y esto hará que nuestro cónyuge nos resulte más querido. "Saca a la luz la fragancia de aquello que es bueno y agradable en ellos… y entonces encontrarás que incluso tu cónyuge defectuoso te parecerá más amable", dijo Baxter.[33] Concentrarnos en lo bueno despertará nuestro amor hacia ellos, y enterrar sus imperfecciones apagará cualquier disgusto que podamos sentir. Por el contrario, si provocamos diariamente los pecados de nuestro cónyuge,

---

31 Whately, *A Bride-Bush*, 49.
32 Whately, *A Bride-Bush*, 49.
33 Baxter, 129.

solo tendremos que culparnos a nosotros mismos por su fracaso. Por tanto, debemos esforzarnos por vencer sus imperfecciones con amor, no solo para que nos parezcan más amables, sino también para despertar su amor hacia nosotros y usarlos como ejemplo de amabilidad en nuestra propia conducta. Baxter dijo que la mejor manera de hacer que una esposa sea buena y amorosa es ser un buen y amoroso esposo. Por el amor que ella tiene por su esposo y por su Dios, el ejemplo de una vida sabia, humilde, amorosa, abnegada, paciente, santa y celestial por parte del esposo servirá como modelo al que ella procurará asemejarse.[34]

En conclusión, todos los que se casan deben recordar que su amor mutuo es una perla preciosa que debe ser valorada y protegida; una llama en su pecho que debe ser cuidada y alimentada para que no se apague; y un encargo de Dios que *deben* cumplir. Por eso, nadie debería casarse sin la gracia del amor mutuo y, una vez casado, nadie debería pasar un solo día sin orar por la preservación, el crecimiento y la perfección de su matrimonio, porque Dios es glorificado cuando el amor mutuo de nuestros matrimonios refleja el amor mutuo entre Cristo y Su iglesia.

Castidad y Benevolencia

El segundo deber mutuo es un deber doble: Castidad —mantenerse sexualmente puro dentro del matrimonio— y lo que Pablo llama "deber (debida benevolencia)", es decir, la entrega sexual gozosa de uno mismo al cónyuge. En 1 Corintios 7:2–3, Pablo deja claro que esta doble obligación corresponde tanto al esposo como a la esposa. Dice: "Por razón de las inmoralidades, que cada uno tenga su propia mujer, y cada una tenga su propio esposo. Que el esposo cumpla su deber para con su mujer, e igualmente la mujer lo cumpla con el esposo". Por un lado, Pablo advierte contra las formas pecaminosas de conducta sexual; por otro, autoriza las relaciones sexuales entre esposo y esposa como algo "debido", algo que se deben mutuamente como acto de bondad o

---

[34] Baxter, 129.

"benevolencia". De modo semejante, en 1 Tesalonicenses 4:3–4, Pablo nos exhorta a "abstenernos de inmoralidad sexual; que cada uno de ustedes sepa cómo poseer su propio vaso en santificación y honor". Este consejo es tanto para los casados como para los solteros.

Es importante entender cómo este segundo deber se relaciona con el primero. El amor, como deber fundamental, es el cemento que une a los esposos. La castidad caracteriza el comportamiento que fluye de ese afecto cálido y estable. La castidad del esposo y de la esposa demuestra "que el corazón ama enteramente porque los cuerpos se mantienen puros de contaminación".[35] Nadie más puede interponerse entre los esposos que se entregan libremente el uno al otro. Porque los casados están obligados por Dios, escribió Whately, "a concederse mutuamente el disfrute el uno del otro, según lo requieran sus necesidades".[36] Así, el amor mutuo *fundamenta* tanto la castidad del matrimonio —al mantenerse libre de contaminación externa— como la "debida benevolencia" dentro del matrimonio, en la medida en que los esposos se entregan libre y fielmente el uno al otro.

De acuerdo con este doble deber, a un hombre le está prohibido entregarse sexualmente a cualquier mujer que no sea su propia esposa, y a una mujer igualmente le está prohibido entregarse a cualquier hombre que no sea su propio esposo (pues Pablo dice: "Cada uno tenga su propia mujer, y cada una tenga su propio marido"). Por otra parte, el esposo y la esposa están obligados a entregarse sexualmente el uno al otro (pues Pablo dice que es su "deber [debida benevolencia]"). Es *debida* porque el pacto matrimonial los obliga a no privarse mutuamente de este derecho conyugal (1 Co. 7:3–5), y es *benevolente* porque es una expresión íntima del amor que prometieron demostrarse mutuamente.

Pensemos en ello de esta manera: En un matrimonio casto, el esposo y la esposa mantienen la puerta de su relación firmemente cerrada para todas las demás personas, porque están encerrados el uno con el otro en matrimonio. Dentro de las puertas de esa castidad, recurren el uno al otro

---

35 Rogers, 153.

36 Whately, *A Bride-Bush*, 14.

para los derechos conyugales o “debida benevolencia”. Del mismo modo, un matrimonio en el que los esposos se conceden mutuamente esa “debida benevolencia” es uno en el que el deseo sexual encuentra satisfacción legítima y la castidad se preserva, porque la tentación de buscar fuera del matrimonio queda debilitada.

Además del mandato bíblico, existen muchas razones para la castidad matrimonial. Primero, este deber fluye del pacto matrimonial. Cuando un hombre y una mujer se unen en matrimonio, prometen ser fieles y dedicados el uno al otro, abandonando a todos los demás. Tal pacto hace absolutamente ilícito que “por ninguna ocasión, en ningún tiempo… entreguen sus cuerpos a otro en todo el mundo aparte de ellos mismos; por eso la Escritura llama a los demás carne extraña” (Pr. 5:19–20).[37] Este pacto los obliga a preservar la castidad mientras dure el matrimonio.

Segundo, este deber fluye de la unión sagrada de un hombre y una mujer que se pertenecen mutuamente. Nadie más tiene derecho a lo que pertenece a una pareja casada, porque es exclusivamente suyo. El matrimonio es una relación que da al hombre su propia esposa y a la mujer su propio marido. Pablo dice: “Por razón de las inmoralidades, que cada uno tenga su propia mujer, y cada una tenga su propio marido” (1 Co. 7:2). Tanto llegan a pertenecer el uno al otro que Pablo añade en el versículo 4: “La mujer no tiene autoridad sobre su propio cuerpo, sino el marido. Y asimismo el marido no tiene autoridad sobre su propio cuerpo, sino la mujer”.

Tercero, este deber fluye de la institución original del matrimonio. Dios *estableció* un hombre para una mujer (Gn. 2:24). Si Dios hubiera querido que el hombre tuviera más de una esposa, habría dado a Adán más de una. Si hubiera querido que una mujer tuviera más de un esposo, habría casado a Eva con varios. Aunque esta ordenanza fue corrompida en la iglesia del Antiguo Testamento mediante la poligamia, su institución original y la confirmación de Cristo en Mateo 19 (“no ha sido así desde el principio”, v. 8) dejan claro que el matrimonio une a un hombre con una mujer.

---

[37] Whately, *A Bride-Bush*, 3.

Cuarto, la fidelidad en este deber puede cubrir muchos otros defectos. Un hombre puede encontrar debilidades en su esposa, pero si ella le es fiel, puede pasar por alto sus defectos. Una mujer puede señalar muchas faltas en su esposo, pero su devoción exclusiva hacia ella mantendrá firme su afecto. Por tanto, la castidad debe ser apreciada y preservada por su capacidad de cegar al corazón frente a muchas imperfecciones del cónyuge.

Quinto, la infidelidad en este deber es devastadora. El pacto matrimonial une a los esposos en una relación casta y exclusiva. ¡Es mejor no tener cónyuge que tener uno adúltero! Todas las bendiciones del matrimonio dependen de la castidad de la pareja. Cualesquiera que sean los honores, bendiciones y beneficios del matrimonio que podamos disfrutar, no significan nada si se viola la castidad. Una mujer puede tener la bendición de un esposo rico, pero ¿de qué le sirve si él es adúltero? Un hombre puede tener una esposa hermosa y amable, pero ¿cómo puede apreciarla si ella se entrega a otro?

Sexto, un matrimonio casto disfruta de la bendición de Dios en todas partes. Ya sea en el santuario, en el hogar, en el dormitorio o en el vientre, la bendición de Dios está sobre aquel matrimonio en el que el lecho matrimonial se conserva y honra por causa de Él mediante la "debida benevolencia" (1 Ti. 4:4–5; Tit. 1:15; Heb. 13:4). La castidad no solo trae la bendición de Dios sobre el vientre (Sal. 128:3), sino que también asegura que los hijos nacidos en el matrimonio sean legítimos y, por tanto, herederos legítimos de las bendiciones de Dios sobre un matrimonio cristiano (Gn. 21:10; 1 Co. 7:14).

Séptimo, la castidad es una piedra angular del matrimonio. Un cónyuge casto tiene los ojos abiertos, los oídos atentos y el corazón pendiente del bienestar del hogar y de la familia. Tanto el esposo como la esposa están siempre conscientes de las necesidades familiares, la comunión del hogar, el amor familiar, las responsabilidades domésticas y la necesidad de estar juntos. En cambio, un cónyuge impuro estará ausente del hogar y del lecho en espíritu, y siempre deseando escapar también físicamente.

Finalmente, la castidad preserva el matrimonio del adulterio. La falta de amor produce un matrimonio miserable; pero si falta la castidad y aparece el adulterio, se abre la puerta al divorcio (Mt. 19:9), porque la infidelidad desgarra la misma trama del matrimonio. "Otros fallos perturban su consuelo, pero esta infidelidad disuelve su pacto", escribió Swinnock.[38]

El adulterio no anula automáticamente el matrimonio, pero golpea su raíz con tal corrupción que deja de producir buen fruto en cualquiera de sus ramas. El adulterio es tan contrario al vínculo matrimonial, dijo Baxter, que "aunque *de facto* ('de hecho') no disuelve el vínculo ni anula el matrimonio, *de jure* ('de derecho') da al cónyuge inocente motivo suficiente para un divorcio".[39] Si la parte culpable no se arrepiente, el cónyuge ofendido puede, con buena conciencia, "buscar de manera ordenada separarse de una persona que vive tan desordenadamente".[40] Está claro que la castidad matrimonial debe mantenerse diligentemente si el matrimonio mismo ha de permanecer intacto.

Este segundo deber es, según Rogers, "la flor más hermosa, la joya más rica en la corona del matrimonio… un atributo tan esencial que su ausencia destruye por completo su existencia".[41] Mediante este deber mutuo, el esposo y la esposa preservan y disfrutan su matrimonio. Pero si uno o ambos transgreden la castidad del lecho matrimonial, "además de sufrir todo un infierno de miserias espirituales, atacan la misma médula, corazón y vida del nudo matrimonial".[42]

Los Medios para Preservar Esta Castidad

¿Cómo puede preservarse la castidad en nuestros matrimonios? La "debida benevolencia" es un medio principal para preservarla, pero los puritanos también sugirieron varias otras maneras.

---

38 Swinnock, 1:476.
39 Baxter, 131.
40 Whately, *A Bride-Bush*, 6.
41 Rogers, 150.
42 Bolton, 267.

Primero, debemos guardar nuestros corazones contra la lujuria desenfrenada. "Con toda diligencia guarda tu corazón, porque de él brotan los manantiales de la vida", dice Proverbios 4:23. Lo que hay en nuestro corazón terminará manifestándose en nuestras palabras y acciones. Si, por la obra santificadora del Espíritu Santo, nuestros corazones son limpios y puros, entonces nuestros ojos y sentidos, nuestro cuerpo y nuestros miembros seguirán esa pureza y no se deleitarán en tentaciones adúlteras. Estaremos satisfechos con el cónyuge de nuestra juventud y no nos dejaremos cautivar por extraños (Pr. 5:18, 20). Pero si nuestros corazones son viles y están llenos de lujuria, "traicionarán al cuerpo entregándolo a los ojos, los oídos y la compañía de los impuros, y Satanás hará de procurador, llevando pronto a una persona impura hacia otra".[43]

Muchas personas dejan que sus pensamientos y deseos lujuriosos corran libremente y se entregan a fantasías inmorales como si fueran inofensivas siempre que no actúen sobre ellas. Pero esa fantasía no solo es una forma de cometer adulterio, como enseñó Cristo en Mateo 5:27–28, sino que también es una necedad. No es inocente ni inofensivo permitir que la mente se revuelque en tales zanjas de vileza; porque pronto la mente arrastrará consigo al corazón y a la voluntad. Santiago nos dice que cada uno es tentado cuando es llevado y seducido por su propia pasión (1:14). Al permitirnos ser guiados por pensamientos viles, inmorales y adúlteros, esos deseos pronto pueden encontrar un modo de producir transgresiones externas (v. 15). A la primera oportunidad, la voluntad buscará apoderarse de las "aguas hurtadas" que han ocupado la mente y el corazón (Pr. 9:17; cf. 5:15–20; Job 31:7). Tal "inmundicia contemplativa", como la llamó Rogers, "abre la puerta a la contaminación externa y real, que aunque la providencia la contenga por un tiempo, finalmente estallará".[44] Por lo tanto, si la castidad ha de preservarse, debemos orar a Dios para que, por Su Espíritu Santo, nos

---

43 Rogers, 158.
44 Rogers, 158.

haga castos en corazón y mente, porque la castidad interior es el núcleo de la castidad exterior.

Segundo, debemos guardar las entradas de nuestra alma, lo que John Bunyan llamó una vez la puerta de los ojos y la puerta de los oídos,[45] porque por medio de ellas las tentaciones al pecado entran en la mente. Bastante difícil es ya luchar contra un corazón malo en nuestra batalla por la castidad; no añadamos combustible al fuego dejando entrar tentaciones por nuestros sentidos. David oró sabiamente para que el Señor pusiera guarda en su boca y vigilara la puerta de sus labios (Sal. 141:3), porque las palabras pecaminosas están siempre listas para salir de nuestros corazones malvados. Pero también debemos orar para que el Señor ponga guarda sobre nuestros ojos y oídos, preservándonos de las tentaciones externas que fácilmente nos extravían. Además de orar, debemos tomar las medidas necesarias para impedir que cualquier cosa impura aparezca ante nuestros ojos (Sal. 101:2–4; Job 31:1–4) o que palabras impuras entren en nuestros oídos (Ef. 5:3–8).

Muchos cristianos confiesan que luchan con la lujuria. Saben cuán pecaminosa y ofensiva es para Dios, y han intentado innumerables maneras de vencerla: Leer libros sobre el tema, buscar consejo de cristianos maduros, etc.; sin embargo, parecen impotentes frente a pensamientos lujuriosos en público y son tentados regularmente a visitar sitios pornográficos en Internet cuando están en privado. Aborrecen su pecado delante de Dios, se avergüenzan de él, lo combaten con ferviente oración, desean ser librados de él y procuran apagarlo mediante responsabilidad mutua y comunión cristiana. Pero como parecen perder la batalla más veces de las que la ganan, comienzan a cuestionar su salvación y a desesperar sobre si serán perdonados o no.

"Hermanos míos, esto no debe ser así", dice Santiago 3:10. Pero ¿cuántos de los que luchan con la lujuria se han detenido a considerar cómo invitaron la inmoralidad a su corazón por medio de sus ojos y oídos? ¿Y cuántos de aquellos cuyos pensamientos y deseos lujuriosos los llevaron a actos de fornicación o adulterio se han detenido a examinar

---

45 Cf. *The Holy War*, por John Bunyan. Nota del traductor: "Eyegate" y "Eargate".

sus caminos (Sal. 4:4) y han reconocido que han consentido a la inmoralidad sexual a través de sus sentidos? Una vida de castidad es imposible para una persona que alimenta sus ojos y oídos con inmoralidad sexual. Tal dieta sensual solo inflama más sus pasiones. De esta manera, esa persona es extraviada por su propio corazón y, al someterse a sus deseos, trae derrota sobre sí misma.

Entregarse al entretenimiento que ofrece Hollywood y la televisión es como acercarse a la puerta de la casa de la adúltera, pasar por la calle cercana a su esquina y tomar el camino hacia su casa (Pr. 5:8; 7:8). Es como tomar fuego en el pecho y caminar sobre brasas encendidas (Pr. 6:27–29). Las oraciones, los libros, los grupos de rendición de cuentas, la iglesia y los sermones serán esfuerzos vanos hacia la castidad y la pureza mientras sigamos entreteniéndonos con la escoria inmoral que se ofrece en pantallas y libros, mientras vayamos a lugares de pecado, nos asociemos con personas pecaminosas y escuchemos a quienes están entregados al pecado. Como dijo Whately, no se puede evitar este pecado:

> Si un hombre se permite conversar con tales personas y buscar tales lugares y momentos que lo inviten a cometerlo… Los sentidos actúan con gran fuerza en presencia de sus estímulos y, por esa intensidad, impiden que la mente recuerde aquello que debería impedir el pecado. Y si alguien se tienta a sí mismo corriendo al lugar donde puede pecar, ¿es de extrañar que Dios castigue su presunción entregándolo al pecado? Ese hombre se aparta de Dios hacia la lujuria cuando corre hacia las ocasiones de la lujuria; ¿no debe entonces Dios, con justicia, apartarse de él y entregarlo en manos de la lujuria? Huye, por tanto, con toda diligencia de todas las oportunidades de esta maldad; especialmente huye… de la compañía de una persona capaz de tentarte o de ser tentada; y considera que incluso el agua fría se calentará si se coloca demasiado cerca del fuego.[46]

---

[46] Whately, *A Bride-Bush*, 12.

Las formas en que muchos cristianos profesantes se entretienen difieren poco de las de los no cristianos. Para ser verdaderamente castos, debemos vivir vidas de santidad, consagrados a Dios como un sacerdocio santo y llenos del Espíritu Santo. Debemos, a toda costa, poner guardia sobre nuestros ojos y oídos, abriéndolos solo a aquello que nos edifique en nuestra santísima fe. Considera este consejo de Rogers:

> A todos los que desean evitar esta plaga les doy este consejo: *Pronto*, *lejos* y *lentamente*. Aléjate de tales ocasiones tan *pronto* como puedas, aléjate de ellas lo más *lejos* posible y vuelve a ellas lo más *lentamente* que puedas. Si tu ojo, tu mano derecha o tu pie te hacen caer, arráncalos y córtalos… y échalos de ti; hazte un eunuco espiritual por causa del reino de Dios y por causa de la castidad, usando todos los medios contrarios para someter tu carne y golpearla hasta que quede magullada (1 Co. 9:27), si quieres conservar tu vaso en honor; y aun así, considéralo demasiado poco.[47]

Tercero, para preservar la castidad en nuestros matrimonios, debemos aborrecer el adulterio y toda tentación de ser infieles a nuestros cónyuges. Hoy estamos rodeados de inmoralidad, insinuaciones y malos ejemplos. El mundo nos bombardea con entretenimiento, revistas, novelas y publicidad que nos dicen que la fornicación y el adulterio son dulces más allá de toda medida. A menos que atendamos a las advertencias de la Escritura, pensemos los pensamientos de Dios sobre este asunto —como sobre todos los demás— y seamos vencidos por la gracia mediante el amor a nuestro Salvador, seremos engañados y llegaremos a pensar bien del pecado. Como escribió Steele:

> La menor desviación en esto (si no se mortifica pronta y sinceramente) ganará terreno de manera extraña y se infectará en el alma, y no descansará hasta llegar al adulterio manifiesto. Entonces el consuelo de sus vidas, la tranquilidad de sus conciencias y el honor de sus familias

---

[47] Rogers, 160–61. Énfasis añadido.

> quedan sangrando; y, sin verdadero arrepentimiento, su felicidad eterna naufraga.[48]

Debemos cuidarnos "de las causas de este odioso pecado y de todas sus apariencias; no permitas que tu ojo ni tu pensamiento sigan a un extraño ni comiencen una brecha en tu pacto y fidelidad".[49]

Consideremos también lo *atroz* de este pecado. William Gouge dijo que no encontró "ningún pecado en toda la Escritura tan ampliamente descrito en sus diversos aspectos" como el adulterio.[50] Además de estar prohibido en los Diez Mandamientos, el adulterio es un pecado contra cada persona de la Trinidad, contra el prójimo y contra todas las partes involucradas. Según explicó Gouge,[51] es pecado contra el Padre, porque quebranta Su ley; es pecado contra el Hijo, porque el adulterio de los miembros de Su cuerpo contamina Su cuerpo; y es pecado contra el Espíritu, porque somos templos del Espíritu Santo y el adulterio contamina esos templos. También es pecado contra el prójimo y contra el cónyuge de esa persona. Es pecado contra los hijos nacidos del adulterio, pues los deja con el estigma de haber nacido ilegítimamente. Es pecado contra los amigos y la familia de los culpables, porque introduce deshonra entre ellos y provoca deseos de venganza. Es pecado contra la comunidad, la ciudad y la nación, que quedan expuestas al juicio de Dios por causa del adulterio de sus habitantes. Es pecado contra la iglesia de Dios, que queda privada de hijos legítimamente nacidos dentro del pacto. Y es pecado contra los mismos culpables, exponiendo sus personas, bienes y almas al juicio de Dios (Heb. 13:4), lo cual trae aún más problemas.

El adulterio produce profundas consecuencias. El esposo y la esposa quedan tan alienados que sus afectos difícilmente se recuperan. El adulterio malgasta sus bienes —dinero, tiempo, afecto y atención— que deberían emplearse para edificar el matrimonio y el hogar. El cónyuge

---

48 Steele, *Puritan Sermons*, 2:276.
49 Baxter, 132.
50 Gouge, 159.
51 Gouge, 159–60.

ofendido puede llegar a tal enojo que desee que el otro estuviera muerto o desaparecido. El cónyuge adúltero es atormentado por la culpa y, sin arrepentimiento sincero, terminará endureciendo su corazón y consumiéndose en el pecado (Ro. 1:18–32). ¡Cuán grave es este pecado del adulterio!

Escuchemos dos advertencias, la primera, ofrecida por Scudder:

> Deben *satisfacerse* (Pr. 5:18–20) en la compañía y los abrazos de su propio esposo o esposa. El adulterio es un pecado sumamente grave y destructivo del pacto matrimonial. No pueden perjudicarse mutuamente de manera mayor, ni más pronto *destruir su posteridad* (Job 31:12), ni traer una más abominable y *duradera mancha* sobre su nombre (Pr. 6:33) que abrazando a un extraño. Traerá *destrucción al alma* (Pr. 6:32), *porque a los inmorales y a los adúlteros los juzgará Dios* (Heb. 13:4). Si alguna tentación o impulso hacia este mal se presenta, sea desde dentro o desde fuera, recházalo con indignación, diciendo como el casto *José* cuando fue tentado por la lasciva señora: *¿Cómo entonces podría yo hacer esta gran maldad y pecar contra Dios?* [Gn. 39:9].[52]

La segunda advertencia proviene de Whately:

> Que todas las personas casadas resuelvan firmemente que, cualquiera que haya sido su conducta antes, después de contraer matrimonio nunca permitirán que ningún deseo ni seducción los lleve a olvidar el mandamiento de Dios, las leyes de su país, la luz de su conciencia, el pacto de su matrimonio, la persona de su cónyuge, el honor de sus cuerpos y la salvación de sus almas; de modo que ofendan a Dios, desobedezcan a la autoridad, escandalicen a la iglesia, perjudiquen a su cónyuge, contaminen sus cuerpos y condenen sus almas, todo por alcanzar un placer breve, momentáneo, impuro y sensual; o para satisfacer una pasión tonta, pecaminosa, vergonzosa, irracional y desenfrenada, que nunca se satisfará; pues la lujuria siempre resultará

---

[52] Scudder, 76–78.

> más tiránica cuanto más se le ceda. Es un fuego ardiente, que nadie intente llevarlo en su pecho pensando que no se quemará. Son brasas ardientes, que nadie se atreva a caminar sobre ellas con la falsa presunción de estar a salvo de cualquier daño por mucho cuidado que tenga.[53]

Finalmente, debemos deleitarnos el uno en el otro y concedernos mutuamente la "debida benevolencia". William Gouge concluyó:

> Uno de los mejores remedios que pueden prescribirse a las personas casadas (después de un santo temor de Dios y de tenerlo continuamente presente dondequiera que estén) es que el esposo y la esposa se deleiten mutuamente y mantengan entre sí un amor puro y ferviente, concediéndose uno al otro esa *debida benevolencia* que está autorizada y santificada por la Palabra de Dios y que Dios ha ordenado para este propósito particular. Esta debida benevolencia... es uno de los actos más propios y esenciales del matrimonio, y necesaria para sus fines principales: La preservación de la castidad, el aumento del mundo con descendencia legítima y el fortalecimiento del vínculo afectivo entre los cónyuges.[54]

Dicho esto, dos cosas pueden resultar útiles. Primero, nuestro amor por el cónyuge debe ser mucho más profundo que la apariencia física. Sin embargo, un cónyuge que descuida su apariencia y no se preocupa en absoluto por ser "presentable" puede dar lugar a que Satanás encuentre una oportunidad para tentarnos a sentirnos insatisfechos y a que nuestro propio corazón pecaminoso sugiera que merecemos algo mejor. Segundo, aunque nunca debemos intentar despertar lujuria en el matrimonio mediante conductas licenciosas, vestimenta provocativa o palabras indecentes, sí podemos procurar ser atractivos para nuestro cónyuge prestando la debida atención a nuestra apariencia y comportamiento general. Porque si el lecho matrimonial ha de permanecer sin mancilla

---

53 Whately, *A Bride-Bush*, 6–7.
54 Gouge, 161.

(Heb. 13:4), debe ser siempre un lecho de *benevolencia*, y nunca convertirse en un lecho de esa *lujuria* pecaminosa que ve al cónyuge solo como un medio para la satisfacción sexual egoísta, algo que difiere muy poco de la lujuria que impulsa al adúltero. Como señaló William Whately, "un medio principal para vivir puramente en este estado [del matrimonio] es disfrutarlo con moderación y santidad".[55]

Hay extremos que deben evitarse. El primer extremo ocurre cuando los cónyuges se niegan indebidamente el uno al otro. Gouge dijo que esto equivale a negar una deuda legítima y da a Satanás una gran ventaja.[56] El apóstol Pablo llama al esposo y a la esposa a entregarse mutuamente con prontitud, buena voluntad, alegría y con demostraciones sinceras de afecto. Por lo tanto, es pecaminoso negar el propio cuerpo al cónyuge. Pablo dice que puede observarse un período de abstinencia de común acuerdo y con el propósito de dedicarse a la oración, pero no debe prolongarse demasiado para que Satanás no encuentre ocasión (1 Co. 7:5).

El segundo extremo consiste en usar el lecho matrimonial en exceso, descuidando otras responsabilidades o agotando al cónyuge. Aunque el lecho matrimonial es honorable y el sexo dentro del matrimonio no es pecaminoso en sí mismo, como cualquier otra actividad legítima puede volverse indebida cuando se practica en exceso. La comida es buena y necesaria para el cuerpo, pero la gula es pecado. Dios concede sueño a sus amados, pero el perezoso peca contra Dios. De la misma manera, quienes usan el lecho matrimonial descuidando su trabajo y su vida de oración abusan de este don, viviendo una vida dominada por la lujuria incluso dentro del matrimonio. Asimismo, cuando el apetito sexual se vuelve tan insaciable que cansa y oprime al cónyuge, o se insiste en él aun cuando hay debilidad física o enfermedad, se abusa del lecho matrimonial y se convierte el sexo en un ídolo.

---

[55] Whately, *A Bride-Bush*, 13.

[56] Gouge, 161.

Preguntas de Estudio

1. ¿Por qué decían los puritanos que el amor mutuo es la vida misma del matrimonio?

2. George Swinnock dijo: "Sin la unión de los corazones, la unión de los cuerpos no será de ningún provecho". ¿Qué implicaciones tiene esto para la sexualidad en el matrimonio?

3. ¿Cuáles son los cinco fundamentos sobre los cuales los cónyuges construyen su amor mutuo?

4. De los seis medios para preservar y promover el amor mutuo, ¿cuáles sientes que son más fuertes en tu matrimonio? ¿Cuáles son más débiles y necesitan mayor atención?

5. ¿Por qué orar y adorar juntos es tan beneficioso para el amor matrimonial? ¿Cómo podrían animarse mutuamente como esposos a hacerlo con mayor eficacia en su matrimonio?

6. Se ha escrito: "En un matrimonio casto, el esposo y la esposa mantienen la puerta de su relación firmemente cerrada para todas las demás personas, porque están encerrados el uno con el otro en matrimonio. Dentro de las puertas de esa castidad, recurren el uno al otro". ¿Cómo podría alguien ver esta imagen de forma negativa? ¿Cómo podría ser una imagen cálida y hermosa?

7. ¿Cómo resumirías las razones para la castidad matrimonial, además del mandato de la ley de Dios?

8. Lee Proverbios 4:23. ¿Por qué guardar el corazón es el primer y más básico trabajo en la lucha contra la tentación sexual?

9. ¿Qué significa guardar la "puerta de los ojos" y la "puerta de los oídos" contra la tentación sexual?

10. ¿Qué enseñó William Gouge para mostrar la gravedad del adulterio?

§6. LOS DEBERES MUTUOS DE AYUDA Y PAZ

El tercer deber mutuo es la ayuda mutua, o lo que los puritanos llamaban *tirar del yugo juntos*, porque tanto el esposo como la esposa deben poner sus hombros juntos para llevar sus cargas y cumplir sus llamados. Como escribió George Swinnock: "El matrimonio es llamado… un yugo, porque las personas casadas deben tirar de él de manera pareja e igual, y así la carga se llevará más ligeramente".[1] La idea es que el esposo y la esposa deben ayudarse mutuamente en todo lo que les concierne, ya sea en relación con sus cuerpos, su reputación, su familia, sus vocaciones o sus bienes.[2]

Cuando el Señor creó a la mujer, su primer propósito fue que ella fuera ayuda para su esposo (Gn. 2:18),[3] capacitándolo para hacer lo que no podía hacer solo (Pr. 31:12–22). De igual manera, quien recibe ayuda también tiene la responsabilidad de ayudar a su esposa, ya que su obligación es nutrirla y cuidarla como a su propio cuerpo (Pr. 31:31; Ef. 5:28–29). Prometemos esta ayuda mutua en nuestros votos

---

1 Swinnock, 1:478.

2 Según los puritanos, la mayor y principal preocupación del deber mutuo de ayuda se refiere a la salvación de los demás. Pero hemos decidido tratar este tema en una sección aparte más adelante.

3 Basándose en este texto, muchos puritanos consideraban la *ayuda mutua* como uno de los deberes de la esposa; pero luego volvían a abordar la ayuda mutua como un deber mutuo. Hemos decidido seguir su ejemplo. La ayuda mutua se trata aquí en general como un deber mutuo, simplemente porque es un "gran deber" del que se derivan muchos aspectos concretos, aspectos que obligan tanto al marido como a la mujer. Se volverá a abordar brevemente en el capítulo siguiente, en el capítulo dedicado a los deberes de la esposa.

matrimoniales cuando prometemos ser amorosos y fieles "en la salud y en la enfermedad, en la abundancia y en la necesidad, en la alegría y en el dolor, mientras ambos vivamos".

Para comenzar, este deber incluye el cuidado mutuo de nuestros cuerpos, tanto para prevenir enfermedades como para brindar cuidado y consuelo cuando estas llegan. Primero, debemos evitar todo aquello que pueda causar enfermedad o debilidad y practicar aquello que mantiene o restaura la buena salud, como una alimentación nutritiva, los medicamentos necesarios y el ejercicio físico.[4]

Segundo, debemos consolarnos y sostenernos mutuamente en tiempos de dificultad. Los días de enfermedad, adversidad, tristeza y pérdida inevitablemente vendrán. Y cuando lleguen, el esposo y la esposa deben ser consuelo y ayuda el uno para el otro, haciendo todo lo posible por aliviar la tristeza, disminuir el dolor, calmar los temores, tranquilizar el corazón y mitigar la miseria.

¿Puede un hombre cumplir este deber si ve a su esposa cargada de tristeza y no la consuela, o debilitada y no la ayuda, o cansada de preocupaciones y no la alivia? ¿Puede una mujer cumplir este deber si ve a su esposo enfermo y no lo cuida, o necesitado y se niega a ayudarlo, o abrumado y rehúsa consolarlo? Tal comportamiento quebranta los votos matrimoniales, pervierte uno de los principales fines del matrimonio y solo hace que la carga sea más pesada, el dolor más profundo y la pena más aguda. ¿No fue acaso una profunda aflicción para Job que, cuando más necesitaba a su esposa como ayuda, ella se mostrara fría y se comportara como una extraña con él? (Job 2:9–10; 19:17).

El consejo de William Whately acerca de esta ayuda mutua en tiempos de adversidad es muy sobrio. Él escribió:

> La enfermedad y la debilidad ya son de por sí suficientemente pesadas; no hace falta añadir la falta de bondad, el desprecio o el resentimiento del esposo o de la esposa para hacer la carga aún más pesada. Esto es añadir adversidad a la adversidad y cargar aún más a quien ya se hunde

[4] Whately, *A Bride-Bush*, 66–67.

> bajo su peso; ¡una crueldad sumamente bárbara! Cuando el cuerpo desfallece, hacer que el corazón también desfallezca; cuando los miembros están débiles, llenar el alma de debilidad mediante acciones dolorosas provenientes de quien debería hacer exactamente lo contrario… esto es en verdad una especie de asesinato en alto grado. Es como la bondad de algunos hacia sus perros: Cuando están enfermos, les dan un golpe en la cabeza para matarlos y así librarlos de su dolor. Por tanto, que cada esposo o esposa evite o corrija este error y cuide su comportamiento hacia su compañero de yugo, especialmente en tiempos de debilidad, tristeza y enfermedad.[5]

Este consejo puede parecernos una exageración. Pero los comentarios de Whately parecen muy acertados cuando consideramos lo que el apóstol dice en 1 Juan 3:14–18 acerca del amor por los hermanos:

> Nosotros sabemos que hemos pasado de muerte a vida porque amamos a los hermanos. El que no ama permanece en muerte. Todo el que aborrece a su hermano es un asesino, y ustedes saben que ningún asesino tiene vida eterna permanente en él. En esto conocemos el amor: en que El puso Su vida por nosotros. También nosotros debemos poner nuestras vidas por los hermanos. Pero el que tiene bienes de este mundo, y ve a su hermano en necesidad y cierra su corazón contra él, ¿cómo puede morar el amor de Dios en él? Hijos, no amemos de palabra ni de lengua, sino de hecho y en verdad.

Si debemos amarnos de hecho y en verdad y así demostrar que el amor y la compasión de Dios habitan en nosotros, entonces que nuestro amor y cuidado sean la medicina, y nosotros mismos los médicos, en los tiempos de tristeza y enfermedad de nuestro cónyuge.

Ambrose relató lo que llamó "un modelo sumamente memorable y notable" de esta ayuda mutua en tiempos de adversidad:

---

5 Whately, *A Bride-Bush*, 68–69.

> Una joven, tierna y hermosa doncella fue unida en matrimonio… con un hombre avanzado en años, a quien después de casarse descubrió que tenía un cuerpo muy enfermo y repugnante, lleno de muchas enfermedades detestables y contagiosas. Sin embargo, considerando que por la providencia de Dios ella había llegado a ser su esposa, soportó todo con increíble paciencia. Sus amigos y médicos le aconsejaban que de ningún modo se acercara a él, y por su parte lo abandonaron por completo; pero ella (despreciando con amorosa firmeza tales consejos crueles) llegó a ser para él, en lugar de ellos, amiga, médico, enfermera, madre, hermana, hija, sierva, todo, cualquier cosa que pudiera hacerle bien de cualquier manera. Finalmente, debido a los extraordinarios gastos que hizo por él, llegó a carecer de algunas cosas necesarias, por lo que vendió su anillo, sus cadenas, sus mejores vestidos, su vajilla y sus joyas más preciadas. Y cuando él murió y sus amigos se acercaron a ella más para felicitarla por haberse librado de él que para lamentar su viudez, no solo aborreció toda conversación de ese tipo, sino que declaró que, si fuera posible, con gusto redimiría la vida de su esposo.[6]

De aquí se desprende, escribió Isaac Ambrose, "que esta digna mujer estaba casada con el alma de su esposo y no con su cuerpo, pues ninguna enfermedad ni deformidad pudo enfriar ni debilitar el fervor de su amor".[7]

En segundo lugar, cada cónyuge debe cuidar el nombre y la reputación del otro, tanto en su corazón como en lo que dice a los demás. En su corazón, todo matrimonio debe cultivar una buena opinión el uno del otro, creyendo en la fidelidad, honestidad, pureza, confiabilidad,

---

[6] Ambrose, *Works*, 236. Steele, *Puritan Sermons*, 2:292, se refirió a la misma historia en su sermón sobre los deberes conyugales y proporcionó varios detalles que no mencionó Ambrose. La historia fue narrada originalmente por el humanista español Joannes Ludovicus Vives. La mujer se llamaba Clara Cerventa y su marido, Valdaura. El tierno y amoroso cuidado que Clara prodigó a su languideciente marido duró "diez largos años". Véase Juan Luis Vives, *De Institutione Feminae Christianae, Liber Secundus et Liber Tertius*, ed. C. Fantazzi and C. Matheeussen, trans. C. Fantazzi, Selected Works of J. L. Vives VII (Leiden: Brill, 1998), 43–47.

[7] Ambrose, *Works*, 236.

lealtad y amor del otro. Si no debe aceptarse una acusación contra un anciano de la iglesia sin el testimonio de dos o tres testigos (1 Ti. 5:19), entonces con mayor razón no debe creerse un mal informe contra el propio cónyuge con menos evidencia. Más bien, si escuchan un rumor falso contra alguno de ellos, deben esforzarse juntos por vivir rectamente y con buena conciencia delante de Dios y de los hombres (2 Co.1:12), en obediencia cristiana y virtud (Ef. 4:25, 28–29).[8]

Asimismo, para evitar ser heridos por rumores falsos o atrapados por los celos, deben procurar cultivar un amor que cubra multitud de pecados, que suavice los golpes y que dé la interpretación más favorable a cada circunstancia; de modo que cada uno espere lo mejor, crea lo mejor y no se incline fácilmente a aceptar acusaciones en contra. Pues así como el deber de ayudarse mutuamente brota del amor, también es cuidadosamente inclinado a creer lo mejor del otro mientras no haya pruebas en contrario (1 Co. 13:4–7). Un espíritu celoso es rápido para encontrar faltas, condenar, suponer y sospechar. Por lo tanto, este deber debe hacer que los esposos sean lentos para creer informes negativos el uno del otro y no den crédito a acusaciones sin fundamento. Un matrimonio debe defender el buen nombre del otro, tanto contra rumores externos como contra sospechas internas.

Si los celos entran en la relación, les será difícil evitar caer en tales ideas equivocadas sobre el otro y, como dijo William Whately, "dejarán de ser queridos el uno para el otro".[9] Whately aconsejaba:

> Además… de todas las cosas que pueden provocar disputas entre los esposos y sembrar discordia donde debería haber la mayor amistad y concordia, nada en el mundo es más perjudicial que los celos. Cuando fermentan en el corazón, vuelven las palabras ásperas y punzantes, el rostro agrio y sombrío, y toda la conducta dura y desagradable. De un corazón celoso no pueden salir buenas palabras, buenas miradas, buenos gestos ni buenas acciones, sino solo reproches, burlas,

---

[8] Gouge, 179–80.

[9] Whately, *A Bride-Bush*, 72.

> discusiones, injurias, arrebatos y toda clase de amargura... Esta mala hierba no debe permitirse crecer en el jardín del matrimonio; porque, si crece, ninguna buena planta prosperará, sino que invadirá todo lo digno de elogio y no permitirá que nada bueno florezca. Por tanto, todos los que se han unido por este pacto deben aborrecer cualquier pensamiento de impureza, infidelidad o malicia en su cónyuge... a menos que las pruebas sean tan claras y evidentes que no pueda hacerse ninguna interpretación favorable.[10]

Cuidar el nombre y la reputación del otro también ayuda a evitar que los demás piensen mal de él o de ella, lo cual implica dos cosas.[11] Primero, requiere que, en la medida de lo posible, el esposo y la esposa oculten las debilidades del otro de los ojos ajenos. Thomas Secker lo expresó así:

> ¿Quién pisotearía una joya porque cayó en el barro? ¿O tiraría un montón de trigo por un poco de paja? ¿O despreciaría una cuña de oro porque tiene algo de escoria? Estas rosas (es decir, las esposas) tienen algunas espinas. Ahora bien, los esposos deben extender un manto de caridad sobre las debilidades de sus esposas... Los esposos y las esposas deben estimularse mutuamente al amor; y deben amarse aun cuando haya motivos de provocación.[12]

Un esposo debe procurar que nadie conozca las faltas de su esposa salvo Dios y él mismo. Debe ser reacio a mencionarlas a cualquier otro que no sea Dios, pidiendo que ella sea perdonada y transformada. De la misma manera, una esposa debe esforzarse por guardar para sí las luchas y pecados de su esposo, tratándolos como asuntos de oración y no de chisme. Ninguno de los dos debería sorprenderse por los pecados del otro, porque cada uno conoce bien sus propios pecados. ¿Puede ser útil exponer las faltas en público y arrojarse barro el uno al otro? ¿Ayudará esto a que un esposo se reforme o a que una esposa se arrepienta? ¿Y qué

---

10 Whately, *A Bride-Bush*, 73–74.
11 Whately, *A Bride-Bush*, 76–81.
12 Secker, 263.

se manifiesta más en tal caso, las faltas del cónyuge o la crueldad, indiscreción, murmuración y necedad del chismoso? ¿Acaso no se comporta mejor el perro de la familia cuando ladra a los extraños pero no a los de la casa?[13]

Además, si hablar mal de un enemigo a sus espaldas ya es pecado, ¡cuánto más grave es hablar mal de un cónyuge a sus espaldas, quien es como nuestra propia carne! William Whately dijo:

> Oír a un esposo declamar extensamente contra su esposa, exagerando sus pecados como si nada le agradara más que marcar su frente con la negra señal de la infamia, es una muestra de tanto odio donde debería haber el mayor amor, y de tan amarga dureza donde la misma naturaleza exige la más tierna bondad, que difícilmente hay palabras que suenen más ásperas a los oídos de los hombres prudentes. Del mismo modo, que una mujer ande parloteando entre sus comadres acerca de qué esposo tan necio tiene… proclamando sus faltas como si temiera que no llegaran a ser conocidas por los demás… es una necedad y una falta de fidelidad sumamente molestas y detestables.[14]

El amor mutuo debe esforzarse por cubrir los pecados, así como las vendas cubren las llagas para que puedan sanar. George Swinnock dijo:

> Para procurar una vida tranquila, el esposo debe ser sordo y la esposa ciega. Ciertamente, el hombre no debe oír para ir a divulgarlo, ni la mujer ver para contarlo entre sus comadres, lo que esté mal en casa, si desean vivir en paz.[15]

Una ruptura entre marido y mujer está medio reconciliada cuando se mantiene dentro de casa, donde el amor y la oración pueden aplicarse

---

13 Whately, *A Bride-Bush*, 78.
14 Whately, *A Bride-Bush*, 77.
15 Swinnock, 1:476.

repetidamente; pero si se anuncia fuera, a oídos de otros, será como una llaga infectada que difícilmente puede sanar.[16]

Por tanto, la práctica común de publicar las faltas del otro debe desterrarse completamente del matrimonio; pues es un mal muy traicionero y se parece más al odio que se mostraría a un enemigo que al amor que exige el matrimonio. William Gouge preguntó:

> ¿Qué amor mutuo puede haber en tales personas? Aunque sus manos hayan sido unidas, ciertamente sus corazones nunca estuvieron unidos; de modo que habría sido mejor que nunca se hubieran conocido, a menos que el Señor después una sus corazones y acerque y afirme más firmemente sus afectos.[17]

En casos extremos, puede ser necesario confiar las faltas del cónyuge a un amigo cercano y de confianza, con el propósito de recibir oración y consejo sabio. Pero esto es muy diferente de publicar pequeñas debilidades o peculiaridades ante cualquier compañía, con el único fin de murmurar, quejarse o chismear. "Sepan, pues, y practiquen este deber, oh esposos y esposas", concluyó Whately, "no se escupan en el rostro unos a otros; no divulguen las faltas del otro, sino ocúltenlas, escóndanlas, entiérrenlas y cúbranlas tanto como la verdad y la justicia lo permitan".[18]

En segundo lugar, cuidar el nombre y la reputación del otro guardando sus secretos evitará que los demás piensen mal de ellos. Henry Scudder aconsejaba: "Deben estar tan unidos el uno al otro que puedan confiar mutuamente, encerrándose el uno en el pecho del otro, guardando los secretos de cada cual, sin publicar jamás las faltas o debilidades del otro. El verdadero amor puede y quiere *cubrir multitud de pecados*" (1 P. 4:8). "Deben tratar esas cosas como tratan las llagas de su propio cuerpo, nunca descubrirlas, sino solo cuando sea para poner sobre ellas una venda".[19] La esposa y el esposo deben tener la seguridad de que lo que

---

[16] Swinnock, 1:476.
[17] Gouge, 182.
[18] Whately, *A Bride-Bush*, 79–80.
[19] Scudder, 78–79.

han confiado el uno al otro está guardado de forma segura. Whately dijo que los cónyuges deben ser “buenos secretarios el uno del otro”,[20] fieles para mantener bajo llave —como joyas preciosas— aquello que han compartido entre sí.

De otro modo, ¿cómo podría un hombre confiar en su esposa o una esposa confiar en su esposo? ¿Y cómo no vivirían en conflicto si uno de los dos entrega esas “joyas” a extraños? ¿No se enojó Samson cuando los hombres obtuvieron su secreto por medio de su esposa (Jue. 14:18)? ¿Y no mostró Dalila la frialdad de su corazón cuando presionó a Sansón para que revelara el secreto de su fuerza y luego lo contó a sus enemigos (Jue. 16:16–21)? Por tanto, el esposo y la esposa deben confiarse mutuamente con apertura y honestidad, sabiendo que lo que se comparte entre ellos está seguro.

En tercer lugar, la ayuda mutua se extiende a la familia del matrimonio. Si Dios concede hijos a un matrimonio, no solo deben unirse para dar gracias al Señor, sino también para criarlos en la disciplina y amonestación del Señor (Ef. 6:4). Thomas Secker escribió: “Los hijos… son en la familia como pasajeros en una barca; el esposo y la esposa son como un par de remos que los conducen hacia el puerto deseado”.[21]

Su primer y más importante deber es asegurarse de que el Dios vivo sea adorado en su hogar, y orar para que el conocimiento y el temor de Dios y de Su Palabra sean plantados en el corazón de sus hijos. Ni el padre ni la madre pueden producir la salvación en el corazón de sus hijos (Jn. 3:5); solo Dios puede hacerlo. Pero Él espera que los padres usen los medios que Él ha establecido para cumplir los propósitos de Su elección (Sal. 78:5–8; Dt. 6:7–9). La adoración familiar es una responsabilidad mutua tanto del esposo como de la esposa. Deben trabajar juntos para edificar una familia piadosa, pues ello requiere toda su atención y una devoción unida.

Primero, deben hacerlo practicando regularmente deberes espirituales con sus hijos. Whately escribió:

---

20 Whately, *A Bride-Bush*, 81.

21 Secker, 260.

> Para este fin deben leer las Escrituras, invocar el nombre de Dios entre ellos [los hijos], y catequizarlos en los principios de la verdadera religión, para que ninguno bajo su techo sea ignorante de las verdades fundamentales de la piedad por falta de su cuidado en instruirlos.[22]

Es mejor que estas prácticas se realicen juntos como familia y bajo el liderazgo espiritual del esposo; pero en su ausencia la esposa debe dirigirlas (Est. 4:12–16). Para asegurarse de que tales ejercicios santos se realicen cada día, el esposo y la esposa deben trabajar juntos para darles alta prioridad, reservando tiempo para ellos tanto para la gloria de Dios como para el bienestar espiritual y eterno de la familia.

Robert Bolton ilustró así el establecimiento del reino de Cristo en el hogar:

> Así como las dos grandes luces del cielo gobiernan este gran mundo con su luz natural, así también el esposo y la esposa deben guiar el pequeño mundo de su familia con la luz espiritual del conocimiento y la discreción divinos. Cuando el sol está presente en nuestro firmamento, la luna, por una especie de reverencia natural hacia la fuente de toda su belleza y luz, velaba su esplendor y retiraba sus rayos. Pero cuando él se marcha al otro hemisferio, ella se muestra y brilla como una princesa entre las luces menores. Cuando el esposo está en casa, que la esposa, solo si es necesario, le sirva como un recuerdo amoroso, para mantener sus turnos y momentos de iluminar e informar a los corazones ignorantes, oscuros y terrenales de su pueblo. Pero en su ausencia, ella entra en acción, cuando sus gracias de conocimiento y oración deben manifestarse y brillar sobre ellos, para preservarlos de la frialdad y de esa terrible maldición que pende sobre la cabeza de aquellos que no conocen a Dios, y que sin duda caerá sobre aquellas familias que no invocan Su nombre (Jer. 10:25).[23]

---

22 Whately, *A Bride-Bush*, 89.
23 Bolton, 280–81.

Habrá muchas distracciones y tentaciones para descuidar la adoración familiar, por lo que el esposo y la esposa necesitarán animarse mutuamente a ser fieles. Por naturaleza tendemos a ser escasos en nuestro servicio hacia Dios; pero ¿acaso Él no ha sido abundante en bendiciones y provisión? Entonces nosotros también debemos abundar en adorarlo. ¿Deseamos hijos piadosos? Entonces debemos instruir constantemente a nuestros hijos en las cosas de Dios y consagrarnos a Él.

Además, debemos catequizar a nuestros hijos en la fe cristiana,[24] examinándolos después de oír los sermones para que den cuenta de lo que han aprendido, y exhortándolos a caminar en los caminos de Dios dentro de la familia (Gn. 18:19; Pr. 4:1–5; 1 R. 2:1–2). Pues, como observó William Whately:

> Esta es la fuente de la mayoría de los desórdenes en la mayoría de las familias: Donde no se teme a Dios, ¿qué puede abundar sino la profanidad y la impiedad en todo el hogar? Donde las personas no son enseñadas en el conocimiento y temor de Dios, ¿cómo habrían de conocerlo o temerlo? Donde estas gracias están ausentes, ¿qué puede hallarse sino rudeza, obstinación y falta de obediencia? Por tanto… que todos los esposos y esposas que temen a Dios sean de un mismo sentir en el Señor, y no dejen de establecer los ejercicios de la religión en sus casas.[25]

La adoración familiar también debe incluir la adoración pública semanal. El día de reposo cristiano debe ser recordado y santificado como el Día del Señor por toda la familia (Ex. 20:8). Esto requerirá la debida preparación el sábado, ordenando todos los asuntos seculares para que no invadan el día del Señor, y haciendo los preparativos necesarios para que sea un día de descanso de trabajos y actividades no esenciales (Ex.20:9–10). Puede ser necesario comprar los alimentos, lavar y doblar la ropa, planchar las prendas o llenar el tanque del automóvil. De ese modo, el

---

24 Tanto el Catecismo de Heidelberg como los Catecismos Mayor y Menor de Westminster son excelentes herramientas para este propósito.

25 Whately, *A Bride-Bush*, 93. Cf. Jer. 10:25.

Día del Señor podrá dedicarse enteramente a la adoración de Dios. En ese día, participen en las clases de educación cristiana que haya en la iglesia y asistan fielmente a ambos cultos de adoración, no solo para ayudar a su familia a santificar el día del Señor, sino también para enseñar a sus hijos a hacer lo mismo con las generaciones futuras (Sal. 78:5–7).

En resumen, todo matrimonio debe trabajar unido para que la verdadera religión sea establecida y florezca en su hogar, de modo que tengan una iglesia en su casa (Ro. 16:5; Sal. 101:2). Pues es mejor no tener familia alguna que tener una que no esté dedicada a Dios y que, por tanto, sea criada en el servicio del pecado y con el único fin de los placeres, logros y aplausos de esta vida. Thomas Secker dijo: "Miren que estas flores no crezcan en el jardín del diablo. Aunque las traigan al mundo en corrupción, no las críen para condenación… Mientras estas ramitas están verdes y tiernas, deben ser inclinadas hacia Dios".[26]

En segundo lugar, el esposo y la esposa deben ayudarse mutuamente en el gobierno de su hogar. Henry Scudder escribió: "Deben ayudarse mutuamente en supervisar, guiar, gobernar y ordenar bien los asuntos de su familia".[27] Richard Baxter aconseja:

> Quienes tienen un interés común y son una sola carne deben tener una parte conjunta en el gobierno, aunque su autoridad no sea igual y uno pueda supervisar ciertos asuntos y el otro otros. Sin embargo, en sus respectivos lugares deben dividir el cuidado y ayudarse mutuamente.[28]

Mediante el esfuerzo fiel en la oración y el uso adecuado de la disciplina bíblica, deben trabajar juntos para fomentar la piedad y reprimir el pecado en la conducta de sus hijos, especialmente en sus primeras manifestaciones (Ef. 6:4; Job 11:14).

Que este deber corresponde tanto al esposo como a la esposa es claro en la Escritura. En Proverbios 31:27 la mujer virtuosa es elogiada por vigilar la marcha de su casa; en 1 Timoteo 5:14 se instruye a las viudas

[26] Secker, 259–60.
[27] Scudder, 80.
[28] Baxter, 148.

jóvenes a cuidar su casa. En 1 Samuel 3:13 Dios juzga la casa de Elí porque no reprimió la maldad de sus hijos; mientras que en Génesis 18:19 Dios elogia a Abraham, quien "mandará a sus hijos y a su casa después de él que guarden el camino del SEÑOR, haciendo justicia y juicio". Así pues, para disfrutar del favor de Dios como Abraham, el esposo y la esposa deben instruir a sus hijos en justicia y refrenarlos de la maldad. El Señor promete que, si lo hacen, su labor no será en vano, porque Él la bendecirá edificando su hogar (Job 8:6; 22:23).

William Gouge afirmó:

> El esposo y la esposa pueden ayudarse mucho mutuamente y, mediante su ayuda mutua en el gobierno, traer mucho bien a la familia. El esposo que ayuda a su esposa añade mucha autoridad a ella, de modo que no sea despreciada ni tenida en poco. Y la esposa, por su ayuda, hace que muchas cosas sean advertidas y corregidas que de otro modo quizá nunca se habrían descubierto; pues dos ojos ven más que uno, especialmente cuando uno de ellos está más cerca y presente, como lo está la esposa en la casa.[29]

Finalmente, la ayuda mutua se extiende a los bienes del matrimonio. Deben trabajar juntos para aumentar y cuidar su patrimonio y posesiones. Gouge escribió:

> Vemos que es necesario, sí, un deber obligado, que el esposo y la esposa, aun por consideración mutua, sean tan prudentes como puedan con buena conciencia al obtener, conservar y administrar bienes y riquezas suficientes para el bien mutuo de ambos.[30]

En muchos matrimonios, la mayoría de las cosas son "suyas" o "de ella", y muy pocas son "nuestras". Pero Dios creó a la mujer y la trajo al hombre (Gn. 2:22) para ser su ayuda idónea, lo cual implica que él también debe ser ayuda para ella, pues ambos han sido dados el uno al otro. En un

---

[29] Gouge, 186.
[30] Gouge, 182.

matrimonio donde gran parte de la vida, el trabajo, el dinero y la visión están divididos entre los cónyuges, el propósito mismo de la ayuda mutua se frustra. Un matrimonio así apenas se diferencia de vivir juntos como compañeros de cuarto.

Para honrar a Dios en el matrimonio y disfrutar de la bendición que Él concede a un matrimonio fiel, debería haber una casa, una cama, una mesa, una bolsa y un patrimonio. Todas las cosas deberían ser comunes. Si un hombre y una mujer unen sus corazones en matrimonio, ¿no deberían también unir sus manos y sus bienes en la vida matrimonial? ¿No podrán lograr más, avanzar más lejos y tener mayor éxito en sus esfuerzos cuando trabajan juntos con el doble de manos, el doble de ojos, el doble de oídos y el doble de mentes, moviéndose hacia el mismo fin? George Swinnock escribió:

> Los esposos y las esposas deben ser como dos remeros en una barca, que reman y trabajan juntos desde sus respectivos lados para obtener, con la bendición de Dios, un sustento honesto y cómodo. Son una pareja lamentable aquellos que, como un par de cartas, están mucho juntos, pero solo para jugar y no para trabajar. Una pareja cristiana, como las dos manos, debe trabajar para sostener la cabeza y el cuerpo, y no, como huesos quebrados, permanecer tendidos en el lecho de la ociosidad.[31]

William Whately afirmó que el cuidado mutuo de los bienes del matrimonio exige tres cosas del esposo, en las cuales debe ser ayudado por su esposa: Trabajo, ahorro y previsión; o, como él lo expresó, "diligencia en adquirir, prudencia en ahorrar y previsión para anticipar. Estas conforman la virtud de una buena administración del hogar; y si falta alguna de ellas, tanto falta de su perfección, y tanto faltará de su bienestar y prosperidad".[32]

Ahora bien, si la esposa trabaja algunas horas fuera del hogar es un asunto que requiere mucha oración, examen de las Escrituras y consejo

---

[31] Swinnock, 1:475.

[32] Whately, *A Bride-Bush*, 83–84.

piadoso. Pero tanto el esposo como la esposa deben entregarse a su trabajo con toda diligencia y fidelidad, colaborando para adquirir y mantener aquello que necesitan para vivir honradamente delante del Señor. Puede ser que el trabajo de él esté principalmente fuera del hogar y el de ella dentro de él; que el de él sea mayormente en el exterior mientras que el de ella esté centrado en la casa; que el suyo se concentre más en proveer y el de ella más en administrar. Pero el principio sigue siendo el mismo: Deben unir sus esfuerzos, llevar juntos el yugo y ser compañeros en esta tarea.

De igual manera, deben ayudarse mutuamente a ahorrar el dinero que puedan, tanto para su vejez como para los gastos imprevistos que naturalmente surgen en la vida familiar. Deben vivir dentro de sus posibilidades, practicando la prudencia y guardándose de la extravagancia y el lujo. El ahorro les permitirá mostrar misericordia y hospitalidad a los necesitados y al cuerpo de Cristo, como el Señor prescribe en Efesios 4:28 (cf. 2 Co. 9:11–12; 1 Jn. 3:16–18). Pero ¿cómo podrían hacerlo si la esposa desperdicia lo que entra en la casa o el esposo lo malgasta antes de traerlo? ¿No derrumbaría esto la misma casa que desean edificar? Por lo tanto, deben abstenerse de gastos innecesarios o pecaminosos, y usar su dinero de tal manera que puedan disfrutar de un patrimonio saludable durante toda su vida y dar buena cuenta al Señor como quienes comparten con los necesitados.

Finalmente, deben planificar juntos para las necesidades futuras, prevenir pérdidas innecesarias y soportar fielmente todas las pruebas. Deben unir sus pensamientos y oraciones para prepararse para tiempos en que la provisión pueda ser escasa o cuando llegue alguna calamidad. Nadie puede prever tales cosas excepto el Señor, pero la prudencia nos enseña a anticipar tales posibilidades.

Para concluir, recordemos el aspecto espiritual de la ayuda mutua. Así como la ayuda mutua es un deber de los matrimonios *delante* del Señor, también es una obra que debe realizarse *para* el Señor, es decir, con la mirada puesta en Su gloria y dependiendo plenamente de Su gracia. Richard Baxter expresó bien este punto:

> Otro deber de los esposos y las esposas es ayudarse mutuamente en sus asuntos y bienes temporales... no con fines mundanos ni con una mentalidad mundana, sino en obediencia a Dios, quien quiere que trabajen, así como oren, por su pan de cada día, y ha determinado que con el sudor de su frente comerán su pan y que en seis días trabajarán y harán todo lo que tengan que hacer, y que el que no quiera trabajar tampoco debe comer. (1 Ti. 5:8; Gn. 3:19; Ex. 20:9; 1 Ts. 3:10). El cuidado de los asuntos familiares recae sobre ambos, y ninguno debe desentenderse de él ni vivir en la ociosidad.[33]

¡Y qué consuelo debería ser para todo matrimonio saber que si hacen su trabajo como para el Señor (Col. 3:23), podrán apoyarse en Él para recibir ayuda en su labor (1 Co. 15:58) y confiar en que Él les concederá sus más ricas bendiciones por causa de Cristo (Sal. 84:11; 127:1)!

Que, por tanto, todo matrimonio procure abundar en el deber de la ayuda mutua en las cosas temporales: En lo que concierne a sus cuerpos, su nombre y reputación, su familia y sus bienes.

Los Medios para Cumplir con Este Deber

Para ser una ayuda el uno para el otro, los esposos deben guardarse del egoísmo. En sus votos matrimoniales, tanto el esposo como la esposa prometen amarse, cuidarse, sustentarse y velar el uno por el otro, poniendo al otro en primer lugar. El egoísmo obstaculizará esta ayuda mutua más que cualquier otra cosa.

Según el apóstol Pablo, el matrimonio implica entregarse al otro y constituye la esencia de la negación de uno mismo (1 Co. 7:4). Por eso el esposo debe amar a su esposa como a su propio cuerpo (Ef. 5:28) y la esposa debe someterse a su esposo como al Señor (Ef. 5:22–23). La negación de uno mismo es necesaria en el matrimonio, especialmente en lo referente a la ayuda mutua, en la cual ambos unen sus intereses con

---

[33] Baxter, 147.

mente, corazón y manos, sirviéndose el uno al otro en amor por causa de Cristo. Que oren, pues, por un espíritu de abnegación, un corazón de siervo y una comprensión más profunda del deber de la ayuda mutua.

La Ayuda Mutua en Asuntos Espirituales

La ayuda mutua también es un deber en los asuntos espirituales. Los esposos deben ser de la mayor ayuda posible el uno para el otro en promover la salvación y el crecimiento en la gracia del otro. William Gouge dijo que lo mejor que pueden hacer el uno por el otro es "ser un medio para impulsar su salvación".[34] George Swinnock afirmó que el deber mutuo de ayudarse "debe manifestarse principalmente en su cuidado por la mejor parte del otro",[35] es decir, su alma. Richard Baxter aconsejó que, aunque los esposos deben ayudarse fielmente en todos los asuntos temporales, deben ser "especialmente ayudadores de la salvación del otro".[36] Asimismo, Isaac Ambrose llamó a esta ayuda mutua en asuntos espirituales "esa *única cosa necesaria*, sin la cual la familia no es más que un seminario de Satanás y una escuela para el infierno".[37]

Establecer el reino de Cristo en el hogar debe ser una preocupación común de ambos. Richard Steele dijo:

> Porque ¿qué sabes tú, mujer, si salvarás a tu esposo? ¿O qué sabes tú, esposo, si salvarás a tu mujer? Es como si Pablo dijera: 'Este debe ser su principal propósito; y si lo alcanzan, aunque sea con dificultad, ¡lo habrán logrado!'.[38]

---

[34] Gouge, 172.
[35] Swinnock, 1:479.
[36] Baxter, *Works*, 4:234.
[37] Ambrose, 236.
[38] Steele, *Puritan Sermons*, 2:278–79.

La mayor bendición es cuando quien más promueve y anima tu caminar con Cristo es tu propio cónyuge, con quien compartes todas las alegrías y pruebas de la vida que Dios ordena para tu crecimiento en la gracia.

El deber de ayudarse en los asuntos espirituales se fundamenta en el amor espiritual que el esposo y la esposa deben tener el uno por el otro. El amor espiritual busca un fin espiritual para el otro. Un amor que proviene de Dios buscará, por encima de todo, ayudar al cónyuge a vivir más cerca de Dios. Tal amor valora el alma por encima del cuerpo, la piedad por encima de la conveniencia, y la belleza interior de la santidad por encima de la belleza exterior. Este amor hace todo lo posible por el bienestar espiritual del cónyuge. El amor matrimonial no se basa principalmente en cosas como el afecto, la belleza o las riquezas, sino en que Dios manda al esposo amar a su esposa (Ef. 5:25) y a la esposa amar a su esposo (Tit. 2:4).

Si su amor matrimonial es *espiritual* —teniendo la mirada puesta en Dios, descansando en Su voluntad para el matrimonio, sometiéndose a Su autoridad y resolviendo obedecerle— entonces su unión será duradera, firme y de gran ayuda para el bienestar espiritual y eterno del otro. Ese amor se esforzará más por ver sus almas libres del dominio del pecado y de la ira de Dios que por ver sus cuerpos libres de pobreza, enfermedad o muerte. En realidad, tal amor los llevará a ser muy cuidadosos en prepararse para la eternidad sin fin que sigue a su breve matrimonio.

Consideremos algunos pensamientos de Baxter.[39] Primero, sería inexplicable amar al cónyuge y, sin embargo, descuidar su alma. El alma es la posesión más preciosa de una persona (Mc. 8:36–37), y por lo tanto debería ser la mayor preocupación en todas nuestras relaciones. ¿No es esto aún más cierto en el matrimonio, donde dos han llegado a ser una sola carne? Entre todas las personas, los esposos tienen la mayor razón para procurar el bienestar del alma del otro. Si el amor matrimonial no incluye este asunto tan importante, ¿no vale muy poco? ¿Puedes amar el cuerpo de tu esposo y no preocuparte por su alma? ¿Puedes amar a tu

---

[39] Baxter, 138–40.

esposa y dejarla en la oscuridad de la incredulidad? Si ella estuviera en dolor o sufrimiento físico, ¿qué no harías para aliviarla? ¿Y no harías nada para librarla de la miseria eterna y ayudarla a caminar hacia el cielo? Como dijo Baxter: "Nunca digas que los amas si no te esfuerzas por su salvación… No merece el nombre de amor si puede dejar un alma en miseria eterna".[40]

¿Qué se puede decir de quienes no hacen nada para promover la salvación de su cónyuge y, a veces, incluso hacen muchas cosas para estorbarla (Gn. 3:6; 1 R. 11:4; Job 2:9; Hch. 5:2)? Baxter dijo:

> Si tu amor hacia tu esposa o esposo no apunta a algo mayor que los placeres de esta vida mientras el alma perece en el pecado, considera seriamente cuán poca bondad les muestras, poco más que la que muestra el diablo… El diablo mismo apenas hace más contra la salvación de las almas que los esposos impíos hacen el uno contra el otro.[41]

Steele escribió: "Si puedes permitir que el otro se condene, ¿dónde está tu amor?".[42]

Segundo, tampoco cumplirás el propósito del matrimonio si no ayudas al alma de tu cónyuge. La Escritura manda que los esposos vivan juntos como coherederos de la gracia de la vida (1 P. 3:7). En particular, el esposo debe amar a su esposa para presentarla al Señor sin mancha ni arruga (Ef. 5:25–27). Si solo atiendes las necesidades del cuerpo del otro, ¿en qué te diferencias de las bestias del campo o de las aves del cielo? Si tu mayor preocupación es preparar tu propia alma para la eternidad, esa misma preocupación debería extenderse a quien amas como a tu propia carne.

Considera también cuán doloroso será encontrarse el uno con el otro en el día del juicio habiendo descuidado ayudarse mutuamente a acercarse a Dios. Como dijo Baxter, ¡qué terrible será escuchar acusaciones como estas:

---

40 Baxter, 138–39.

41 Baxter, 138–39.

42 Steele, *Puritan Sermons*, 2:279.

> ¡Oh, esposo cruel! ¡Oh, esposa despiadada y engañosa! Dios te mandó advertirme de mi pecado y de mi miseria, y no dejarme descansar en ellos, sino instruirme y suplicarme hasta que regresara a Dios por medio de Cristo para escapar de este lugar de tormento. Pero nunca me hablaste de Dios ni de mi salvación, excepto tal vez en broma. Si la casa hubiera estado en llamas, habrías sido más diligente en apagar el fuego que en salvar mi alma del infierno. Nunca me hablaste de la miseria de un estado natural y no regenerado. Tampoco me hablaste de la gran necesidad del nuevo nacimiento y de una vida santa. Más bien, mañana y noche tus conversaciones trataban solo del mundo y de las cosas del mundo. No tuvimos ni una palabra seria sobre la salvación. Nunca me hablaste de este día, ni oraste conmigo, ni me leíste la Escritura ni buenos libros. Nunca te esforzaste por instruirme, ni por humillar mi corazón endurecido, ni por atraerme al amor de Dios y a la santidad por la fe en Cristo. No me guiaste con un buen ejemplo; más bien me condujiste con un mal ejemplo, con una vida impía, carnal y mundana. No cuidaste de tu alma ni de la mía; ni yo de la tuya ni de la mía. ¡Y ahora justamente somos condenados juntos porque no quisimos vivir juntos en santidad!.[43]

Por tanto, ¡que los esposos decidan sin demora vivir juntos como herederos del cielo y animarse mutuamente hacia la salvación!

Un esposo y una esposa están más cerca el uno del otro que cualquier otra persona, por lo que tienen la mayor oportunidad de persuadirse e influirse mutuamente en todos los asuntos de la vida. Esta ventaja se usa mejor cuando procuran ayudarse en lo que concierne a la salvación. Lo hacen de dos maneras principales: Advirtiéndose mutuamente contra el pecado y estimulándose a la fe, el amor y la obediencia en toda buena obra.

En primer lugar, como esposos, inevitablemente ven los pecados del otro. El amor debería impulsarlos a esforzarse por persuadir al otro a arrepentirse de esos pecados. Si desean ser fieles en este deber mutuo,

[43] Baxter, 140. Cita abreviada.

"debe haber un cuidado mutuo entre el esposo y la esposa, tanto para prevenir el pecado antes de que se cometa como para corregirlo después de cometido".[44] Aunque esto corresponde igualmente al esposo, Edward Reyner dijo: "La esposa debería ser una *segunda conciencia* para su esposo, una *consejera íntima* que le diga en privado sus faltas para que las corrija".[45]

Deben observar la "dieta, temperamento y constitución" del alma del otro hasta descubrir en qué pecados está atrapado o hacia cuáles es más propenso. Y una vez identificados, dijo William Whately, deben:

> Abstenerse diligentemente de todo aquello que pueda provocarlos al mal y convertirse en ocasión de que se excedan. Además, deben aplicar todos los medios para debilitar y enervar tales corrupciones, y contener su desbordamiento, para que no lleguen a ningún extremo si ya han comenzado a ofender en algún grado.[46]

De manera similar, Henry Smith dijo: "Es necesario aprender la naturaleza del otro, sus afectos y sus debilidades, porque deben ser *ayudadores*; y no pueden ayudar si no conocen la enfermedad".[47]

En otras palabras, el matrimonio no debe provocar neciamente las debilidades del otro, sino unirse para cortar toda ocasión de tentación y adoptar, siempre que sea posible, palabras y acciones que sanen y mitiguen el pecado. Por ejemplo: Si el esposo es propenso a la ira, la esposa debe procurar evitar todo aquello que pueda provocarla y contrarrestarla con bondad y paciencia; o si la esposa es propensa al temor, el esposo debe hacer cuanto pueda para prevenirlo y fortalecer su fe en la providencia de Dios. De esta manera deben ser centinelas el uno del otro (Ez. 3:17), Aarón y Hur el uno para el otro en la batalla (Ex. 17:12), y estímulos mutuos al arrepentimiento y la reforma (Heb. 10:24). Porque si el pecado se ignora en el matrimonio, ahogará la gracia del

---

44 Gouge, 173.
45 Reyner, 27.
46 Whately, *A Bride-Bush*, 64.
47 Smith, 1.23. Énfasis añadido.

Espíritu (Gl. 5:17) y la apagará tan rápidamente como el agua apaga el fuego; y sin arrepentimiento traerá los castigos de Dios sobre ambos.

William Gouge escribió:

> Si un esposo viera a su esposa, o una esposa a su esposo, acostado en el fuego o en el agua, a punto de quemarse o ahogarse, y no le prestara su mejor ayuda para sacarlo, ¿no podría justamente pensarse que lo odia? Pero el pecado es como el fuego y el agua, que quemarán y ahogarán a los hombres en la perdición.[48]

Si un esposo está contento de dejar a su esposa dormir en su pecado y guarda silencio al respecto, ¿no es esto una actitud fría y llena de odio? ¿No traiciona esto los votos matrimoniales y añade pecado sobre pecado? Por tanto, todo esposo y toda esposa deben guardarse de fallar en este deber al que el Señor los ha llamado. Whately dijo:

> ¡Ay de tales esposos o esposas! Poca ayuda ofrecen a sus compañeros de matrimonio, y miserables ayudadores son; y Dios un día les pedirá cuentas por haber hecho tan poco bien donde Él los designó para hacer todo el bien, y tanto daño donde Él los designó para no hacer daño alguno.[49]

Corregir el pecado del otro puede ser muy difícil, por lo que debe hacerse con gran cuidado. Por ejemplo: Si el pecado es la ira, ¿cómo corregirlo sin provocarla? Si es el orgullo, ¿cómo señalarlo sin sufrir sus golpes? Si es la incredulidad, ¿cómo removerla eficazmente? Considérese, por tanto, el siguiente consejo: Escoge el *mejor momento* para tratar el asunto. Debe elegirse un tiempo en que el cónyuge parezca más sensible bajo la obra preparatoria del Espíritu y, por lo tanto, más receptivo al consejo. Usa palabras que broten de la humildad y del reconocimiento de las propias debilidades, quizá incluso en el mismo ámbito. *Precede* la

---

48 Gouge, 175.

49 Whately, *A Bride-Bush*, 66.

reprensión con afirmación y ánimo positivos siempre que sea posible. Del mismo modo, *concluye* la reprensión reafirmando —si es posible— que el cónyuge tenía buenas intenciones y motivos, y que su intención era hacer las cosas bien. Sobre todo, se debe orar a Dios pidiendo sabiduría para ver correctamente las debilidades del cónyuge (pues no debes ignorar la viga que hay en tu propio ojo), hablarle con amor, y ayudar fielmente a remediarlas. Como dijo Edward Reyner: "Feliz es aquel matrimonio al que Dios hace… médicos espirituales el uno para el otro".[50]

Si los esfuerzos parecen inútiles y el cónyuge se endurece ante la reprensión, debe buscarse la ayuda de amigos sabios y de confianza, e incluso de los líderes de la iglesia. Si tu esposo estuviera enfermo y no pudieras curarlo, llamarías a un médico y le pedirías medicina o incluso una operación. De la misma manera, al tratar el pecado del cónyuge debe buscarse la ayuda de personas espirituales antes de que la situación empeore (Gl. 6:1–2). Mientras tanto, se debe esperar y orar, confiando el asunto a Dios, el único Médico del alma, quien puede en su tiempo poner todas las cosas en orden. Además, debes recordar que has cumplido tu deber delante de Dios, y puedes disfrutar el consuelo de haber sido fiel a Dios y a tu cónyuge, cualquiera que sea el resultado.[51]

En segundo lugar, el matrimonio debe esforzarse por estimularse mutuamente a la piedad. Deben ser como aguijones y espuelas espirituales, exhortándose con súplicas tiernas y ejemplo ferviente para sacar del otro buenas obras y deberes espirituales. Deben animarse mutuamente en la adoración fiel de Dios en público, en privado y en familia. Deben comportarse como peregrinos y viajeros, caminando de la mano hacia la Ciudad Celestial, con ese compromiso y amor que solo pueden tener un esposo y una esposa.

Por ejemplo: Si la esposa ve que su esposo es negligente en la generosidad, debe recordarle la excelencia de esta virtud cristiana, la gran recompensa prometida al dador alegre y el ejemplo del Salvador que dio

---

[50] Reyner, 27.
[51] Whately, *A Bride-Bush*, 64–65.

todo; del mismo modo si el esposo ve que su esposa es poco dada a la hospitalidad, debe animarla recordándole que Cristo recibe tal servicio como hecho a Él mismo y ayudándole a preparar la casa para recibir huéspedes como a limpiar después.

En resumen, escribió Reyner, deben procurar "ser como Zacarías y Elisabet, ambos eran justos delante de Dios, y se conducían intachablemente en todos los mandamientos y preceptos del Señor" (Lc. 1:6); como Abraham y Sarah, ambos creyentes; como Elcana y Ana, ambos verdaderos adoradores de Dios; como Aquila y Priscila, ambos colaboradores en la obra de Cristo (Ro. 16:3–4). "Tales compañeros piadosos hacen honorable el matrimonio mismo; y vivirán y morirán con gloria".[52]

Los esposos también deben hacer todo lo posible para aumentar las gracias que ven en el otro. Somos propensos a enfriarnos y retroceder espiritualmente, por lo que el fuego de la gracia debe avivarse continuamente. Según Gouge, los cónyuges pueden ayudarse en esto de varias maneras: Primero reconociendo incluso el inicio más pequeño de la gracia y procurando avivarlo hasta que se manifieste de forma más intensa. Segundo conversando frecuentemente sobre cómo crecer en la gracia y las formas concretas en que pueden hacerlo. Tercero, dándose ejemplo mutuo de piedad. Cuarto, practicando fielmente ejercicios espirituales que fomentan el crecimiento en el hogar, como: Orar, cantar salmos, leer y memorizar las Escrituras, meditar en la Palabra, escuchar sermones y leer buena literatura cristiana. Aunque el esposo debe tomar la iniciativa, la esposa debe recordarle y animarlo a hacerlo (2 R. 4:9–10). Finalmente, deben estimularse mutuamente a ir a la casa de Dios, escuchar la predicación, participar en la Cena del Señor y participar conscientemente en todas las partes de la adoración pública.[53]

Richard Steele escribió:

52 Reyner, 28.
53 Gouge, 175.

> Su tarea es edificarse mutuamente en su santísima fe, en sabiduría y santidad. Para ello deben vigilar cuidadosamente el uno al otro, para que ninguno caiga en tentación; estudiar las disposiciones del otro, considerar sus peligros, observar el enfriamiento del celo y la piedad, para aplicar pronto remedios; y 'exhortarse cada día, para que ninguno sea endurecido por el engaño del pecado' (Heb. 3:13). Sus conversaciones deberían tratar con frecuencia de Dios y de su estado eterno; y deberían aprovechar la analogía entre Cristo y Su iglesia y el matrimonio para su consuelo y dirección. En resumen, en toda su conducta deben mostrar claramente que van juntos en busca de una patria.[54]

Los Medios para Preservar Este Deber

Richard Baxter ofreció las siguientes instrucciones para que esposos y esposas puedan disfrutar de esta gran bendición.[55] Aunque algunas se repiten de lo dicho anteriormente, aquí se explican con mayor detalle y se presentan dentro del contexto de aquellas prácticas que sirven como poderosos y eficaces estímulos para el crecimiento mutuo en la gracia.

1. Si quieren ayudar el alma del otro, deben asegurarse primero de cuidar la suya y de mantener una profunda y viva conciencia de esas grandes y eternas realidades de las que hablarán con otros. ¿Cómo pueden cuidar correctamente el alma de su cónyuge si descuidan la suya? ¿Cómo pueden esforzarse por el bienestar espiritual de otro cuando no lo hacen por el propio? ¿Cómo pueden hablar con seriedad de asuntos que desconocen? Baxter escribió:

> Primero procuren sentir profundamente aquello de lo que desean hablar provechosamente, y asegúrense de ser aquello que exhortan a otro a ser; que todo su consejo se perciba como procedente del fondo de su corazón y que hablen de cosas que conocen bien por experiencia.[56]

---

[54] Steele, *Puritan Sermons*, 2:279.
[55] Baxter, 140–46.
[56] Baxter, 141.

2. Hablen entre ustedes de Dios y de su salvación. No dejen que sus negocios mundanos sean todo el tema de sus conversaciones. Que Dios y sus almas tengan lo primero y lo último, y lo más libre y dulce de sus palabras, aunque no necesariamente la mayor cantidad. Cuando hayan hablado suficiente de los asuntos cotidianos, déjenlos a un lado y hablen juntos del estado de sus almas ante Dios y de su esperanza del cielo, como quienes consideran estas cosas su principal ocupación en el mundo.

3. Cuando uno de ustedes esté hablando seriamente de las cosas de Dios, el otro debe procurar no apagar esa conversación. Más bien debe avivarla, contribuyendo a ella y haciendo preguntas. Se apagará mediante un silencio indiferente, respuestas desagradables, discusiones argumentativas, interrupciones o palabras que distraigan.

4. Deben vigilar el corazón y la vida del otro para discernir el estado espiritual de cada uno, la fortaleza o debilidad de sus pecados y gracias, sus faltas y caídas. De esta manera podrán ayudarse mejor mutuamente. No se puede curar una enfermedad desconocida ni aplicar medicina a una herida que no se ha visto.

5. Elógiense mutuamente, pero no se adulen por un amor necio. Al mismo tiempo no se exasperen con reprensiones apasionadas o despreciativas. No estén tan cegados por el afecto que no puedan ver ninguna falta, ni sean tan críticos que sus reprensiones resulten insoportables.

6. Sigan amándose y no se desprecien. Sin amor despreciarán los consejos del otro, rechazarán sus reprensiones y serán incapaces de recibir instrucción.

7. No desalienten la instrucción o la reprensión tomándola de mala manera, ni respondiendo con rudeza o terquedad. Una persona se desanima fácilmente cuando recibe ingratitud, respuestas ásperas o la impresión de que su esfuerzo es inútil. Por tanto, deben estar siempre dispuestos a ser corregidos, especialmente por su cónyuge, quien te conoce y observa más que cualquier otra persona.

8. Comprométanse mutuamente a leer libros espiritualmente edificantes, y especialmente la Palabra de Dios. Escuchen juntos la predicación de la Palabra y participen en conversaciones provechosas con personas piadosas.

9. No escondan el estado de su alma ni oculten sus faltas el uno al otro. Son una sola carne, y por tanto deben procurar tener un mismo corazón. Así como es peligroso que una persona ignore sus propias necesidades espirituales, también es perjudicial que un esposo o una esposa desconozcan las necesidades del otro.

10. En la medida de lo posible, eviten diferencias de opinión en asuntos religiosos, para que no sean tentados a despreciar o subestimar la ayuda espiritual que podrían recibir el uno del otro.

11. Si surgen diferencias, trátenlas con santidad, humildad, amor y paz. No con orgullo, egoísmo o contienda. Remitan el asunto a la Palabra de Dios como árbitro divino y procuren juntos la gloria de Dios y el cumplimiento de Su voluntad. Hasta que se alcance una resolución, esfuércense en superarse mutuamente en humildad y no nieguen el amor que se deben.

12. No sean ciegamente indulgentes con las faltas del otro, ni excesivamente severos en su evaluación. De lo contrario, Satanás podría tentarlos a enfriar su afecto mutuo. Baxter dijo:

> No hacer caso de las faltas de aquellos a quienes amas es amarlos neciamente, para su propio daño, y demuestra que no los amas por sus virtudes. Pero exagerar demasiado las faltas del otro es ayudar al tentador a apagar su amor y apartar sus corazones el uno del otro.[57]

13. Si estás casado con un incrédulo, sigue amándolo por causa del matrimonio. Aunque no puedas amarle como cristiano, puedes amarlo como tu esposo o esposa, lo cual estás obligado a hacer (1 Co. 7:12–13). Las faltas del cónyuge no te liberan de tus deberes hacia él o ella.

---

[57] Baxter, 145.

14. Únanse en oración frecuente. La oración conduce la mente a la sobriedad y afecta el corazón con la conciencia de la presencia y majestad de Dios. Oren también el uno por el otro en secreto, para que Dios haga en el corazón del otro la obra que más desean ver realizada.

15. Ayúdense mutuamente viviendo una vida ejemplar. Hagan ustedes mismos lo que esperan del otro: Destacad en mansedumbre, humildad, caridad, diligencia, abnegación y paciencia tanto como puedan. Baxter dijo:

> Una vida de verdadera santidad, espiritualidad, abnegación, mansedumbre, amor y mortificación es un poderoso sermón que, si lo predicas constantemente delante de aquellos que viven cerca de ti, difícilmente dejará de producir buen efecto. Las obras son más claras y persuasivas que las palabras por sí solas.[58]

Esforzarse por la Paz y la Felicidad

El último deber mutuo del matrimonio es esforzarse por la paz y la felicidad en el hogar y evitar las ocasiones de enojo y discordia (cf. Ef. 4:3). O, como lo expresó Richard Baxter: "Eviten toda disensión, soporten las debilidades del otro que no pueden curar; apacigüen, y no provoquen, las pasiones desordenadas; y, en las cosas lícitas, procuren agradarse mutuamente".[59]

Deben procurar la paz por las siguientes razones. Primero, el esposo y la esposa están unidos por una relación tan estrecha que la paz es absolutamente necesaria. La división y la discordia son insoportables en el matrimonio. Permitir que la ira separe al esposo y a la esposa es permitir que "una sola carne" esté en guerra consigo misma.

Segundo, debido a ese vínculo tan cercano, la discordia se derramará sobre todos los demás deberes —tanto en el trabajo como en el descanso— hasta que sea reparada.

---

[58] Baxter, 146.
[59] Baxter, *Works*, 4:234.

Tercero, la disensión enfriará el amor entre ambos; y si se deja crecer, terminarán atormentados por el mismo vínculo matrimonial que los une a alguien con quien ya no desean estar. Baxter escribió:

> La diferencia entre mi corazón y mi prisión es que en uno habito voluntariamente y con deleite, pero en la otra estoy confinado contra mi voluntad; así será la diferencia entre una vida tranquila y una vida inquieta en su estado matrimonial. Ello convierte tu morada y deleite en una prisión, donde quedan encadenados a calamidades que, en una condición libre, podrían evitar.[60]

Cuarto, la discordia incapacita a los esposos para la adoración de Dios y para la ayuda espiritual que se deben mutuamente en el camino al cielo. No pueden cumplir correctamente sus deberes mientras alimenten ira y odio en su interior.

Quinto, la disensión les impide gobernar correctamente su familia. Sus hijos imitarán su ejemplo y estarán en conflicto entre sí, o harán simplemente lo que quieran sin respetar a sus padres. Además, rehusarán aceptar la reprensión de sus padres cuando vean que ellos mismos cometen faltas semejantes.

Por último, las disensiones los exponen a la malicia de Satanás y a muchas tentaciones. Baxter advirtió: "No pueden prever la gran cantidad de pecados a los que se exponen".[61] William Gouge concluyó: "Las personas que están en discordia estarían mucho mejor fuera de la vista y del lugar unas de otras que juntas. Pero el esposo y la esposa no pueden estar fuera de la vista ni del lugar; por tanto, deben estar en paz".[62]

Esforzarse por la paz y la felicidad implica un esfuerzo general por agradar al otro. Según William Whately, este "agradar" es "una disposición de la voluntad y un deseo sincero del corazón de procurar toda satisfacción y contentamiento al otro, en todo lo que sea posible, sin

---

60 Baxter, 134.
61 Baxter, 135.
62 Gouge, 165.

pecar contra Dios".[63] Si el esposo y la esposa cumplen diligentemente este deber (Lo que 1 Co. 7:33–34 recomienda), experimentarán una gran cosecha de bendiciones para toda la familia. Ningún bien ni felicidad puede disfrutar una pareja que vive como enemigos en el campo mientras comparte la misma casa y el mismo lecho. Whately aconsejó: "Después de agradar a Dios, hagan de su principal negocio agradarse el uno al otro".[64]

Por ejemplo, en su vestimenta, comportamiento, conversación, hábitos, aficiones e incluso en la elección de compañía, el esposo debe tener presentes los deseos de su esposa y procurar agradarla. Debe negarse a sí mismo, contrariar sus propios deseos, dejar de lado sus propios intereses, y poner los de su esposa antes que los suyos. Tan pronto como descubra que algo que hace, dice o usa le desagrada, debe esforzarse por cambiarlo y considerar la felicidad y la sonrisa de su esposa más valiosas que aquello que sacrifica por ella.

De la misma manera, la esposa, en su vestido, cocina, conversación y todos sus deberes, debe estar siempre atenta a aquello que la hace querida para su esposo y que despierta su amor al ver cuán cuidadosamente atiende a sus deseos. Sea lo que sea —aunque a veces parezca irrazonable o caprichoso— debe evitar toda murmuración o queja y procurar hacer lo que él desea siempre que no implique pecado. Debe recordar que cuanto más difícil sea hacerlo, más digno de elogio será y más agradará al Señor, quien finalmente recompensará esa actitud con gracia.[65]

Este esfuerzo mutuo por agradarse producirá dos resultados. Primero, será fácil para el esposo satisfecho agradar a su esposa, y para la esposa feliz esforzarse con gusto por hacer feliz a su esposo. Segundo, ambos se volverán cada vez más hacia el otro, gozándose en dar y recibir satisfacción mediante la felicidad del otro. ¡Cuán eficazmente se evitará

---

63 Whately, *A Bride-Bush*, 54.
64 Whately, *A Bride-Bush*, 59.
65 Whately, *A Bride-Bush*, 58.

entonces la discordia! Y si llega a surgir, ¡cuán rápidamente será reparada!

Henry Scudder escribió que debería existir entre ellos una especie de competencia "sobre quién comenzará primero a mostrarse alegre, amable y bondadoso con el otro, para que la ruptura sea evitada, o si existe, sea reparada entre ustedes. La esposa debe comenzar por deber; el esposo por sabiduría. Y cuando uno lo haga, que el otro no se atreva a rechazarlo, sino que lo reciba amorosa y prontamente".[66] Edward Reyner dijo que hay gran bendición en aquel matrimonio "donde la mayor contienda entre el esposo y la esposa es quién amará más al otro y quién procurará agradarlo mejor".[67]

Algunos podrían objetar que este consejo no funciona en su situación porque tienen cónyuges imposibles de agradar. Pero deben recordar que, aunque nadie puede obligar a otra persona a sentirse satisfecha con sus acciones, sí está en su poder hacer todo lo posible para que sus acciones sean agradables. Y cuanto más perciba que la otra persona se resiste, más debe esforzarse (Ro. 12:14–21). Esa resistencia debe motivarnos a orar más por nuestro cónyuge y trabajar aún más para agradarle.

Whately escribió:

> El esposo que tiene una esposa perversa, o la esposa que tiene un esposo perverso, debe ser más diligente en procurar darle contentamiento… y no abandonar descuidadamente el esfuerzo diciendo que son tan difíciles y obstinados que nada puede agradarles. En verdad, es una tarea laboriosa, pero también es una tarea posible.[68]

Y si después de todos tus esfuerzos tu cónyuge rehúsa sentirse satisfecho, anímate recordando que "si no puedes agradar a tu cónyuge como deseas (porque interpretará mal tus acciones y siempre las tomará en el peor

---

[66] Scudder, 86–87.
[67] Reyner, 30.
[68] Whately, *A Bride-Bush*, 56.

sentido), no dejarás de agradar a Dios, quien, pasando por alto tus faltas, siempre las tomará en el mejor sentido".[69]

Los Medios para Cumplir con Este Deber

No puede haber paz con Dios cuando el esposo y la esposa no procuran agradarse mutuamente y así cultivar y mantener la paz entre ellos.[70] Este es un deber al que Dios llama tanto al esposo como a la esposa. Que ningún esposo se excuse alegando que la esposa está llamada a someterse a él (Ef. 5:22), porque su llamado a amar a su esposa como Cristo ama a Su iglesia (Ef. 5:25) lo obliga a negarse a sí mismo, humillarse y agradar a su esposa, buscando que ella sea agradable a Dios. Un esposo así tendrá una esposa que se deleita en agradar a su esposo.

Para ello, el esposo y la esposa deben ser pacientes el uno con el otro. Nada es más intolerable —dijo Richard Steele— que una guerra civil dentro del hogar.[71] De ella no puede venir ningún bien; al contrario, todo queda arruinado y desperdiciado, y se impide que el bien llegue a fructificar. La Escritura dice: "Cada uno sea pronto para oír, tardo para hablar, tardo para la ira; pues la ira del hombre no obra la justicia de Dios" (Stg. 1:19–20). La paciencia es un fruto del Espíritu (Gl. 5:22). El ejercicio de esta gracia ayudará al esposo y a la esposa a soportar las debilidades del otro, como Cristo los soporta con paciencia, sostenerse mutuamente en las pruebas que les sobrevienen, evitar culparse mutuamente y esperar en el Señor el crecimiento en gracia por el cual oran.

Edward Reyner aconsejó que los esposos recuerden y practiquen esta regla: Nunca estén airados los dos al mismo tiempo. "El uno debe soportar la obstinación o la pasión del otro, y por un tiempo ceder".[72] Este es el camino para vencer y apagar la ira en el cónyuge y luego amarse mejor, cuando uno, al ceder, conquista el corazón del otro. Pero si ambos

---

69 Whately, *A Bride-Bush*, 57.
70 Whately, *A Bride-Bush*, 57.
71 Steele, *Puritan Sermons*, 2:278.
72 Reyner, 29.

se aíran al mismo tiempo y dejan volar palabras hirientes, estarán añadiendo combustible al fuego, lo cual "disolverá el pegamento del afecto que los hacía unirse, y los separará, haciendo de uno, dos".[73]

Steele aconsejó que los esposos se aparten por un tiempo el uno del otro hasta que la ira se enfríe y que *guarden* silencio para *preservar* la paz.[74] Deben recordar que ambos son hijos pecadores de Adán, y por lo tanto deben esperar debilidades, imperfecciones y provocaciones.[75] Deben considerar el mayor honor ser los primeros en dar pasos hacia la paz y no permitir que las pasiones airadas se levanten. Además, ¿qué consuelo puede haber cuando un hombre pelea con su esposa, que es su propia carne, o cuando una mujer discute con su esposo, que es su propia cabeza? ¿No sería mejor soportar una ofensa menor de parte del cónyuge que provocar una mayor respondiendo con represalia? Es mejor ceder el uno al otro que dar al diablo una oportunidad entre ellos.[76]

El esposo y la esposa deben comprender que la ira entre ellos puede producir grandes males. Como escribió Robert Bolton: "Bien pueden volverse ridículos para sus siervos, proverbio para sus vecinos, tema de conversación para el país, perturbadores de su propia casa y como un goteo continuo el uno para el otro; pero nunca ganarán nada con su mutua precipitación, pasiones e impaciencia".[77]

Por lo tanto, aprovechen todas las ocasiones para evitar la ira entre ustedes. Primero, mantengan su amor en constante fervor, porque un amor vivo suprime la ira. No pueden airarse fácilmente contra alguien a quien aman profundamente.

Segundo, tanto el esposo como la esposa deben mortificar su orgullo y pedir a Dios un espíritu manso y apacible. Un corazón orgulloso se ofende fácilmente por cualquier palabra o acción que lo contradiga. Richard Baxter escribió: "Una vez que obtengan la victoria sobre ustedes

---

[73] Reyner, 29.
[74] Steele, *Puritan Sermons,* 2:278.
[75] Bolton, 268.
[76] Steele, *Puritan Sermons,* 2:278.
[77] Bolton, 269.

mismos y curen su propia impaciencia, fácilmente mantendrá la paz entre ustedes".[78]

Tercero, recuerden que ambos son personas enfermas llenas de debilidades; por tanto, esperen ver los frutos de esas debilidades el uno en el otro. ¿Sabían que se casaron con un pecador cuyos pecados te traerán pruebas diarias? Si no podían soportarlos, no debieron casarse; y si resolvieron soportarlos, están obligados a hacerlo.

Cuarto, recuerden que son una sola carne; por lo tanto, no se enojen más con su cónyuge por sus faltas de lo que se enojarían con ustedes mismos. Más bien muestren la misma compasión y ternura que se mostrarían a ustedes mismos.

Quinto, acuerden de antemano que cuando uno de ustedes pierda el dominio propio, el otro lo soportará con paciencia hasta que pase la tormenta. Están llamados a ayudarse y sanarse mutuamente; por tanto, si uno está bajo un acceso de ira, el otro no debe agravarlo.

Sexto, recuerden que deben vivir juntos hasta la muerte y ser compañeros de matrimonio todos sus días. Por eso es absurdo atormentarse mutuamente.

Séptimo, en la medida de lo posible, eviten las ocasiones de enojo por cosas que no pueden cambiar.

Octavo, si no pueden apagar su ira, al menos refrenen su lengua, para no pronunciar palabras de las que luego se arrepientan. El silencio restaurará la paz más pronto.

Noveno, el cónyuge que esté calmado debe procurar hablar palabras sobrias y sabias que calmen la tormenta y restauren la razón y la sumisión al Señor.

Por último, cuando la ira haya prevalecido entre ustedes, confiesen sus faltas el uno al otro. Pídanse perdón mutuamente y únanse en oración a Dios para recibir perdón y gracia para no volver a comportarse de manera tan pecaminosa.

---

[78] Baxter, 135.

Preguntas de Estudio

1. ¿Cómo enriquece el matrimonio un esfuerzo consciente y constante de ayudarse mutuamente?

2. ¿Por qué la ayuda paciente en tiempos de debilidad, enfermedad o necesidad es una demostración tan poderosa de amor?

3. ¿Cómo deben los esposos proteger la reputación del otro y resistir acusaciones falsas? ¿Cómo protege esto el matrimonio?

4. William Secker dijo: "¿Quién pisotearía una joya porque ha caído en el barro?" ¿Qué nos enseña esto sobre cómo debemos considerar las debilidades de nuestro cónyuge?

5. ¿Cómo pueden el esposo y la esposa ayudarse mutuamente a administrar su hogar y sus bienes?

6. Lea Marcos 8:36-37. ¿Por qué la ayuda espiritual mutua es la ayuda más importante de todas?

7. ¿Por qué los cónyuges tienen una oportunidad única para influirse espiritualmente?

8. De los quince medios para ser ayuda espiritual mutua, ¿cuál crees que deberías practicar con mayor fidelidad? ¿Cómo comenzarás?

9. William Whately dijo: "Después de agradar a Dios, hagan de su principal negocio agradarse el uno al otro". ¿Es correcto esto? ¿Por qué sí o por qué no?

10. ¿Cómo resumirías las maneras de evitar que la ira estalle en tu hogar?

§7. LOS DEBERES DE LA ESPOSA EN EL MATRIMONIO

Los puritanos dividían los deberes del matrimonio en tres categorías: Los deberes mutuos del esposo y la esposa, los deberes propios del esposo, y los deberes propios de la esposa. Habiendo tratado los deberes mutuos en los capítulos anteriores, ahora abordaremos los deberes que corresponden respectivamente a la esposa y al esposo.

Según Efesios 5:22 y Génesis 2:18, la esposa está llamada a someterse a su esposo y a ser su ayuda. Por lo tanto, la *sumisión* y la *ayuda* son sus deberes fundamentales y básicos, los deberes que pertenecen a su papel dado por Dios. Estos dos deberes son mandados por Dios para toda esposa. Negarse a entregarse a ellos es rebelarse, no solamente contra el esposo, sino contra el Dios del matrimonio.

La sumisión y la ayuda son tan intrínsecas al papel de la esposa que, cualquiera que sea el resto de sus cualidades —ya sea inteligente, rica, respetable, hermosa, hábil en el hogar, etc.— si no es ni sumisa ni servicial hacia su esposo, todo lo demás es en vano y ella está fallando en cumplir sus votos matrimoniales. Como escribió Richard Steele: "Puede tener toda la sabiduría, el conocimiento y la gracia; pero si no reverencia a su esposo, no puede ser una buena esposa".[1]

Sea lo que sea lo demás que se requiera de una esposa, si ella procura delante de Dios —quien misericordiosamente concede lo que manda (Ez. 36:26–27; Fil. 2:13)— someterse a su esposo en el Señor y ser su ayuda

[1] Steele, *Puritan Sermons*, 2:290.

tanto en lo temporal como en lo espiritual, entonces todo lo demás caerá en su lugar; todo otro deber que fluye de estos dos será cumplido. Steele escribió:

> Este principio debe primero fijarse en su corazón... que no es conforme ni a la naturaleza ni a la decencia poner la cabeza por debajo, o no más arriba, que la costilla. Y cuando ella esté resuelta en esto, entonces cumplirá su deber con mucho gozo y facilidad. Un Dios sabio lo ha ordenado así; por lo tanto, es lo mejor.[2]

Por lo tanto, por difíciles que puedan parecer estos dos deberes fundamentales, y por contrarios que sean a su naturaleza pecaminosa, si ella primero se somete a Cristo como su Señor y Esposo celestial, y aprende a contentarse con Su voluntad para ella —confiando en Su sabiduría y en Sus caminos— entonces se encontrará sometiéndose con gozo y libertad a su esposo en el Señor y sirviéndole en todo lo que pueda como su ayuda. De hecho, hasta que no haga lo primero, no podrá hacer lo segundo de una manera aceptable al Señor. Puesto que sus deberes matrimoniales han sido prescritos *por Dios* y son, por tanto, parte de su obediencia *a Él*, debe aprender primero a someterse y obedecer a Dios antes de poder someterse y obedecer a su esposo.[3]

Thomas Manton dijo: "La mujer debe primero sujetarse a Cristo, y por amor a Él sujetarse a su esposo".[4] Este orden es necesario porque cuando una mujer se entrega primero al Señor, su corazón puede ser purificado del egoísmo y del orgullo —que son las semillas de la rebelión— y así quedar preparado y dispuesto para el deber de someterse a su esposo como al Señor. De otro modo, si su sumisión exterior al esposo comienza antes de su sumisión interior a Cristo, desaparecerá como la luz de una lámpara por falta de aceite.[5]

---

2 Steele, *Puritan Sermons*, 2:291.
3 den Ouden, 71–72.
4 Manton, 19:438.
5 Rogers, 239.

De los dos deberes de la esposa, la ayuda ya ha sido tratada ampliamente en el capítulo anterior. Por lo tanto, dirigiremos nuestra atención en el resto de este capítulo al deber de la sumisión.

La sumisión que se requiere de la esposa es rechazada por muchos en nuestros días. Sin embargo, la mayoría de las veces lo que rechazan es una caricatura, y no el deber bíblico. Muchos imaginan que la Biblia — y por tanto el cristianismo— exige de la esposa un servicio servil o esclavizante; pero eso no es lo que la Biblia quiere decir cuando habla de que la esposa se someta a su esposo. Aunque Dios ha investido al esposo con señorío y autoridad que no ha dado a la esposa, no se trata de "una autoridad tiránica… para usarlas como esclavas o sirvientas; sino como amigas y compañeras en todo el estado del matrimonio".[6]

La sumisión de la esposa al esposo es bien definida por Thomas Gataker como: "El cumplimiento fiel y cuidadoso, constante y concienzudo, de aquellos deberes que brotan y fluyen del reconocimiento interior de la superioridad de autoridad y posición que Dios ha dado al esposo con respecto a la esposa".[7] Estos deberes a los que Gataker se refería pueden reducirse a cuatro clases: Reverencia, obediencia, asistencia y modestia. Examinemos cada uno de ellos.

Reverencia (Respeto Profundo y Sincero del Corazón)

Richard Steele llamó a la reverencia "el gran deber" de toda esposa, el deber que la distingue y la señala, porque es su cualidad propia como esposa y la que la caracteriza como una *buena* esposa.[8] Que este sea su deber particular puede establecerse desde el comienzo mismo de su creación. Eva fue hecha *después* de Adán (1 Ti. 2:13), fue hecha *del* hombre (1 Co. 11:8), y fue hecha *para* el hombre (Gn. 2:18). Todo esto muestra que, según el propio designio de Dios, la esposa debe reverenciar

6 *The New Whole Duty of Man*, 221.
7 Gataker, 190.
8 Steele, *Puritan Sermons*, 2:290.

y estimar a su esposo como su cabeza. Esta reverencia es el reconocimiento por parte de la esposa del orden establecido por Dios en la creación y de Su designación del esposo como su cabeza. Para comprender bien este deber, consideremos su naturaleza y su modelo.[9]

Primero, en cuanto a la *naturaleza* de este deber, Steele lo describió como una reverencia verdadera, cordial y conyugal, compuesta de honra, amor y respeto. La esposa debe *honrar* a su esposo, teniendo su persona y todo lo relacionado con él en la más alta estima, simplemente porque no hay nadie más querido para ella que él. Seguramente lo estimó cuando consintió en casarse con él, y por tanto debe seguir haciéndolo. Si por cualquier motivo se encuentra incapaz de honrar su persona, entonces debe honrar su *posición* sobre ella, pues su posición no fluctúa aunque su carácter pueda hacerlo.

Richard Baxter dio el mismo consejo: "No se comporten hacia ellos con irreverencia y desprecio… Si el valor de su persona no exige honor, su posición sí lo exige".[10] Sea lo que sea el esposo en sí mismo y cualquiera que sea la opinión que otros tengan de él, si la esposa lo reverencia correctamente, entonces para ella él es lo que los puritanos llamaban un *sin-igual*, es decir, una persona singular y única, alguien incomparable en excelencia, porque es su esposo. John Hopkins dijo: "Debe mirarlo como aquella persona a quien Dios, de entre los innumerables millones de la humanidad, ha escogido particularmente para ella; y como aquel a quien Él vio más apto y mejor para ser su cabeza y su guía".[11]

La reverencia de la esposa hacia su esposo también incluye amor. Ya hemos visto que, aunque el amor es el deber fundamental y resumido del esposo, también se exige de la esposa (Tit. 2:4). Debe amarlo tan completa y enteramente que dejará a su padre y a su madre y la casa de su padre para unirse a él como a su cabeza. Debe amarlo con sinceridad

[9] Steele, *Puritan Sermons*, 2:291–99. Steele también se refirió al *efecto* de la reverencia, que consiste en la obediencia tanto en palabras como en hechos; pero, siguiendo el esquema de Gataker, dejaremos este tema para la siguiente sección.

[10] Baxter, 156.

[11] Hopkins, 1:423.

de corazón y profundo afecto, de tal manera que ese amor produzca en su corazón la reverencia adecuada hacia él. Una simple inclinación afectuosa no basta; tampoco basta enamorarse de su apariencia o de su fuerza. Si ha de reverenciar a su esposo, debe amarlo real, profunda y verdaderamente. Por eso Baxter aconsejaba a las esposas: "Sean especialmente amorosas con sus esposos. Su naturaleza les da ventaja en esto, y el amor alimenta al amor".[12] La esposa que no ama a su esposo encontrará cada parte de su deber pesada y dolorosa. Solo un amor genuino hacia él endulzará sus deberes, haciendo más aceptable y agradable reverenciarlo como su esposo.

Como tercer componente de la reverencia de la esposa hacia su esposo, ella debe *temerlo* o *respetarlo* (1 P. 3:2). Esta parte del deber de la esposa suena, para muchos, como un tono demasiado agudo y desagradable al oído; pero esta reacción dice más acerca de nuestros corazones pecaminosos que acerca del deber mismo. El temor al que Dios llama a la esposa no es un temor servil o esclavizante, lo cual sería incompatible con el amor, sino más bien un temor libre y generoso. Es, como dijo Thomas Gataker, "un temor que brota del amor y está unido al amor; que consiste en el deseo de hacer todo lo que pueda agradar al esposo y darle contentamiento, y en el cuidado de evitar todo aquello que pueda desagradarle o causarle descontento".[13]

Cuando una esposa teme a su esposo en este sentido, procura por todos los medios agradarle, incluso si eso significa desagradar a todo el mundo (1 Co. 7:34). Por el deseo de su corazón de agradarle, se esfuerza por ganarse su cariño, tanto en sus palabras como en su vestimenta, su comportamiento y su actitud general, para mostrarse como una esposa sumamente amable y encantadora. Por tanto, una esposa que busca agradarse solo a sí misma y no le importa si su esposo está complacido o no, o que deliberadamente elige caminos contrarios a su voluntad, desagrada al Señor y provoca al Señor, quien manda que se rinda

---

12 Baxter, 155.

13 Gataker, 191.

reverencia y respeto al esposo como parte de la reverencia y el respeto debidos a Él mismo.

En segundo lugar, el *modelo* del deber de la esposa es someterse a su esposo como la iglesia se somete a Cristo y como el cuerpo se somete a la cabeza (Ef. 5:22–24). Para que su sumisión siga el modelo de la sumisión de la iglesia, se requieren dos cosas. Primero, debe someterse a él "en todo" (v. 24). Tanto en asuntos grandes como pequeños, si no hay nada ilícito o pecaminoso en lo que él pide, ella debe acceder. Segundo, debe someterse libremente, voluntariamente, constantemente y con alegría. Su sumisión a la voluntad de su esposo debe realizarse con tal disposición que parezca que hay entre ambos un solo corazón, una sola voluntad y un solo interés. George Swinnock dijo que su respeto o temor:

> Debe ser como el de la iglesia hacia Cristo, un reconocimiento de su superioridad sobre ella, una indisposición a desagradarle en cualquier cosa, y un temor de ofenderle. Cuando el entendimiento consiente en la autoridad del esposo, la voluntad resuelve reconocerla en todas sus acciones, y el corazón teme negarla, entonces puede decirse que ella le teme, y no antes.[14]

De otro modo, como observó Steele:

> Un espíritu contradictorio y murmurador es muy impropio de una esposa piadosa y siempre deja una espina en el corazón del esposo y un sentimiento de culpa en el de ella; porque generalmente es señal de orgullo y vanidad no mortificados… Si el gobierno del esposo es demasiado pesado, aun así es mejor que él responda por su severidad, que tú respondas por tu desprecio.[15]

Así como el cuerpo no le enseña a la cabeza por dónde ir, sino que se somete a la sabiduría de la cabeza, así también la esposa no debe dirigir a su esposo, sino seguir su liderazgo. Steele comentó con ironía: "Es

---

[14] Swinnock, 1:505.

[15] Steele, *Puritan Sermons*, 2:293–94.

absurdo que la cabeza vaya por un camino y la costilla por otro".[16] Lejos de sufrir pérdida al seguirle, este es precisamente el medio por el cual gana la simpatía y la dirección de su esposo y se hace cada vez más querida para él. Su reverencia hacia él hará brotar su amor más que cualquier otra cosa. "En verdad, no hay mejor medio para aumentar el amor del esposo que la reverencia de la esposa; y solo *eso* hará que *este deber* sea dulce y fácil".[17]

Obediencia

La obediencia forma parte de la sumisión de la esposa que honra a Dios hacia su esposo. Esto queda claro en el ejemplo de Sara citado en 1 Pedro 3:4–6, donde el apóstol exhorta a las mujeres cristianas a adornarse con "un espíritu tierno y sereno... [como] obedeció Sara a Abraham, llamándolo señor". Asimismo, en Tito 2, el apóstol Pablo encarga a un joven pastor que enseñe a los creyentes a vivir conforme a la sana doctrina (v. 1), instruyendo a las mujeres jóvenes a estar "sujetas a sus maridos" (v. 5). De modo que, lejos de ser un yugo que deba sacudirse o una trampa que deba evitarse, la obediencia reverente de la esposa a su esposo es un adorno para su hermosura delante de Dios y la manifestación de la doctrina de Dios floreciendo en su matrimonio.

Si ha de ser aceptable a Dios, la obediencia de la esposa debe manifestarse tanto en palabras como en hechos. Puesto que la boca habla de la abundancia del corazón (Mt. 12:34), si ella reverencia a su esposo en su corazón, esto se manifestará en su forma de hablar. Ella debe referirse a él con respeto (1 P. 3:6) y debe hablar de él ante otros con respeto (Cnt. 5:16). Debe guardarse de ser contenciosa o desagradable, recordando que el Señor oye y que dará cuenta de sus palabras (Mt. 12:36). Como se ha dicho: "Ninguna mujer gana honra por tener la última palabra".[18] De este modo podrá ganar el corazón de su esposo —si es que

[16] Steele, *Puritan Sermons*, 2:294.
[17] Steele, *Puritan Sermons*, 2:292.
[18] Steele, *Puritan Sermons*, 2:295.

puede ganarse— (1 P. 3:1) y también recibir honra del Señor por la belleza incorruptible de un espíritu tierno y sereno (1 P. 3:4–5). Por eso George Swinnock dijo: "Una esposa reverente puede quizá hacer un esposo piadoso. La cabeza puede beneficiarse mucho del buen temperamento del cuerpo. El temor en ella puede ser instrumento para obrar fe en él".[19]

La esposa muestra su reverencia en sus acciones obedeciendo a su esposo en todas las cosas lícitas y que armonicen con la autoridad mayor del Señor sobre ella (1 P. 3:6; Ef. 5:24). Richard Steele lo expresó así:

> Si él le manda hacer algo que es pecaminoso según la ley de Dios (como decir una mentira, dar falso testimonio o algo semejante), ella debe rechazarlo con modestia y firmeza. Si le prohíbe hacer algo que por mandato de Dios es un deber indispensable para ella (como orar, leer la Escritura o santificar el día del Señor), entonces debe 'obedecer a Dios antes que a los hombres' (Hch. 4:19–20). Pero en todos los demás casos, aunque ella pueda persuadirle respetuosamente, si él insiste, su obediencia será su mejor sacrificio, y su disposición a ceder será el medio para hacer más llevadero su yugo.[20]

La obediencia de la esposa debe realizarse "*como* al Señor". Ella obedece a su esposo con el propósito no solo de agradarle a él, sino también de agradar al Señor, porque reconoce la autoridad del Señor reflejada en la autoridad de su esposo, incluso cuando la única razón para hacer algo es que a él le agrada. "Entonces se verá que, aunque no haya necesidad en lo que él pide, sí hay necesidad de que ella lo haga"[21] si desea agradar al Señor.

La reverencia de la esposa también debe manifestarse en su disposición a someterse al consejo y a la corrección de su esposo. En la Escritura vemos que las mujeres piadosas se sometían al consejo de sus esposos. Cuando la mujer sunamita quiso hacer una habitación para

---

19 Swinnock, 1:505.
20 Steele, *Puritan Sermons*, 2:296.
21 Hopkins, 1:422.

Eliseo en su casa, consultó con su esposo (2 R. 4:9–10). Ya que sea en su forma de vestir, su comportamiento, las compañías que frecuenta o la administración del hogar, la esposa debe mirar a su esposo como su guía, para honrar su posición y agradar su persona, y así mostrarse hija de "las santas mujeres" de antaño (1 P. 3:5–6).

Que todo esposo tome aquí nota de su gran deber de ser guía y consejero de su esposa. Si tu esposa debe *someterse* a tu consejo como al del Señor, entonces tú debes estar preparado para darle el consejo del Señor. Debes gobernarte a ti mismo —como ejemplo para tu esposa— y gobernar tu casa por la Palabra de Dios. Por ello debes aprender a buscar la voluntad del Señor y a discernir entre lo bueno y lo malo (Ro. 12:2). Debes saber consultar a Dios en oración y discernir Su voluntad en la Escritura (2 Ti. 3:16–17) si esperas ser fiel en tu liderazgo y animar a tu esposa a ser fiel en su sumisión y obediencia.

A su obediencia al consejo de su esposo, la esposa debe añadir obediencia a sus reprensiones. Esta será probablemente su tarea más difícil y una medicina amarga para la carne, especialmente si alberga un espíritu orgulloso o contencioso; pero debe recibir sus reprensiones con amor y gratitud.[22] Debe considerar que, así como nadie está tan cerca de ella como su esposo, nadie está más capacitado ni más obligado a hablarle acerca de sus pecados. Además, puesto que ambos son una sola carne, los pecados de ella afectan a la relación misma y traen dolor a ambos. De igual modo, cuando cualquiera de los dos se arrepiente de sus pecados y los abandona, esto trae sanidad y gozo para ambos. Si ella lo reverencia como debe y cree que él la reprende por amor, deseando su crecimiento en santidad, entonces podrá aceptar la corrección y, con la bendición de Dios, producir arrepentimiento.[23]

El consejo de Thomas Gataker es muy útil. Según él, la esposa debe estar:

---

22 Steele, *Puritan Sermons*, 2:298.

23 Steele, *Puritan Sermons*, 2:298.

> Dispuesta a reformar y corregir aquello en lo que su esposo la amoneste como incorrecto; no pronta a responder con aspereza ni a devolver palabra airada por palabra airada; ni a mostrarse malhumorada o resentida durante largo tiempo, como si quisiera cansarlo de amonestarla. Debe escuchar con mansedumbre y atender con humildad, recordando que cuando el esposo amonesta, Dios amonesta en él; y al escucharle, escucha a Dios en él. Por el contrario, si lo desprecia, desprecia a Dios y a la ordenanza de Dios en él. Incluso si el esposo llegara a reprocharle sin causa —como aun los mejores y más sabios a veces pueden hacerlo— será propio de una mujer prudente y discreta soportarlo con paciencia antes que responder con palabras desagradables o impropias, recordando que *es propio de una disposición noble reconocer a veces una falta aun donde no la hay, no mediante mentira o disimulo (lo cual sería ilícito)*, sino mediante paciencia y tolerancia, estando tan dispuesta a corregir lo hecho como si realmente hubiera sido hecho de manera incorrecta.[24]

Esto no significa, añade Gataker, que la esposa no pueda en ocasiones aconsejar o corregir a su esposo.[25] Pero la esposa sabia y sumisa procurará hacerlo de tal manera que busque hacerle "bien y no mal todos los días de su vida" (Pr. 31:12). Cuando deba reprenderlo, debe hacerlo en el momento oportuno y con tal respeto amoroso hacia su persona y su posición que él lo reciba como algo que procede de su corazón y no simplemente de sus labios, como un remedio más que como una ofensa, y como la acción de alguien que busca su bien y no usurpar su lugar.

Asimismo, su consejo debe ir acompañado de una disposición tan evidente a seguir su liderazgo y permitirle decidir el asunto, de modo que él recibirá con gusto su idea, cuando vea que es buena, y la confirmará con su autoridad y aprobación como el mejor curso de acción. Por eso Swinnock dijo:

---

24 Gataker, 191–92.
25 Gataker, 192.

> Si una mujer responde a su esposo, debe hacerlo con modestia; si desea aconsejarle, debe hacerlo con suavidad; y si le amonesta, con mucha humildad. Si habla de él, debe hacerlo con respeto; si habla con él, debe hacerlo con reverencia.[26]

Aunque este deber de obediencia pueda parecer difícil —y ciertamente lo será en ocasiones para la carne—, la esposa que obedece a su esposo *como al* Señor, y *por* amor al Señor, obtendrá favor de Dios, consuelo para su alma, amor de su esposo y buen testimonio ante los demás. Por lo tanto, querida esposa, procura no considerar tanto lo que tu esposo merece, sino lo que Dios requiere de ti hacia tu esposo. Si no hubiera nadie sobre ti sino tu esposo, podrías quizá desestimar su gobierno cuando no te agradara; pero el Señor está sobre ti, y Su gobierno sobre ti se ejerce a través de tu esposo y en él. Tu obediencia no depende de lo que tu esposo merezca en sí mismo ni de si cumple o no su deber hacia ti. Esas cosas deben dejarse, en oración, al Señor. Tu deber tiene que cumplirse como al Señor, para el Señor y por conciencia de la autoridad de Jesucristo sobre ti, a quien sirves y quien ve tu fidelidad y la recompensará misericordiosamente, tanto en esta vida como en la venidera, pues esa es Su promesa (1 Ti. 4:8; Col. 3:23–24.

Asistencia

El tercer aspecto de la sumisión de la esposa a su esposo es la asistencia, o espíritu de ayuda. Thomas Manton señaló: "La mujer no es la guía del hombre, sino su ayuda... su ayudadora y compañera en las preocupaciones de la familia".[27] Ya tratamos este deber en un capítulo anterior debido a la gran obligación que recae también sobre el esposo de ser ayuda para su esposa —un deber olvidado por demasiados esposos— y debido a la amplitud de este deber cuando se considera mutuamente. Por lo tanto, no es necesario repetirlo aquí. Más bien, después de un breve

---

[26] Swinnock, 1:506.
[27] Manton, 19:441.

resumen, consideraremos Proverbios 31 para ver lo que enseña acerca de la esposa servicial.

Edward Reyner resumió este deber diciendo que la ayuda de la esposa debe manifestarse en todo:

> En su cuerpo, para cuidarlo; en su alma, para velar por ella; en su familia, para ordenarla; en su hacienda, para aumentarla, o al menos conservarla y administrarla correctamente, no gastarla ni desperdiciarla; en su vocación y asuntos, para promoverlos; en su nombre y reputación, para preservarlos; en sus secretos, para guardarlos en su pecho. Debe ser ayuda para él en todo y estorbo en nada; de lo contrario es *una mujer, pero no una esposa*, y quien la encuentre no habrá encontrado algo bueno (Pr. 18:22).[28]

Manton dio un resumen similar:

> La mujer debe ser ayuda y no estorbo; no gobernante, porque el derecho original pertenece al hombre, sino ayuda en el gobierno, para aliviar parte de su carga y de sus cuidados; ayuda en todo sentido, para el consuelo de la compañía, para la administración del hogar, para el aumento y la propagación y continuidad de la descendencia; pues para estos fines fue creada la mujer y destinada por Dios.[29]

Para mostrar cuán apropiada debe ser una esposa servicial para su esposo, Reyner usó la analogía de una prenda de vestir que no puede usarse con comodidad ni agradar *si no queda bien ajustada*. Reyner dijo:

> Una esposa es como una prenda: aunque la tela sea muy buena, si no nos queda bien no nos agradará; será incómoda o poco apropiada y no tendremos placer en usarla. La conveniencia produce contentamiento. Si la esposa no es una ayuda adecuada, formada y cortada, por decirlo así, especialmente para el hombre, para ajustarse a él en su carácter, su

---

28 Reyner, 17.
29 Manton, 19:440.

> trato y sus circunstancias, entonces no se ajustará a él como una prenda al cuerpo que le queda bien, sino que colgará suelta o estará a punto de caerse, y más bien lo estorbará que ayudarlo, y no será un adorno para él.[30]

Por lo tanto, la esposa debe *ayudar* a su esposo en todo. Respecto a su alma, debe ayudarle a cultivar sus gracias espirituales y exhortarle amorosamente a cumplir sus deberes delante del Señor, especialmente aquellos que le corresponden como líder espiritual del hogar. De hecho, su propia conducta piadosa y su espíritu afable y apacible pueden servir para ganarlo para Cristo y estimularlo a crecer en piedad (1 P. 3:1–2; 1 Co. 7:16).

Respecto a su cuerpo, debe cuidarlo y atenderlo con ternura tanto en la enfermedad como en la salud. Debe apreciar a su esposo como la mayor parte de sí misma, pues Dios la creó para ser su ayuda. Por el amor que le tiene, debe atender las necesidades de su cuerpo así como atiende las suyas propias.

Respecto a su nombre y reputación, debe esforzarse por protegerlos de la calumnia, hablando bien de él tanto en casa como fuera de ella.

Respecto a sus bienes, aunque ella no los aumente mediante su propio trabajo, debe procurar delante del Señor administrar fielmente todo lo que él provee para ella y la familia.

¡Qué gran consuelo es para el esposo tener una esposa servicial! En verdad, el que "halla esposa halla algo bueno y alcanza el favor del SEÑOR" (Pr. 18:22).

Los puritanos llamaban a Proverbios 31:10–31 un espejo en el cual todas las buenas esposas deben arreglarse, un modelo que imitar y una regla por la cual caminar cada día.[31] Este pasaje presenta las maneras por las cuales una esposa demuestra ser una excelente ayuda para su esposo.[32]

---

30 Reyner, 17–18.
31 Por ejemplo, Reyner, 18; Swinnock, 1:512.
32 Swinnock, 1:512-516.

Primero, declara su valor: "Su valor supera en mucho al de las joyas" (v. 10). Es decir, vale mucho más que las gemas raras y costosas. Tiene un valor incalculable para el hombre que la posee.

Segundo, el pasaje describe sus virtudes. Es prudente, sabiendo cuándo hablar y qué decir (v. 26). Es caritativa y generosa, dando libremente de lo suyo a los necesitados (v. 20). Es piadosa, vestida de gracia en su vida porque su corazón está lleno de gracia (v. 25). Teme al Señor (v. 30), como se ve tanto en la alabanza de su santidad (v. 31) como en la alabanza de su esposo (v. 28). George Swinnock escribió:

> Mientras otras esposas no tienen más que las manchas negras del pecado para adornarse —el orgullo las rodea como un collar y el ateísmo las cubre como una vestidura— la gracia es su gloria y la piedad su hermosura. La religión le levanta un monumento tan honorable que ni la edad ni el infierno podrán jamás derribarlo.[33]

Además ella es fiel, digna de la plena confianza de su esposo, pues nada de lo que él le confía se pierde ni se desperdicia, sino que es administrado con prudencia (v. 11). Es diligente y trabajadora en la administración del hogar (vv. 17–19, 27). Procura que todos en su casa tengan alimento (vv. 14–15) y vestido (v. 21).

Como resumen de todo lo que es la esposa piadosa, leemos que hace bien a su esposo y no mal todos los días de su vida (v. 12). Le hace bien cumpliendo fielmente los deberes de su lugar, honrando su persona y sometiéndose a su liderazgo. Y lo hace todos los días de su vida. Su bondad hacia él no será como el sol brillante de la mañana que pronto queda oculto tras una nube y pasa el resto del día sin verse; sino que, en todos los cambios y circunstancias, se unirá a él con bondad como la hiedra al muro, y antes dejará de vivir que dejar de hacerle bien.

Modestia

---

[33] Swinnock, 1:503.

El cuarto deber de la esposa es la modestia en el vestir. En 1 Timoteo 2:9–10, Pablo instruye que: "las mujeres se vistan con ropa decorosa, con pudor y modestia, no con peinado ostentoso, no con oro, o perlas, o vestidos costosos, sino con buenas obras, como corresponde a las mujeres que profesan la piedad". De manera similar, Pedro establece la misma regla para las mujeres cristianas en 1 Pedro 3:3–4: "Que el adorno de ustedes no sea el externo: peinados ostentosos, joyas de oro o vestidos lujosos, sino que sea lo que procede de lo íntimo del corazón, con el adorno incorruptible de un espíritu tierno y sereno, lo cual es precioso delante de Dios". Por lo tanto, la modestia es un mandato bíblico para todas las mujeres, y especialmente para las mujeres casadas.

Todo adorno exterior y ostentación es *inútil* si el corazón de la mujer no está recto delante de Dios, y resulta *pecaminoso* si manifiesta un corazón rebelde contra la autoridad de su esposo. Si descuida adornar su corazón con la gracia y se viste para ser vista por los hombres, entonces ni es bendición para su esposo ni es fiel a su deber delante de Dios. Este es, pues, el mejor, más precioso y más deseable adorno de la esposa: Adornar su espíritu con gracia delante de Dios, lo cual resulta en una vida adornada con buenas obras delante de los hombres (1 Ti. 2:10), comenzando con su propio esposo (1 P. 3:5).

Edward Reyner explicó que este deber de modestia en cuanto al vestido no prohíbe absolutamente el uso de oro, joyas o cosas preciosas por parte de una mujer, sino que establece límites para su uso.[34] Entre esos límites están los siguientes:

Primero, debe vestir de manera que no exceda una administración responsable de los recursos económicos.

Segundo, no debe usar ropa que manifieste derroche, sensualidad o afán por las modas más recientes.

Tercero, no debe vestirse con vanidad, exceso u orgullo, como si su ropa la hiciera mejor o más importante delante de Dios.

Cuarto, debe procurar adornarse principalmente por dentro y no por fuera, esforzándose por ser más valiosa por sus gracias espirituales y

---

34 Reyner, 19–20.

buenas obras que por sus vestidos, y procurando que todo lo que lleve delante de los hombres muestre que ella misma valora mucho más su semejanza interior con Cristo que su belleza exterior.

La modestia comienza como un deseo en el corazón de la mujer de que la belleza de Cristo penetre tan profundamente su corazón y su espíritu que su manera de vestir, adornarse y arreglarse exteriormente refleje esa belleza interior. En otras palabras, la mujer cristiana procura vestir de acuerdo con su búsqueda de piedad práctica (Mt. 5:16). Para una mujer así, sería motivo de profundo pesar pensar que su forma de vestir oscureciera o contradijera su relación con Cristo.

Pero aún debe decirse más. Hasta ahora hemos hablado de la modestia en relación con las instrucciones de Pablo y Pedro sobre el vestido y el arreglo personal. ¿Qué hay del deber de modestia en relación con el séptimo mandamiento? El deber de una mujer delante de Dios —y delante de su esposo, si está casada— es vestirse de tal manera que exprese castidad y pureza interior, y que, en la medida de lo posible, no incite a otros a la lujuria. ¿No está el vestir modestamente incluido en la exhortación del Señor a que poseamos nuestro cuerpo "en santificación y honor" (1 Ts. 4:4) y también implícito en el mandamiento: "No cometerás adulterio" (Ex. 20:14)?

Consideremos lo que dijeron acerca de la modestia William Perkins y Vincent Alsop. Perkins enseñó que la modestia es una de las dos virtudes —siendo la otra la sobriedad— necesarias para proteger y preservar la castidad del alma y del cuerpo exigida por el séptimo mandamiento.[35]

Según Perkins, la modestia preserva la castidad "produciendo un santo decoro" en el rostro y los ojos, el habla y el vestido.[36]

Un semblante o mirada modesta, explicó, es cuando los ojos de una persona ni expresan ni despiertan los deseos impuros del corazón. En este sentido, Job ejerció modestia cuando hizo pacto con sus ojos de no mirar con deseo a una mujer (Job 31:1). Había resuelto no usar sus ojos como

---

[35] Cf. Capítulo 5.

[36] Perkins, 60–61.

instrumentos para dar salida a los deseos pecaminosos de su corazón. En contraste, las hijas de Sion son reprendidas en Isaías 3:16 porque caminaban con "ojos seductores". Sus ojos eran usados de manera lasciva para provocar a los hombres a desearlas.

Pedro advierte acerca de hombres malvados que tienen "los ojos llenos de adulterio" (2 P. 2:14), y Solomon describe el rostro descarado de la ramera que atrapa y besa a su víctima (Pr. 7:13). Si la castidad ha de preservarse, el semblante debe reflejar e invitar pensamientos puros y castos.

El habla modesta evita el lenguaje obsceno, necio o bromista que caracteriza a un corazón adultero. "Pero que la inmoralidad, y toda impureza o avaricia, ni siquiera se mencionen entre ustedes, como corresponde a los santos. Tampoco haya obscenidades, ni necedades, ni groserías, que no son apropiadas, sino más bien acciones de gracias" (Ef. 5:3–4). ¿La razón? "Porque con certeza ustedes saben esto: Que ningún inmoral, impuro, o avaro, que es idólatra, tiene herencia en el reino de Cristo y de Dios" (v. 5). Por lo tanto, nuestro hablar debe fomentar pensamientos puros, en armonía con una vida santa. Entre el pueblo de Dios no hay lugar para conversaciones coquetas, insinuaciones sexuales o palabras seductoras, porque, como afirma el apóstol, ninguna persona impura tiene herencia en el cielo.

La modestia también preserva la castidad "produciendo un santo decoro" en la manera de vestir. Vincent Alsop dijo que el fuego puro de la castidad que arde en el altar de un corazón santo "debe manifestarse y resplandecer en palabras castas, en acciones, en el vestido y en el adorno".[37] Esto significa que, mientras la vestimenta inmodesta tiende a expresar y estimular el pecado de la lujuria, la vestimenta modesta procura expresar la sinceridad, la piedad y la templanza del corazón.[38]

Como ayuda para preservar nuestra propia castidad y la de otros, nuestros cuerpos desnudos deben ser cubiertos.[39] En efecto, Dios mismo

---

37 Alsop, 120.

38 Perkins, 61.

39 Esto no quiere decir que el hecho de que Adán y Eva fueran cubiertos con pieles de animales no tuviera relación con su necesidad de un manto que cubriera

ordena esto en el séptimo mandamiento, cuando prohíbe el adulterio; porque prohibir el adulterio implica mandar la castidad. Cuando Dios ordena la castidad —observó Alsop— "manda todo aquello que pueda alimentarla y sostenerla, manifestarla y declararla; y prohíbe todo aquello que pueda ponerla en peligro, herirla, debilitarla, mancharla o dañarla".[40]

Esto responde a la objeción de quienes argumentan que el problema de la ropa inmodesta no está en la ropa misma sino en la mente pecaminosa del que la mira. Quienes sostienen esto trasladan la culpa de la inmodestia desde la ropa reveladora y quien la usa hacia la persona que la mira con lujuria. Sin embargo, de acuerdo con la exigencia positiva del séptimo mandamiento, Dios requiere una castidad y pureza que se manifiesten en nuestra manera de hablar, comportarnos y vestirnos.

Si nos vestimos para *promover* la inmoralidad sexual o para provocar la lujuria de otros, entonces somos nosotros quienes pecamos. Existen ciertos estilos de ropa y ciertas maneras de vestir que son inmodestos y, por lo tanto, pecaminosos. Por ello importa mucho qué usamos y cómo nos vestimos. Los cristianos están obligados delante de Dios a "abstenerse de toda forma (apariencia) de mal" (1 Ts. 5:22), es decir: "Evitar todo acercamiento al mal, renunciar al uso de adornos o gestos que puedan dar ocasión de sospecha al observador, que puedan tentarnos al orgullo o incitar en otros los deseos de la carne".[41]

Asimismo, Pablo afirma en 1 Tesalonicenses 4:3 que la voluntad de Dios es que nos "abstengamos de inmoralidad sexual". Esta abstinencia implica ejercer un estricto dominio propio y mantener nuestros cuerpos —o "vasos"— en santificación y honor, y no en "pasión degradante, como los gentiles que no conocen a Dios" (v. 5). Por eso Alsop aconsejaba:

---

su pecaminosidad general, ni con la provisión que Dios les hizo de este. Las vestiduras que Dios les proporcionó les mostraron que solo Él podía cubrir su culpa y que solo en Él debemos buscar nuestras vestiduras de salvación y el manto de justicia que nos permita ser aceptados ante Él.

40 Alsop, 120.

41 *The New Whole Duty of Man*, 396.

> El temor piadoso debe colocarse como un severo centinela que vigile el corazón, para que nada entre que pueda contaminarlo y nada salga que pueda contaminar el corazón de otro. Debemos vigilar nuestros propios corazones y los ojos de los demás; ni tender una trampa a la castidad de otro ni poner un cebo para la nuestra.[42]

Los puritanos creían que, aunque cada cultura tiene algo que decir acerca de cómo vestir y qué se considera modesto o inmodesto, la autoridad final pertenece a la Palabra de Dios. La cultura puede ayudarnos a aplicar la Escritura a nuestro contexto, pero nunca puede sustituirla ni superarla. Además, cuando la cultura empuja los límites de lo moralmente aceptable, la sabiduría cristiana no consiste en vivir al borde de esos límites, sino en procurar mantenerse muy lejos de ellos, dentro de los límites de la Escritura y en coherencia con la santidad.

Por lo tanto, podemos tomar referencias de la cultura solo en la medida en que no contradigan la ley de Dios respecto a preservar la castidad, los mandatos bíblicos sobre la modestia en el vestir y las exhortaciones generales de la Escritura a abstenernos de la inmoralidad sexual, huir de toda apariencia de mal y no poner a propósito tropiezo a otros.

Considerando que las modas actuales están impulsadas abiertamente por el intento de mostrar tanta desnudez como el público permita —ya sea mediante ropa demasiado escasa, demasiado ajustada o transparente— y considerando que la cultura contemporánea intenta deshacerse de todo sentido de pudor glorificando la exhibición de la desnudez; y considerando que los códigos de vestimenta actuales no se rigen por la Escritura sino por los deseos de expresar y provocar la lujuria; resulta evidente que, si esperamos vestir modestamente y preservar la castidad, no podemos tomar nuestras referencias del mundo, sino que debemos volver a la Escritura. Debemos someter las motivaciones detrás de lo que vestimos, nuestro guardarropa y las razones por las que elegimos ciertas prendas al señorío de Cristo. La

---

[42] Alsop, 121.

pregunta entonces es inevitable: ¿Qué cambios ocurrirían en tu guardarropa si tomaras en serio este aspecto del séptimo mandamiento?

¿Existen pautas bíblicas para la vestimenta modesta? Sí. Primero, señaló Alsop, todo lo que sea incompatible con modestia, seriedad, sobriedad y piedad es inapropiado. Según 1 Pedro 3:2–5, las mujeres santas del Antiguo Testamento que confiaron en Dios son el modelo a imitar. "No una Jezabel pintada, ni una Dina danzante, ni una Berenice ostentosa, sino una santa Sara, una piadosa Rebeca y una prudente Abigail".[43]

Segundo, todo aquello que viola la distinción que Dios estableció entre los sexos es inapropiado (Dt. 22:5). Cuando Dios creó al ser humano distinguió claramente entre hombre y mujer, y nuestra ropa debe honrar esa distinción.

Tercero, cualquier vestimenta que no cumpla el propósito fundamental de cubrir la desnudez es inapropiada (Is. 47:2–3). Los puritanos enfatizaban que no importa si una sociedad se ha degradado tanto que ciertas partes del cuerpo de una mujer (o de un hombre) ya no se consideran "desnudez" y, por lo tanto, no resulta inapropiado dejarlas al descubierto. Tampoco importa si quienes se exponen mediante ropa inmodesta ya no sienten vergüenza. Ni importa si una sociedad entera considera aceptable cierta moda.

Nada de eso determina lo que es moralmente correcto delante de Dios. Lo que importa es que Dios dio ropa para cubrir la desnudez (Gn. 3:21), dio el séptimo mandamiento para gobernar la pureza (Ex. 20:14), y dio mujeres santas del pasado como modelo de modestia (1 P. 3:3–6). Por lo tanto, una vez que la verdad de Dios ilumina nuestra mente y aprendemos la verdad que está en Jesús, somos responsables de ajustar nuestra manera de vestir a la verdad bíblica (Ef. 4:17–21; cf. 1 Co. 6:9–11).

---

[43] Alsop, 121.

Cuarto, una regla segura para vestir es procurar lo que Alsop describió como un justo medio, "por debajo de la envidia y por encima del desprecio".[44]

Quinto, 1 Timoteo 2:9–10 ofrece un "espejo divino en el cual las mujeres pueden contemplar su verdadera gloria".[45] Esa gloria consiste en vestirse con ropa modesta: El exterior debe reflejar castidad interior y no impureza. Segundo, tener un semblante modesto: Un rostro acorde con un corazón y una vestimenta modestos. Tercero, vestirse con sobriedad: Dominio propio que se refleja en la elección de la ropa. No se visten para llamar la atención; no se visten para provocar lujuria; no se visten para expresar deseos sexuales; al contrario, se visten con recato y controlan sus propias pasiones. Cuarto, adornarse con buenas obras, "como corresponde a mujeres que profesan la piedad".

Como dijo Alsop: "La piedad debe ser su sastre y su costurera; debe consultarse para saber qué comprar, cómo confeccionar lo que se compra y cómo, cuándo y dónde usar lo que se ha confeccionado".[46]

En resumen: "Que el vestido interior de sus almas —la disposición de su corazón— sea tal que agrade a Dios; y que el vestido exterior y la conducta de su cuerpo tengan buen testimonio entre los hombres piadosos".[47]

Finalmente, Vincent Alsop ofreció varias orientaciones útiles respecto al vestir.[48]

1. No busques ser la primera en adoptar una moda. "Cuando la costumbre ha hecho familiar lo que antes era extraño, cuando el tiempo ha suavizado su aspereza y el uso común ha quitado el filo de la novedad, entonces un buen cristiano puede acercarse un poco más con seguridad, siempre que no sobrepase los límites prescritos por Dios, la naturaleza y la decencia… Un cristiano modesto, tanto por conciencia

---

[44] Alsop, 129.
[45] Alsop, 138–39.
[46] Alsop, 139.
[47] Alsop, 143.
[48] Alsop, 151–59.

como por cortesía, no considerará imprudente dejar que otros vayan delante".[49]

2. No procures alcanzar el punto más alto de la moda. Mantente algo apartada de esos límites y dentro de terreno seguro.

3. No sigas ninguna moda de tal manera que arruines tus finanzas. "Consulta primero con tu conciencia qué es lícito, y luego con tu bolsa qué es posible".[50] No siempre podemos hacer todo lo que quisiéramos.

4. Si decides seguir modas lícitas, hazlo siguiendo el ejemplo de quienes son tus iguales en religión y santidad, y tómalos como modelo. Tus iguales son aquellos que son coherederos contigo de la gracia de la vida (1 P. 3:7), participantes de la misma fe preciosa (2 P. 1:1), y que tienen contigo la misma esperanza de salvación (Jud. 3). No debemos vestir como si estuviéramos en nuestro hogar en este mundo caído que yace bajo el poder del maligno (1 Jn. 5:19), cuando en realidad somos peregrinos aquí y ciudadanos de un reino cuyo arquitecto y constructor es Dios (Heb. 11:10, 16).

5. Evita las modas que requieren muchos accesorios, adornos y arreglos que consumen demasiado tiempo para vestirse y desvestirse. ¡Cuánto tiempo se pierde adornando el cuerpo con tales prendas que podría emplearse en adornar el alma mediante los medios de gracia!

6. Ajusta tu vestido al día de la providencia de Dios y al día de Sus ordenanzas. Es decir: En un día de luto, viste de acuerdo con el luto; en un día de gozo, viste para el gozo; en un día de adoración, viste para la adoración; y procura que nunca haya un día de inmoralidad en el que te vistas de manera inmodesta.

7. En todo vestido, mantente un poco por encima del desprecio y bastante por debajo de la envidia. La virtud suele hallarse en el punto medio entre vicios extremos, y la decencia en el vestir también se encuentra entre el extremo de seguir la moda y el simple hecho de oponerse a ella.

---

[49] Alsop, 152.
[50] Alsop, 152.

8. Que el adorno de la mujer interior sea la regla para adornar a la mujer exterior. "Toma la medida de tu cuerpo a partir de tu alma; es decir, considera qué gracias, excelencias y virtudes adornan el alma, y haz que algo semejante sea el adorno del cuerpo".[51]

9. Mortifica el corazón y eso mortificará también el vestido. Cuando la gracia circuncida la lujuria y el orgullo del corazón, el corazón procederá a circuncidar también el vestido de toda lascivia y vanidad (Mt. 12:33; 23:26).

10. Evita en tu propio vestir aquellas modas que has descubierto que son una tentación para tu alma cuando las ves en otros. Todos los pecadores tienen las mismas semillas de pecado en el corazón, y aquello que despierta orgullo o lujuria en ti probablemente despertará la misma corrupción en otros.

11. Somete todas las cosas indiferentes al gobierno y dirección de la religión. "Consulta la gloria de Dios respecto a lo que debes comer, beber o vestir; eso nos enseñará a negarnos a nosotros mismos en algunos aspectos de la libertad cristiana"[52] (1 Co. 10:31; Col. 3:17).

12. Usa todas estas cosas indiferentes con afecto moderado hacia ellas. La ropa no nos hará merecedores del favor de Dios, por lo que no debemos valorarla como si así fuera. Además, debemos recordar que Dios y el mundo rara vez coinciden, y que lo que es altamente estimado entre los hombres muchas veces es abominación delante de Dios (Lc. 16:15).

13. Busca por encima de todo el honor que proviene solo de Dios. Nuestra absolución o condenación vendrá de Él, no del mundo (Ro. 14:4). Debemos vestirnos de tal manera que sea evidente que buscamos Su honor y Su aprobación, y no el honor ni la aprobación de un mundo malo del cual Él nos ha separado para sí mismo (2 Co. 6:14–7:1).

Ahora debería quedar claro cómo estos cuatro deberes descansan sobre el deber principal de la esposa: La sumisión. También debería quedar claro cuán dependiente es la esposa de la gracia de Dios para ser

---

[51] Alsop, 156.
[52] Alsop, 158.

fiel en estos deberes. Debe reconocer que necesita la gracia de Dios para someter su orgullo natural y su egoísmo, y para ser transformada en una mujer que teme al Señor, se aparta del mal y corre por el camino de Sus mandamientos.

Debe ver su propia insuficiencia y buscar, por la gracia de Dios, vivir de la plenitud de Cristo. Debe orar por *sinceridad*, para procurar de corazón cumplir fielmente sus deberes; por *amor*, para amar verdaderamente a su esposo, deleitándose en agradarle y procurando no desagradarle en nada; y por *abnegación*, para servirle con alegría, prontitud, voluntad y plenitud, esforzándose en todo por ser su ayuda idónea, trayéndole consuelo en esta vida y gozo eterno en la venidera.

Por encima de todo, debe orar *para ser llena del Espíritu Santo*, quien es el único que puede capacitarla para hacer morir las obras de la carne y producir en ella tanto el querer como el hacer según el beneplácito de Dios en su vocación como esposa.

Preguntas de Estudio

1. ¿Cuáles son los dos deberes fundamentales de la esposa? Demuéstralos a partir de las Escrituras.

2. ¿Cómo debe formarse la estima de la esposa hacia su esposo en relación con:
   - el honor hacia su persona y posición?
   - el amor hacia él por encima de todas las demás relaciones terrenales?
   - el respeto por sus deseos y el deseo de agradarle?

3. ¿Dónde manda la Escritura que las esposas sean obedientes a sus esposos?

4. ¿Qué significa que la esposa obedezca a su esposo "como al Señor"?

5. ¿Puede una esposa reprender a su esposo y seguir siendo sumisa? ¿Cómo?

6. ¿Qué pasaje extenso de la Escritura presenta el retrato de una esposa que ayuda a su esposo? Resúmelo.

7. ¿Cómo debería la modestia en el vestir de una esposa reflejar su corazón hacia Dios y hacia su esposo?

8. ¿Cuál de las directrices sobre la modestia te parece más útil?

9. ¿Está en desacuerdo con algo de lo presentado en este capítulo? ¿Sobre qué fundamento bíblico?

§8. EL DEBER DE AMOR DEL ESPOSO

Basándose en Efesios 5:23, 25–30, los puritanos enseñaban que los dos deberes fundamentales del esposo son la *autoridad* y el *amor*. El esposo es la cabeza con autoridad a quien la esposa debe someterse, así como la iglesia se somete a Cristo (v. 23), y el esposo debe amar a su esposa así como Cristo ama a la iglesia (vv. 25–30). Por ello, Isaac Ambrose escribió que *todo el deber* del esposo hacia su esposa se resume en estas dos cosas: Debe amar profundamente a su esposa y debe mantener y ejercer sabiamente su autoridad sobre ella.[1]

Debido a la pecaminosidad del hombre, un esposo puede verse tentado a ejercer una autoridad severa y carente de amor, o un amor indulgente que abdica la autoridad. Sin embargo, la obediencia del esposo a Dios requiere el ejercicio de *ambos* deberes. Consideremos esta exhortación dirigida a los esposos por Richard Baxter: "El esposo debe unir de tal manera la autoridad y el amor que ninguno de los dos sea omitido ni ocultado, sino que ambos sean ejercidos y mantenidos. El amor no debe ejercerse de manera tan imprudente que destruya el ejercicio de la autoridad; y la autoridad no debe ejercerse sobre la esposa de forma tan magistral y tiránica que destruya el ejercicio del amor. Así como su amor debe ser un amor que gobierna, así sus mandatos deben ser mandatos amorosos".[2]

De manera similar, Richard Steele enseñó que la autoridad del esposo está tan directamente vinculada con su amor que incluso es uno de los

---

1 Ambrose, 234.

2 Baxter, 152.

efectos de ese amor.[3] Según Steele, es un acto de amor del esposo conservar sabiamente su autoridad y usarla con mansedumbre: "Si su gobierno es demasiado imperioso, su amor queda destruido; y si su amor no se expresa con prudencia, pierde su cetro, y entonces queda incapacitado para servir a Dios o para hacer bien a su familia".[4]

Por lo tanto, los puritanos veían estos dos deberes como íntimamente entrelazados. Donde uno prospera, el otro también. William Gouge escribió que la autoridad del esposo es una *rama* de su amor.[5] Henry Scudder aconsejó que el esposo debe, *con amor*, mantener su lugar y ejercer su autoridad.[6] Thomas Boston afirmó que el amor del esposo debe moderar su autoridad.[7] Y Richard Rogers exhortó que el deber del esposo es caminar delante de su esposa, como su cabeza, con tal entendimiento —fruto del amor— "que pueda infundir suavemente en el espíritu de su esposa un amor reverente y una estimación apropiada hacia su persona y su autoridad como cabeza, a causa de las virtudes de un buen esposo".[8]

Por lo tanto, así como la ayuda de la esposa forma parte de su deber principal de sumisión, también la autoridad del esposo debe entenderse como parte de su deber principal de amor. Aunque el apóstol afirma en el versículo 23 que el esposo es la cabeza de la esposa, cuando llega a describir el deber del esposo en el versículo 25, en lugar de decirles que "gobiernen", les manda "amar" a sus esposas. El esposo debe ser una cabeza amorosa, un gobernante que ama. Así como la sumisión de la esposa debe dar forma a su ayuda, del mismo modo el amor del esposo debe dar forma a su autoridad.

"Los Hombres Deben Amar a Sus Esposas"

---

[3] Steele, *Puritan Sermons*, 2:289.
[4] Steele, *Puritan Sermons*, 2:290.
[5] Gouge, 254.
[6] Scudder, 88.
[7] Boston, 4:213.
[8] Rogers, 186.

El llamado a amar a su esposa comprende todos los demás deberes que el esposo le debe delante de Dios. Si su amor es activo, hará por ella todo lo que debe hacer, le dirá todo lo que debe decir, la tratará como debe tratarla, sentirá hacia ella lo que debe sentir y dará a todas sus acciones y palabras hacia ella el tinte de bondad, mansedumbre y comprensión que constituyen el *amor* y que se oponen a la *amargura* (Col. 3:19). El amor, decía Richard Steele, es "la gran rueda que, con su propio movimiento, hace girar todas las demás ruedas de los afectos que están dentro de nosotros y de las acciones que están fuera de nosotros".[9] De igual manera, Nicholas Byfield afirmó que el amor resume y contiene todos los deberes del esposo, de modo que esta es la palabra que debe escribir en su corazón y tener siempre delante de sus ojos.[10] Steele también decía que el amor es el gran deber de todo esposo, porque en él se incluyen todos los demás.[11] Para entender qué significa que un esposo ame a su esposa, consideremos tres aspectos de ese amor: Su fundamento, su modelo y su fruto.

El *fundamento* del amor del esposo es quíntuple. Primero Dios lo exige. Colosenses 3:19 dice: "Maridos, amen a sus mujeres", este mandamiento se repite no menos de tres veces en Efesios 5 (vv. 25, 28, 33). Cuando todo lo demás fluctúa, esto permanece igual; cuando todo lo demás falla, esto permanece firme; cuando todo lo demás se sacude, esto permanece intacto. Si su esposa no es agradable, aun así debe amarla; si no siente ganas de hacerlo, aun así debe amarla; si ella lo hiere o le hace mal, aun así debe amarla.

Segundo, sus propios votos lo exigen. Si el mandamiento de Dios lo ata desde arriba, sus votos matrimoniales lo atan desde abajo. Su matrimonio con su esposa es un pacto delante de Dios (Mal. 2:14) en el cual ha prometido amarla y cuidarla, no por algo que haya en ella, sino porque ella es su esposa. Porque el amor es mucho más que un

---

[9] Steele, *Puritan Sermons*, 2:282.
[10] Byfield, *Colossians*, 353.
[11] Steele, *Puritan Sermons*, 2:282.

sentimiento cálido. Es un compromiso que se cumple diariamente con el corazón y con las manos, con palabras y con hechos.

Tercero, la cercanía de ella lo exige. No hay nadie tan cercano a un esposo como su esposa, y por lo tanto nadie tiene tanto derecho a su amor —ni derecho a tanto de su amor— como ella. Un hombre está mandado a amar a su prójimo como a sí mismo (Lv. 19:18). ¿Y hay un prójimo más cercano que su esposa? Ella comparte su hogar, su mesa, su lecho y sus hijos. Por ella ha dejado padre y madre, a ella se ha unido inseparablemente y con ella se ha hecho una sola carne (Gn. 2:24).

Además, si debe amar a su prójimo como a sí mismo, cuánto mayor debe ser el amor que tiene por su esposa, cuando amarla verdaderamente es amarse a sí mismo (Ef. 5:28). El vínculo natural entre padres e hijos es profundo y fuerte, pero el vínculo entre esposo y esposa lo supera tanto que incluso lo desplaza (Gn. 2:24). Thomas Gataker escribió:

> Los padres son como una fuente o el cuerpo de un río; los hijos como corrientes que de ella se derivan y fluyen separadamente. Pero el hombre y la mujer son como dos manantiales que se encuentran y unen sus corrientes, de modo que forman una sola corriente y corren por un mismo cauce, de tal manera que el agua del uno y del otro no puede separarse… 'El hombre y la mujer son como aquellas dos *varas* en la mano del profeta (Ez. 37:17),' encerradas en una misma corteza y tan unidas que forman una sola pieza, y el mismo fruto procede de ambas.[12]

Cuarto, su consuelo y felicidad dependen del amor a su esposa. John Hopkins escribió que, así como el amor es lo que primero forma el lazo matrimonial, solo el amor puede hacer fácil la vida matrimonial: "Ningún otro motivo puede impedir que nos oprima y nos lastime. Y aunque la falta de amor no puede disolver el vínculo, sí disuelve el gozo y el consuelo del estado matrimonial".[13] Esta verdad llevó a Jeremy Taylor a declarar que todos los mandamientos de Dios que obligan al hombre a

---

[12] Gataker, 200–201.
[13] Hopkins, 1:414.

amar a su esposa "no son sino tantas necesidades y capacidades de gozo. *La mujer que es amada está segura*, y *el que ama está lleno de gozo*. El amor es una unión de todas las cosas excelentes; contiene proporción y satisfacción, descanso y confianza".[14]

Finalmente, sus otros deberes lo exigen. Todos los demás deberes del esposo deben fluir del amor, o no podrán realizarse correctamente (1 Co. 16:14). Su esposa debe ver y sentir su amor en todo lo que él hace. Es decir, ella debe poder distinguir su cuidado de cualquier otro cuidado, su instrucción de cualquier otra instrucción, su reprensión de cualquier otra reprensión, su autoridad de cualquier otra autoridad, su protección de cualquier otra protección, por el amor que marca todas esas cosas como provenientes de él.

¡Cuán importante es, entonces, que los hombres no se casen con mujeres a quienes no aman ni pueden amar sinceramente! Dada la gran variedad de mujeres que Dios provee, decía Steele, es una locura temeraria "escoger donde un hombre no puede amar, y es la mayor injusticia posible hacia la esposa atrapar su corazón y atarla a alguien que luego dirá que no puede amarla".[15] La felicidad del matrimonio depende de poder amarse completa y fielmente. Los consuelos del estado matrimonial dependen de poder trabajar juntos, comunicarse clara y honestamente y servirse mutuamente con alegría. Por eso, exhortaba Gataker, hombres y mujeres deben "*mirar antes de saltar*; y… recordar que *aquello que solo puede decidirse una vez necesita larga deliberación y buen consejo*".[16]

Considera también cuán difícil es para los hombres que se casaron por las razones equivocadas y que ahora deben, con dificultad, forzar sus afectos y rogar a Dios por la gracia de amar y servir a sus esposas como Él lo requiere. Thomas Gataker escribió: "El que es libre puede ajustar su elección a su gusto; pero el que ya ha elegido debe ajustar su gusto a su elección. Antes podía conformar sus acciones a sus afectos; pero ahora

---

14 Taylor, 27.

15 Steele, *Puritan Sermons*, 2:283.

16 Gataker, 202.

debe procurar conformar sus afectos a su acción".[17] O como lo expresó otro puritano: "Ninguna ley obliga a un hombre a casarse; pero sí está obligado a amar a la mujer que ha tomado por esposa".[18]

El segundo aspecto del amor del esposo es su *modelo*. Una vez que un hombre ha entrado en el matrimonio, queda obligado delante de Dios a amar a su esposa de la doble manera que Dios ha prescrito para él. Primero, debe amar a su esposa *como* Cristo ama a Su iglesia. Este amor se describe claramente en Efesios 5:25–29.[19]

Según el versículo 25, Cristo ama a la iglesia sacrificialmente. Él se entregó a sí mismo por ella. Cristo dice: "Nadie tiene un amor mayor que éste: Que uno dé su vida por sus amigos" (Jn. 15:13), como Cristo lo hizo por Su iglesia. No escatimó ningún costo para adquirirla, sino que pagó el precio más grande posible —Su propia vida. Por lo tanto, el esposo debe amar a su esposa sacrificialmente, sin escatimar costo alguno para sí mismo con tal de hacerle bien. Debe poner su vida por ella, preferirla a sí mismo, poner sus intereses antes que los suyos, trabajar por su bien y, por decirlo así, sustentarla con su propio sustento.

Cristo ama a la iglesia *de corazón*. La ama con un amor sincero y real. No es un amor solo de palabra, un amor superficial o meramente externo, sino un amor profundo, un amor en obra y en verdad, un amor probado por nuestras necesidades y demostrado por sus acciones. Si un esposo ha de seguir este modelo, su amor debe ser sincero y sin hipocresía. No debe ser —como solían decir los puritanos— un amor "de los dientes hacia adelante", sino un amor tan profundo y real que, si su corazón se abriera, el nombre de su esposa se vería escrito en él.[20]

Cristo ama a la iglesia *libremente*. Es decir, Su amor no buscó nada de ella, precedió al amor de ella y solo buscó darle los frutos de Su amor gratuito. El amor de Cristo surge completamente de sí mismo y es dado gratuitamente a la iglesia (Dt. 7:7–8; 1 Jn. 4:19). No había nada en la iglesia que justificara Su amor al principio ni nada que lo sostuviera

---

[17] Gataker, 202.
[18] *The New Whole Duty of Man*, 228.
[19] Véase el principio de Cristo-Iglesia en el capítulo 4.
[20] Steele, *Puritan Sermons*, 2:284.

después. Por lo tanto, el esposo debe amar a su esposa libremente. Su amor debe estar puesto en ella simplemente porque es su esposa. No debe amarla por lo que ella le da o hace por él, sino porque ha prometido amarla. Al ser un amor dado libremente, busca más lo que él puede hacer por ella que lo que ella puede hacer por él.

Según el versículo 26, Cristo ama a la iglesia de manera *santa*. Su amor busca la santificación de la iglesia, un amor que lo mueve a limpiarla mediante el lavamiento del agua por la palabra. Su amor fluye de un corazón santo y obra para producir la santidad de ella. Así debe ser también el amor del esposo. Al fluir de su corazón, debe ser un amor no contaminado por la lujuria ni dividido por la hipocresía; y al dirigirse hacia ella, debe ser un amor que busque su bienestar espiritual. Ciertamente, un esposo —aun con el mejor amor— no puede amar a su esposa de manera tan santa como Cristo ama a Su iglesia. Pero puede procurar ser un instrumento en las manos de Cristo para el crecimiento espiritual de su esposa y no poner nada en su camino que estorbe ese crecimiento.

Según el versículo 27, Cristo ama a la iglesia de manera *perseverante*, es decir, a través de todas sus luchas y retrocesos, hasta presentarla al Padre como una iglesia gloriosa, sin mancha ni arruga. Su amor se realizará plenamente en su perfección final, y por eso nunca falla (Jn. 13:1). Cristo no abandona Sus propósitos debido a la vergonzosa frialdad de Su iglesia, su obstinada dureza de corazón, o su constante lentitud para seguir Sus caminos. Aunque ella muchas veces actúa así, Él no la desecha como incorregible o sin esperanza, sino que persevera firme y deliberadamente en amarla y hacer por ella lo que necesita conforme a sus compromisos de pacto (2 S. 7:15). Más aún, se deleita en mostrarle misericordia y en manifestar las perfecciones de su amor en medio de sus debilidades (Is. 30:18; Jer. 31:20; 2 Co. 12:9). Si un esposo ha de seguir este modelo, debe amar a su esposa constante e inmutablemente a través de todas sus luchas y fracasos. Su amor debe ser un amor que fluya cada día del mismo modo, no ardiente hoy y frío mañana, generoso hoy y mezquino mañana, alegre hoy y de mala gana mañana. Debe ser un amor que ninguna provocación pueda alterar, que soporte todas sus debilidades con paciencia, comprensión y simpatía, procurando primero vencer el mal con el bien, y luego corregir lo que pueda y aceptar lo que no pueda.[21]

Finalmente, según el versículo 29, Cristo ama a la iglesia de manera *fructífera*, porque la sustenta y la cuida. Él observa lo que le falta y lo suple de sus propios recursos (Fil. 4:19). Observa cuando está en peligro y la libra o la protege (Mc. 4:38–39). Observa cuando está a punto de hundirse bajo la aflicción y la salva de la ruina por amor de su nombre (Is. 43:1–5). Su amor atiende las necesidades presentes de la iglesia; es un amor que nunca la deja con las manos vacías ni dudando de Su afecto. Así también debe ser el amor del esposo. Debe notar las necesidades de su esposa y hacer lo posible por suplirlas, sus dolores y hacer lo posible por aliviarlos, sus preocupaciones y hacer lo posible por resolverlas. Debe ser mejor que un amigo cuando ella necesita apoyo y ánimo, y mejor que un enfermero cuando está postrada por enfermedad. Su amor debe beneficiarla activamente, prosperarla de tal manera que ella sea mejor gracias a él y estaría peor sin él. Ella debe poder decir que todo lo que disfruta como esposa es una señal del amor de su esposo hacia ella.

Pero el modelo del amor del esposo es *doble*. No solo debe amar a su esposa como Cristo ama a la iglesia, sino que también debe amarla como se ama a sí mismo. Pablo dice: "Así deben también los maridos amar a sus mujeres, como a sus propios cuerpos. El que ama a su mujer, a sí mismo se ama. Porque nadie aborreció jamás su propio cuerpo, sino que lo sustenta y lo cuida" (Ef. 5:28–29).

El ejemplo de Cristo es tan perfecto y completo en todos los sentidos que nada puede añadirse a él. Un esposo no puede hacer nada mejor y, en términos prácticos, no necesita hacer más que amar a su esposa como Cristo ama a Su iglesia. Sin embargo, como señaló William Gouge, el modelo de amar a la esposa como a uno mismo se añade debido a la

---

[21] Ambrose, 235.

dificultad que tenemos para comprender plenamente y, por tanto, imitar adecuadamente el ejemplo de Cristo.[22]

Leer en la carta de Pablo que un esposo debe amar a su esposa como Cristo ama a la iglesia exige que consideremos la altura, profundidad, longitud y anchura del amor de Cristo si queremos conformar nuestro amor al Suyo. Pero cuando Pablo dice que el hombre debe amar a su esposa como a su propio cuerpo, no hace falta más explicación. Conocemos el amor que nos tenemos a nosotros mismos y cuán naturalmente lo sentimos y expresamos.

De este modelo, el esposo debe extraer dos cualidades para imitar: La ternura y la disposición gozosa.[23] El hombre se ama a sí mismo con *ternura*. Si está herido o incómodo, nadie es más cuidadoso con él que él mismo. Atiende sus heridas con el mayor esmero, evita todo lo que pueda causarle más dolor y hace todo lo posible por aliviarse o estar más cómodo. Como dice Pablo, se sustenta y se cuida a sí mismo. Soporta con paciencia sus propias debilidades. Persevera en aprender habilidades nuevas. Repite lecciones una y otra vez, con poca o ninguna queja. ¿Qué hombre se habla duramente a sí mismo, lucha contra sí mismo, se abandona o se niega a sí mismo? Y si alguna vez se decepciona, ¡cuán pronto se reconcilia consigo mismo y vuelve a intentarlo! Así también, el esposo debe amar a su esposa con esa misma ternura.

En segundo lugar, el hombre se ama a sí mismo con *disposición gozosa*. No hace falta convencerlo de que se cuide o se provea; lo hace voluntaria y alegremente. Siempre está dispuesto a servirse a sí mismo. Incluso en circunstancias difíciles o peligrosas, está dispuesto a esforzarse y exponerse con tal de atender sus propios intereses. Así también debe el esposo amar a su esposa. Su oído, su mano y su corazón deben estar tan abiertos y dispuestos a atender sus necesidades como lo están para las suyas propias.[24] Debe servirla con mayor alegría que a sus padres, amigos o hijos, porque la sirve tan gustosamente como se sirve a

---

[22] Gouge, 303.
[23] Gouge, 303–4; Steele, *Puritan Sermons*, 2:285–86.
[24] Steele, *Puritan Sermons*, 2:286.

sí mismo. Debe mostrarse igual de diligente, proactivo y solícito en hacer por ella como lo es en hacer por sí mismo. De este modo, el interés natural que un hombre tiene por sí mismo debe regular y definir su interés por su esposa, quien, por la unión matrimonial, es como su otro yo. Así, el doble modelo del amor del esposo es el amor pleno de Cristo por la iglesia, y el amor natural que el hombre tiene por su propio cuerpo.

El último aspecto del amor del esposo es lo *fructífero* que es. Richard Steele dijo que el amor del esposo hacia su esposa es el fundamento de todos sus deberes, está mezclado con todos ellos, y es el compendio de todos ellos. Afirmó que si este amor estuviera firmemente arraigado en el corazón, "enseñaría al hombre —más aún, lo impulsaría— a toda la ternura, honor, cuidado y bondad que se requiere de él. Estas cosas no son sino rayos de ese sol... frutos de esa raíz de amor verdadero que está dentro".[25] George Swinnock dijo: "El amor es la llave que abre la puerta a todo deber; el amor es el cumplimiento de toda la ley".[26]

¿Cuáles son algunos de los frutos producidos cuando un esposo ama a su mujer? En primer lugar, el amor hará que el hombre halle gran gozo y deleite en su esposa (Pr. 5:18–19). Así como el amor hace que Cristo esté satisfecho en Su iglesia (Is. 53:11), se deleite en ella (Pr. 8:31), y se aferre a ella (Jn. 10:28), también hará que el esposo esté satisfecho en su esposa, se deleite en ella, y se una a ella. Disfrutará de su compañía más que de la de cualquier otra persona, sin desear separarse de ella más de lo necesario, porque goza del tiempo con ella (Ec. 9:9). Cuando está lejos de ella, siente que ha perdido la mitad de sí mismo; cuando vuelve a ella, se siente completo otra vez.

En amor la considera su confidente más cercana, su amiga más íntima, se deleita en su abrazo, su sonrisa calienta su corazón, su risa le llena de gozo, permanece satisfecho con ella, cautivado por su amor y plenamente realizado en su intimidad conyugal. Sus afectos son enteros, exclusivos, constantes y fervientes hacia su esposa. Por el amor y el deleite que halla en ella, todas las demás mujeres le resultan extrañas y

---

[25] Steele, *Puritan Sermons*, 2:282.
[26] Swinnock, 1:489.

no pueden captar su afecto (Pr. 5:20), porque "no es el tener esposa, sino el amar a la esposa, lo que hace a un esposo casto".[27]

En segundo lugar, el amor hará que el hombre hable con afecto a su esposa (Col. 3:19). La lengua, dice Santiago, es un mal indomable, un mundo de maldad, a menudo encendido por el infierno (Stg. 3:6–8), por lo cual necesitamos desesperadamente la gracia de Dios que mortifica y santifica. La lengua del esposo no es diferente. De hecho, cuanto más cercanos somos a alguien, más profundamente pueden penetrar nuestras palabras y mayor daño pueden causar. Las palabras hirientes de un cónyuge pueden ser las más dolorosas de todas. El autor del Salmo 55 lamenta proféticamente (vv. 12–14) que la herida infligida por Judas a Cristo se agrava por su cercanía como amigo (cf. Mt. 26:49–50).

Para una esposa suave y sensible, que se derrite fácilmente con el hablar tierno y amable de su esposo, ¡cuán devastadoras resultan las palabras ásperas y crueles de los labios que ama besar! ¡Qué dolor cuando él la reprende con palabras agudas y punzantes! ¡Qué difícil es soportar con paciencia y silencio el lenguaje amargo y humillante de su compañero más cercano! ¡Qué difícil responder con amor a tonos exigentes e impacientes! ¿Dónde está el hombre amoroso con quien se casó?

El amor hará que el hombre abandone toda amargura y toda palabra cruel (Ef. 4:31; Col. 3:19) y hable con bondad y afecto a su esposa, porque nada es más contrario al amor que la amargura. El amor endulza el corazón del hombre hacia su esposa, lo cual a su vez endulza sus palabras hacia ella (Mt. 15:19). Al no querer herir a alguien tan cercano y querido como su esposa, el amor llevará al esposo a amonestarla con mansedumbre, aconsejarla con simpatía, corregirla con dulzura y ternura, conduciéndose en todo esto con el mismo cuidado con que desea que otros lo traten a él. Además, como su amor abrirá sus ojos para ver sus buenas obras, su corazón para apreciarlas, y sus manos para disfrutarlas, también abrirá fácilmente sus labios para alabarlas (Pr. 31:28).

---

[27] Swinnock, 1:492.

John Hopkins observó lo siguiente acerca del lenguaje hiriente del esposo:

> Desdichada es aquella familia donde los que están unidos bajo el mismo yugo se golpean y se hieren mutuamente. Si la esposa es diligente en cumplir su deber, le corresponde una aceptación amable y amorosa, elogio y reconocimiento por ello; o, si a veces falla, no debe ser reprendida con amargura, sino con mansedumbre, y de tal manera que la reprensión muestre más tristeza que ira. Pero las continuas disputas y contiendas, además de amargar completamente esta vida y consumir todo su consuelo, en lugar de prevenir futuras ofensas, suelen provocarlas y agravarlas aún más.[28]

Por tanto, en resumen, el amor hará que el esposo hable a su esposa de tal manera que ella nunca dude de su amor, sino que siempre lo perciba como el suelo del que brotan sus palabras, el filtro por el que pasan antes de llegar a ella, y la corriente por la cual fluyen hacia ella, lo cual la moverá a corresponderle con amor.

En tercer lugar, el amor hará que el hombre viva con un corazón abierto con su esposa (Cnt. 1:7). No la tratará como a una extraña, guardándole secretos o mirándola con sospecha. Más bien, derramará su corazón en el de ella, y vivirán como amigos íntimos que comparten pensamientos, esperanzas, temores, deseos, sueños. La invitará a su mente y se alegrará de conocer la de ella. Buscará su consejo y sabiduría al tomar decisiones y hacer planes.

En cuarto lugar, el amor hará que el esposo trate con ternura las debilidades de su esposa (1 P. 3:7). Richard Steele dijo que "toda su conducta hacia ella debe estar *llena* de ternura y compuesta de amor y compasión".[29] Por ello no le exigirá lo que no puede dar, esperará con paciencia aquello que aún no puede ofrecer y cuando ella haya trabajado todo el día en el hogar, los hijos o las compras, procurará que tenga

---

[28] Hopkins, 1:417–18.

[29] Steele, *Puritan Sermons*, 2:288. Énfasis añadido.

descanso, apoyo y ayuda. No actuará como si su trabajo no fuera trabajo, sino que vivirá con ella de manera comprensiva.

Además, el amor lo llevará a ser un consuelo destacado para su esposa en todas sus pruebas. Nadie está más cerca de ella que él, por lo que ninguna presencia es tan bienvenida como la suya, ningún toque tan reconfortante, ninguna palabra tan agradable, ninguna ayuda tan eficaz. El amor del esposo la consolará en sus cargas, se compadecerá en sus sufrimientos y la animará en medio de las dificultades.[30] En una palabra, por amor a su esposa, el esposo le mostrará la misma ternura que él mismo espera y recibe de Cristo. La ternura de Cristo como *su* Esposo será el modelo de cómo él debe conducirse con su propia esposa como *su* esposo.[31]

En quinto lugar, el amor hará que el esposo haga todo lo posible por proteger a su esposa de todo peligro o daño que la amenace. Cuando las esposas de David fueron capturadas por los amalecitas (1 S. 30), él lloró hasta quedarse sin fuerzas (v. 4) y persiguió al enemigo con seiscientos hombres hasta rescatarlas (v. 18). Así, el amor del esposo encenderá su fuerza y lo llevará a interponerse entre su esposa y el peligro. Extenderá sobre ella su manto de protección, como Booz hizo con Rut (Rut 3:9) y como el Señor lo hace con Su pueblo (Rut 2:12; Ez. 16:8). Hará todo lo posible por proteger su reputación y guardar su pureza y sinceridad (Rut 3:14). Será como un vallado de protección a su alrededor, de modo que todo lo que se dirija contra ella lo alcance a él primero.

La Escritura compara a la esposa con una vid fructífera que se apoya en la casa para protección y sostén (Sal. 128:3). Hopkins escribe:

> La vid es una planta débil y delicada que necesita apoyo; y el esposo debe ser como el muro de la casa que la sostiene. Por eso la mujer fue formada de una costilla tomada de debajo del brazo del hombre: El brazo sirve para rechazar y apartar los golpes, lo cual nos enseña que el esposo

---

30 Swinnock, 1:489.

31 Rogers, 221.

> debe defender a su esposa de todo daño e injusticia a la que esté expuesta.[32]

Por tanto, por amor a su esposa, el esposo debe estar dispuesto a "proteger su alma de la tentación, su cuerpo del daño, su nombre del oprobio y su persona del desprecio; ya sea de hijos, siervos u otros, puesto que ella ha dejado a todos sus afectos anteriores para confiarse a su cuidado y bondad. Sería, por tanto, una crueldad imperdonable abandonarla o traicionarla".[33]

En sexto lugar, el amor lo moverá a proveer fielmente para las necesidades de su esposa (Ex. 21:10). Thomas Manton escribió que los esposos deben proveer:

> Todo lo necesario para ellas, lo que contribuya a la salud, alimento y vestido, y conforme a la decencia y condición de su estado; pues en esto imitan el cuidado y la providencia de Cristo, quien ha provisto todas las cosas para Su esposa: Alimento para sus almas, vestiduras de salvación para cubrir su desnudez, gracia sanadora para curar sus enfermedades. Así debe el esposo hacer por su esposa.[34]

Si un hombre no provee para su madre anciana, Pablo declara que es peor que un incrédulo (1 Ti. 5:8). ¡Cuánto mayor, entonces, es la condena para el esposo cristiano que no provee para su esposa! A menos que quiera ser considerado como alguien que no tiene ni el amor de un esposo, ni la fe de un cristiano, ni la naturaleza de un hombre, debe proveer para su esposa, dándole no solo consuelo, cuidado y amor, sino también las necesidades básicas y, cuando le sea posible, las comodidades legítimas de la vida (Ef. 5:29).

Cuando una mujer se casa, deja la provisión de su padre, el cuidado de su madre y el consuelo de sus amistades; ¿no ha de proveer por ella su esposo? ¿A quién más podrá acudir si no encuentra esto en él? ¿Y no tiene

---

32 Hopkins, 1:416.
33 Steele, *Puritan Sermons*, 2:288.
34 Manton 19:472.

pleno derecho a hallarlo en su esposo? (Gn. 2:24; Ex. 21:10; Rut 1:9). Un esposo amoroso le brindará "la ayuda y atención adecuadas para quien ha decidido ser y hacer todo por su causa".[35] Además, hará lo posible, según Dios le capacite, para asegurar su sustento aun después de su muerte. "El amor del esposo debe sobrevivir a su vida. No debe, al morir, recordar tanto que es padre como para olvidar que es esposo, sino atender primero a la raíz antes que a las ramas".[36]

Finalmente, el amor llevará al esposo a promover el bienestar espiritual de su esposa (1 Co. 7:16; cf. 1 P. 3:1).[37] Aunque se menciona al final, este debe ser el primero y principal de sus propósitos, porque si esto se pierde, todo se pierde; pero si esto se alcanza —o al menos se busca sinceramente y con oración—, lo demás seguirá. Cristo, dice Pablo, vino para santificar y purificar a la iglesia, a fin de presentarla como una iglesia gloriosa, sin mancha ni arruga (Ef. 5:26–27). Así como este fue el propósito principal de Cristo, también debe ser el del esposo (v. 28).

En su sermón de bodas, Richard Greenham exhortó al esposo:

> Debes aprender a amar a tu esposa como Cristo amó a Su iglesia. Así como Cristo es paciente con ella y poco a poco la purifica y limpia su corrupción, así tú debes, con toda sabiduría, usar los medios y esperar con paciencia la corrección de aquello que encuentres defectuoso en tu esposa, para que las gracias del Espíritu de Dios crezcan en ella cada día. Por lo tanto, te exhorto ante Dios y sus ángeles, y ya que tendrás que responder ante mí y ante los padres de mi hermana, ante el tribunal de Cristo, a que, así como la recibes pura de sus padres, no descuides ningún deber que promueva su salvación, para que puedas presentarla pura e irreprensible, en la medida de tus posibilidades, ante Jesucristo cuando Él te pida cuentas.[38]

---

35 Rogers, 227.
36 Swinnock, 1:496.
37 Cf. capítulo 5.
38 Greenham, 281.

El esposo debe tener el bienestar espiritual de su esposa como brújula y norma para todo lo que hace por ella. Esta brújula es la única guía segura para todos sus demás deberes. Apuntar principalmente a esto es la manera más segura de preservar el honor del matrimonio y no fallar en ninguno de sus deberes. Por ello, el esposo amoroso procurará que su matrimonio sea claramente cristiano, viviendo ambos como coherederos de la salvación, con el propósito constante de honrar a Dios en su matrimonio. El esposo buscará que caminen juntos, por la gracia de Dios, como compañeros en la gracia ahora, para que puedan ser coherederos de la gloria después.[39] En este sentido, procurará ser un buen ejemplo para su esposa (Pr.2:17). Él la liderará guiándola en piedad, caridad, sabiduría y bondad, este será el medio más constante y eficaz de enseñanza. Richard Steele escribió: "Sus palabras dirigirán las de ella; sus oraciones le enseñarán a orar; su justicia, templanza y caridad serán una ley, una regla y un motivo para que ella sea justa, sobria y caritativa. Si él es ateo, mundano o fariseo, la arruina. Él debe ir delante de ella, y usualmente ella lo sigue, ya sea al cielo o al infierno".[40]

Si el *fundamento*, el *modelo* y lo *fructífero* del amor del esposo son como se han descrito, y si el matrimonio obliga a un deber tan pleno como este, entonces ningún hombre es suficiente por sí mismo para cumplirlo. Todo hombre que desee casarse debe asegurarse primero de estar unido a Dios, en quien únicamente está su suficiencia (Jn. 15:5), de quien puede recibirla (Ez. 36:27; Fil. 2:13; 4:19), y de cuya bendición depende totalmente para ser fructífero y eficaz (Dt. 28:8–14).[41]

Por tanto, que todo hombre que quiera preservar el honor del matrimonio no se case hasta estar convencido de que puede amar a su esposa santa, plena, exclusiva, ferviente y perseverantemente. Que todo hombre casado retire sus afectos de cualquier otra persona, pues este amor no puede dividirse. Y que todo esposo ame no como lo hacen los *hombres*, sino como deben amar los *cristianos*, por la gracia de Dios.

---

39 Gataker, 208.

40 Steele, *Puritan Sermons*, 2:288.

41 Cf. capítulo 3.

Porque de esto dependen el testimonio de una buena conciencia, la veracidad de su fe, los deleites y consuelos del matrimonio (superiores a cualquier otro placer terrenal), el honor del matrimonio y su bienestar eterno.

Preguntas de Estudio

1. ¿Cuáles son los dos deberes fundamentales del esposo? Demuéstralos con la Escritura.

2. ¿Cuáles son los cinco fundamentos del amor del esposo?

3. ¿Cuál de estos fundamentos te resulta más convincente? ¿Por qué?

4. ¿De qué manera el amor de Cristo es modelo para el amor del esposo?

5. Resumimos la postura de los puritanos afirmando que un esposo debe "buscar ser un instrumento en las manos de Cristo para el crecimiento espiritual de su esposa". ¿Cómo puede llegar a ser tal instrumento?

6. ¿Qué puede aprender el esposo del amor que tiene por sí mismo para amar a su esposa?

7. ¿Por qué las palabras duras son especialmente dolorosas en el matrimonio?

8. ¿Cuáles son los frutos del amor del esposo?

9. ¿Cuáles de estos frutos son más evidentes en tu matrimonio?

10. ¿Cuál de estos frutos necesitan mayor crecimiento?

§9. EL DEBER DE AUTORIDAD DEL ESPOSO

Que el esposo tiene autoridad sobre la esposa queda claro por las instrucciones de Pablo a las mujeres en Efesios 5:22–24: "Las mujeres estén sometidas a sus propios maridos como al Señor. Porque el marido es cabeza de la mujer, así como Cristo es cabeza de la iglesia, siendo Él mismo el Salvador del cuerpo. Pero así como la iglesia está sujeta a Cristo, también las mujeres deben estarlo a sus maridos en todo". A las esposas se les manda someterse a sus esposos como a quienes Dios ha dado autoridad sobre ellas. A los esposos, por su parte, Dios les ordena ejercer autoridad sobre sus esposas como una mayordomía.

Sin embargo, tristemente, esta mayordomía —o responsabilidad de señorío— ha sufrido mucho deterioro. Por un lado, se abusa de ella. Algunos esposos convierten su autoridad en tiranía, gobernando con palabras duras y crueles, amenazas y maldiciones, gritos y alaridos e incluso abuso físico. Dios da autoridad al esposo para hacer bien a su esposa, pero estos hombres la pervierten usándola para hacerle mal. Por otro lado, este señorío se descuida. Algunos esposos abdican su lugar, dejando a sus esposas sin amor, sin protección y sin liderazgo, como un cuerpo sin cabeza. Aunque conocen su deber, lo evitan, delegándolo en sus esposas y descuidando su alto llamamiento. Por tanto, para el bien de nuestros matrimonios y para la honra de Aquel que une a hombres y mujeres como marido y mujer, es de vital importancia recuperar una comprensión bíblica del señorío del esposo. Esta recuperación se verá muy fortalecida si entendemos cuatro aspectos de la autoridad del esposo: Qué es, cómo se mantiene, cuál es su propósito y cómo debe ejercerse.

¿Cuál Es la Autoridad Confiada al Esposo?

Es significativo que Efesios 5 no dice nada acerca de que el esposo deba *adquirir* autoridad sobre su esposa. Su señorío es inseparable de su condición de esposo. En el momento en que entra en el pacto matrimonial y asume su rol, se convierte en la cabeza de su esposa.

Este señorío, por tanto, es inseparable del matrimonio, pero no se origina en él. Proviene de Dios, quien instituyó el matrimonio y asignó a esposo y esposa sus respectivos roles y responsabilidades. En efecto, toda autoridad proviene de Dios y ninguna criatura puede asumirla por sí misma, a menos que le sea delegada. En Romanos 13:1–2, 7, Pablo afirma: "No hay autoridad sino de Dios, y las que existen, por Dios son constituidas. Por tanto, el que resiste a la autoridad, a lo ordenado por Dios se ha opuesto... Paguen a todos lo que deban: al que impuesto, impuesto; al que tributo, tributo; al que temor, temor; al que honor, honor".

Así, la autoridad del esposo sobre su esposa es, en realidad, la autoridad de Dios confiada al esposo como su representante. La esposa debe someterse a su esposo "como al Señor" porque su sujeción al esposo forma parte de su sujeción al Señor. La esposa que rechaza la autoridad legítima del esposo está, en última instancia, rechazando la autoridad de Dios. El esposo puede abdicar su autoridad, descuidarla, abusar de ella, corromperla, pero no tiene ningún poder para librarse de ella, porque forma parte esencial de lo que significa ser esposo. Debe ejercerla fielmente o rendirá cuentas a Dios, pues Dios le ha confiado la responsabilidad de cuidar de la mujer que le ha sido dada como esposa.

Este encargo divino que se le ha confiado tiene varias implicaciones para comprender la autoridad del esposo. Primero, su autoridad es una *mayordomía*, y esta autoridad del esposo no es autónoma. Así como solo Dios puede delegarla, solo Dios determina cómo se ejerce, qué incluye y su forma práctica. El esposo ha sido llamado por Dios y debe actuar para

Dios, de modo que su esposa perciba claramente que él mismo está bajo autoridad.

En segundo lugar, su autoridad es una *responsabilidad* y el hombre dará cuenta por cómo la ejerza. William Whately escribió: “El Señor en Su Palabra le ha dado el nombre de cabeza; por tanto, no debe situarse por debajo de los hombros… sin duda es pecado que un hombre se coloque por debajo de donde Dios lo ha puesto”.[1] En el día del juicio, cuando el esposo comparezca ante Dios para rendir cuentas de los talentos que se le ha confiado, una parte significativa —quizá la mayor— será cómo actuó como cabeza de su esposa.

En tercer lugar, su autoridad es un *encargo* sagrado de Dios mismo. Dios le ha confiado una de sus hijas como esposa y lo ha autorizado a protegerla, proveer para ella y guiarla. Dios lo ha puesto como instrumento en sus manos para la santificación de ella. Debe cuidarla como un reflejo del cuidado de Cristo, siendo para ella una cabeza tal que le permita ver y apreciar mejor el señorío de Cristo sobre ella. ¡Qué encargo tan solemne!

En resumen, la autoridad del esposo sobre su esposa es una mayordomía, una responsabilidad y un encargo sagrado otorgado por Dios, quien es tanto el origen y modelo de dicha autoridad, como Aquel ante quien el esposo dará cuentas directamente por su llamamiento.

¿Cómo Debe el Esposo Mantener Su Autoridad?

Si el esposo tiene autoridad sobre su esposa y está obligado a ejercerla fiel y honorablemente, entonces es necesario que se conduzca de tal manera que no pierda su autoridad —no en el sentido de perderla ante Dios, sino ante su esposa, al hacerla despreciable a sus ojos.

Si el esposo no se comporta como debe, puede perder el respeto de su esposa, su estima y su disposición a someterse a su liderazgo. Si actúa como un necio, ella lo despreciará y se considerará más sabia y mejor que

[1] Whately, *A Bride-Bush*, 98.

él. Si actúa como un monstruo, también lo despreciará; y aunque pueda temerle, ese temor servil no es la sumisión que Dios requiere ni la que le beneficia. Por tanto, es necesario entender cómo debe comportarse el esposo como cabeza, a fin de mantener la autoridad que le ha sido confiada. Solo así podrá tener una conciencia limpia delante de Dios y disfrutar de la sumisión voluntaria, provechosa y consoladora de su esposa, por causa del Señor. Como dijo Richard Rogers: "El esposo que quiere preservar el fundamento de su propio honor debe adoptar esta máxima: Que su esposa no lo desprecie; porque si el corazón de la mujer llega a despreciar a su esposo, toda la estructura del matrimonio se desmorona".[2]

Según 1 Pedro 3:7, el mantenimiento de la autoridad del esposo comienza con vivir con su esposa como un hombre *entendido* —"de manera comprensiva"— lo cual corresponde al deber de sumisión que se exige de ella. Así como ella debe vivir con él en sujeción (Ef. 5:22), él debe vivir con ella con conocimiento y entendimiento. Rogers afirma que el esposo debe:

> Comportarse de tal manera que infunda dulcemente en el espíritu de su esposa un amor reverente y una estima adecuada por su persona y su señorío, debido a las virtudes propias de un esposo; un hombre capaz de convencerla de que es un guía idóneo para su vida, gracias a su seriedad, su estabilidad y su prudencia en el trato, de modo que el corazón de la esposa le diga en secreto: 'mi esposo es verdaderamente un hombre entendido'.[3]

Si camina en el orgullo, con un espíritu dominante e insolente, demuestra que no tiene sabiduría ni siquiera para gobernarse a sí mismo, y ella concluirá que tampoco está capacitado para gobernarla a ella.

Por tanto, el esposo debe vivir de tal manera que provoque la sumisión voluntaria y gozosa de su esposa a su dirección, enseñanza y

---

[2] Rogers, 186.
[3] Rogers, 186.

liderazgo (Pr. 17:27).[4] Para ello, en primer lugar, debe renunciar a su propia sabiduría, humillarse delante de Dios y reconocer su incapacidad natural para dirigir el matrimonio correctamente. Debe confesar la bancarrota de su propia sabiduría (Pr. 30:2), y las limitaciones de su capacidad que le impiden ser un buen esposo y depender del Señor. Considera cuán profundo puede afectar esto, ¿no se inclinará más fácilmente la esposa a someterse y seguir a un hombre que claramente depende de Dios para guiarla y ser su cabeza? ¿no se sentirá valorada al ver que él se niegue a seguir su propia sabiduría en el matrimonio, sino que busca gracia divina para cumplir su responsabilidad?

En segundo lugar, debe someterse al señorío de Cristo. El esposo debe recordar que él también está bajo autoridad y que debe dar cuentas de su señorío sobre su esposa ante Aquel que es el Cabeza sobre él. Aunque es cabeza de su esposa, sigue siendo siervo de Cristo. Además, su esposa es su igual en cuanto a portar la imagen de Dios y ser heredera de la salvación y de la gracia de la vida (1 P. 3:7). ¿No hará esto el yugo del matrimonio más llevadero para ella, cuando ve que su esposo lleva el mismo yugo de sumisión a Cristo?

En tercer lugar, el esposo no debe enfocarse en los privilegios del matrimonio, sino en sus responsabilidades. Debe estar agradecido por la bendición del matrimonio, sus muchos consuelos y honores que Dios le concede en él, pero debe dedicarse con celo a los deberes que le incumben y, en este sentido, a promover el bienestar espiritual de su esposa. Debe guiarla y dirigirla hacia Cristo, el único que puede santificarla con Su poder (Sal. 110:3). ¿Qué esposa no seguirá con agrado a su esposa cuando vea que su bienestar espiritual es su mayor interés y cuando lo vea dedicándose con diligencia a una obra tan grande?

En cuarto lugar, el esposo debe ser un hombre de Dios en todo sentido, guiado por la Palabra de Dios, lleno del Espíritu manifestando santidad en toda su conducta. Se describe así:

---

[4] Rogers, 189–90.

> Tal hombre ordena primero su propia vida, su religión personal, su conciencia delante de Dios, su manera de hablar, sus tratos y su ejemplo delante de los hombres. Luego camina delante de su esposa como un hombre sabio, y no intenta gobernar a otros antes de haberse gobernado a sí mismo. Habiendo comenzado consigo mismo —como hacen a veces los médicos— entonces instruye a los demás.[5]

El consejo de William Whately sobre este asunto es muy útil. Whately dijo que hay dos cosas relacionadas con el señorío del esposo en el hogar que se requieren de él: Debe mantenerlo correctamente y debe usarlo honorablemente.[6] Para desalentar la tendencia de muchos esposos a "gritar más fuerte" y gobernar a sus esposas con mano dura, Whately comienza prohibiendo todo uso de fuerza o violencia, y en su lugar les manda emplear sabiduría y destreza. Escribió:

> Sepan, pues, todos ustedes, esposos, que la manera de mantener la autoridad en esta sociedad del matrimonio no es por la violencia, sino por la habilidad. No por la fuerza bruta ni por mano fuerte debe el esposo sostener lo suyo frente a la indocilidad de su esposa, sino mediante un proceder más suave, apacible y prudente. Aquí debemos tomar las palabras de Salomón: *La excelencia de algo es la sabiduría.* No deseamos que ningún hombre use miradas altivas, grandes palabras ni un comportamiento feroz (como de un mastín contra un perrillo débil), sino que les aconsejamos un camino más fácil, seguro y acertado.[7]

Whately aconseja a los esposos procurar más gracia y evitar tres faltas principales.

En primer lugar, debe procurar estar adornado de todas las virtudes dignas de alabanza y aventajar a su esposa tanto en bondad como la

---

[5] Rogers, 190.
[6] Whately, *A Bride-Bush*, 97.
[7] Whately, *A Bride-Bush*, 99–100.

aventaja en posición.[8] Ezekiel Hopkins lo expresa así: "La manera correcta y más eficaz de mantener esta autoridad es mediante prudencia y seriedad, sobriedad y piedad, y una vida respetable, ejemplar y recta. Esto producirá una estima reverente y veneración en la esposa y en toda la familia".[9] El argumento de Whately es convincente:

> Que su esposa vea en él tal humildad, piedad y sabiduría que su propio corazón reconozca que hay en él algo de valor y dignidad, algo digno de ser honrado. Que camine rectamente, cristianamente, sobriamente, religiosamente en su familia, y dé buen ejemplo a todos los de la casa. Entonces la esposa le concederá voluntariamente el lugar superior, cuando no pueda sino ver que él es la mejor persona. Ningún inferior puede evitar inclinarse en su alma ante aquel superior en quien la gracia y la imagen de Dios resplandecen conforme a su lugar. Un hombre virtuoso será respetado en la conciencia aun de la peor mujer, y también en la conducta de cualquiera que no sea monstruosa y carente de toda feminidad. Ser digno de estima hace que uno sea estimado.
>
> No es carga para nadie someterse a quien evidentemente es mejor que uno mismo. Una conducta piadosa y sabia atraerá respeto y conducirá a una sujeción voluntaria. Tampoco puede nadie presentar ejemplo de un esposo así cualificado que sea pisoteado con desprecio por su esposa. Si un príncipe pone a un cobarde como capitán, sus soldados pronto lo descubren y lo desprecian; pero si tiene valor y capacidad para el cargo, aunque sean rebeldes, conservará su respeto entre ellos. Es cierto que, en un arrebato, la esposa del mejor esposo puede desmandarse y ser desobediente; pero cuando ese arrebato pase y vuelva en sí, se condenará a sí misma y lo justificará a él; y así, en lugar de perder su autoridad, la recobrará con ventaja.
>
> Esten, pues, seguros de que una conducta virtuosa y buena es el mejor medio para preservar la buena reputación. Estas cosas sobrecogen el corazón, exigen reverencia, se presentan a la mente con una seriedad

---

[8] Whately, *A Bride-Bush*, 100.
[9] Hopkins, 1:419.

> honorable y no permitirán que el hombre en quien se hallan sea despreciado por mucho tiempo. Esfuércense por hacerse piadosos, y ese es el camino más breve para ganarse el respeto.[10]

Así, lo primero que se requiere del esposo es que obtenga más gracia de Dios para andar fielmente como esposo y, por tanto, ser digno de la estima y sumisión de su esposa. Ciertamente, el Señor exige su sujeción *independientemente* de cuán bien o fielmente él se conduzca como cabeza;[11] pero debe ser el deseo del esposo hacer que esa sujeción sea fácil, andando de manera digna de ella y fiel en su ejercicio. Debe procurar que su esposa no solo se someta en lo externo, sino también en el espíritu y con gozo, así como la iglesia debe someterse a Cristo. Robert Bolton afirma que la majestad, autoridad y dignidad:

> No se disminuyen ni se pierden más rápidamente [en el esposo] que por un comportamiento ligero, por falta de valor personal o por una conducta indigna de su posición; mientras que el verdadero valor, la bondad y la gracia que resplandecen desde el interior producen una reverencia más amorosa y un amor reverente que todas las formas externas de pompa y grandeza, o que cualquier actitud áspera o altiva.[12]

Y Hopkins añade: "Donde hay una excelente mezcla de prudencia y piedad, la una como guía y la otra como ejemplo, estas cosas hacen al hombre verdaderamente digno de respeto y reverencia, e inducen a la esposa y a toda la familia a estimarlo e imitarlo".[13]

En segundo lugar, Whately afirma que el esposo debe evitar y abandonar tres males vergonzosos que siempre hacen que un hombre parezca vil y despreciable a los ojos de los demás.[14] Estos tres males son la amargura, el despilfarro y la ligereza. El esposo debe despojarse de

---

10 Whately, *A Bride-Bush*, 100–1.
11 Cf. capítulo 7.
12 Bolton, 270.
13 Hopkins, 1:419.
14 Whately, *A Bride-Bush*, 101.

aquellos pecados que, a los ojos de su esposa, lo rebajan de su lugar y arrojan su dignidad al lodo, y en su lugar revestirse de las virtudes cristianas que despiertan en ella una sumisión pronta y sincera hacia alguien a quien se deleita en seguir y a quien se entrega con confianza para protección y provisión.

El primero de estos males, según Colosenses 3:19, es la *amargura* (aspereza). Pablo manda a los esposos que "no sean ásperos" con sus esposas, porque esto se opone al amor que se les exige. "Nunca debe imaginar que una grosería o una continua amargura sea el medio adecuado para mantener o ejercer su autoridad".[15] La amargura se manifiesta en un comportamiento áspero, agrio y dañino, así como en palabras injuriosas, reproches hirientes y expresiones violentas. Las palabras amargas hieren y traspasan el corazón; llevan consigo ira y odio; contaminan el trato con resentimiento y dejan tras de sí desprecio; separan y convierten en enemigos a quienes eran amigos. Tal amargura en un esposo provocará desprecio hacia él y hacia su gobierno, y socavará su autoridad, porque su esposa se cansará de un señorío doloroso.[16] La autoridad del esposo se vuelve insoportable.[17] Por tanto, debe desechar toda amargura hacia su esposa y recordar que ella es como su propio cuerpo, y que nadie aborreció jamás a su propio cuerpo (Ef. 5:28–29).

El segundo mal que debe evitarse es la *prodigalidad* o el *despilfarro*. William Whately tenía en mente ese vicio despreciable que se encuentra en el necio tan frecuentemente descrito en el libro de Proverbios, el cual lleva a una persona a desperdiciar y malgastar las cosas que le han sido confiadas. Este es un vicio en cualquier hombre, pero especialmente en un esposo, de cuya administración prudente y economía depende su familia. La falta de ahorro y de buen manejo que un esposo debe evitar incluye la embriaguez, el juego y las malas compañías. Por la embriaguez, un esposo ahoga su entendimiento y destierra su razón.

---

15 Steele, *Puritan Sermons*, 2:290.
16 Whately, *A Bride-Bush*, 102.
17 Ambrose, 235.

Niebla su mente y oscurece su visión del camino que la Escritura ha trazado para sus pies.

¿Cómo podrá un esposo guiar y gobernar a su esposa de manera honorable y fiel sin el uso de su razón? Por el juego, un esposo consume su riqueza y agota sus recursos. Desperdicia aquello que Dios le dio para el bien de su esposa y familia, gastándolo desenfrenadamente como lo hizo el hijo pródigo (Lc. 15). ¿Cómo podrá un esposo proteger a su esposa del daño y de la necesidad, y proveer para ella conforme a sus votos matrimoniales, sin sus bienes y recursos? Por mantener malas compañías, un esposo pierde su buen nombre y mancha su carácter (1 Co. 15:33). Además, al dar entrada a su consejo en su corazón y mente, pronto quedará tan convencido de sus caminos y valores que se acomodará en sus sendas (Sal. 1:1). ¿Cómo podrá un esposo instruir a su esposa en el bien o corregir sus malas acciones cuando su juicio está cegado, su conciencia cauterizada, su carácter desacreditado y él mismo necesita instrucción y corrección? (1 Co. 14:35; Heb. 5:12). Por tanto, Whately escribió:

> El que sigue [este vicio] necesariamente pierde de una vez su entendimiento, su riqueza y su reputación. El desprecio vendrá sobre él tan rápida e irresistiblemente como la pobreza que arruina a la vez su alma, su cuerpo, su nombre, su familia y su posteridad, por buscar agradar su apetito desordenado y sepultar su razón en la sensualidad. Nunca el despilfarrador conservó su posición más de lo que conservó su dinero. El honor y la riqueza huyen de él al mismo tiempo; porque ¿quién puede estimar a alguien que se empeña en menospreciarse a sí mismo? Nuestro idioma inglés llama a la economía 'buena administración del hogar', y a un esposo ahorrador 'buen esposo', como si fuera la parte principal… del deber de un buen esposo ser prudente en sus bienes. Por tanto, dejen la bebida, el juego y la compañía de hombres disolutos, si no quieren ser expulsados de los

> corazones de toda su familia, de todos sus vecinos y también de su esposa, tanto en amor como en respeto.[18]

El tercer y último mal que el esposo debe evitar es la *ligereza*. Whately se refería a un tipo de comportamiento pueril que siempre quiere jugar y que parece preocuparse poco por el trabajo y las responsabilidades personales. Por supuesto, la recreación está justificada por la Escritura como necesaria para refrescar tanto el cuerpo como la mente. Todos necesitamos tiempo para descansar y renovarnos, pero cuando la recreación invade el tiempo que debemos dedicar a nuestro trabajo diario y a la "buena administración del hogar" (Ef. 5:15–16), nos hacemos culpables de este pecado de ligereza, es decir, de no tomar en serio nuestras responsabilidades. Whately concluye su advertencia contra la amargura, la prodigalidad y la ligereza con estas palabras:

> Tales hombres pronto se despojarán a sí mismos de su lugar, aunque nadie procure derribarlos. Pero que todo hombre piadoso aborrezca y arroje de sí estos viles males, y procure la santidad y la seriedad en su conducta, para que sea verdaderamente un gobernante, y que su superioridad (sostenida por tales pilares) permanezca firme e inconmovible, y no sea derribada al polvo del desprecio y de la falta de reverencia.[19]

¿Cuál Es el Propósito de la Autoridad del Esposo?

¿Por qué Dios confía al esposo autoridad sobre su esposa? ¿Acaso la esposa es incapaz de gobernarse a sí misma? Es fundamental que entendamos este punto. Tanto el correcto uso de la autoridad por parte del esposo como la adecuada sujeción de la esposa dependen en gran medida de las respuestas a estas preguntas.

---

18 Whately, *A Bride-Bush*, 103–4.
19 Whately, *A Bride-Bush*, 104.

Dicho de manera sencilla, la autoridad del esposo es *para el bien de su esposa* y no por alguna carencia de bien en ella. La mujer no es una persona menor ni inferior. Está hecha a la misma imagen de Dios que el hombre (Gn. 1:27) y es coheredera con él de la vida eterna (1 P. 3:7). Thomas Manton observó:

> Aunque el cristianismo no elimina las distinciones que existen entre amo y siervo, ni la distinción de un sexo sobre otro, todos tienen la misma comunión en los méritos y la gracia de Cristo. Forman un solo cuerpo espiritual místico, del cual Cristo es la cabeza y esposo, siendo herederos de la misma gracia de la vida (1 P. 3:7). Por su igualdad en participar de los privilegios espirituales y eternos, la esposa no es menos amada por Dios que los mismos esposos.[20]

Con certeza, podemos argumentar correctamente a favor del señorío del esposo a partir del orden de la creación (que Adán fue creado primero, 1 Ti. 2:13), del modo de la creación (la mujer fue hecha del hombre, 1 Co. 11:8), de la finalidad de la creación (la mujer fue hecha para el hombre, Gn. 2:18; 1 Co. 11:9), y del engaño de Eva en la caída cuando actuó *independientemente* tanto de Dios como de su esposo (Gn. 3:4–5; 1 Ti. 2:14), porque todas estas son razones bíblicas para el señorío del esposo sobre su esposa. Pero no podemos argumentar el señorío del esposo a partir de alguna desigualdad entre el hombre y la mujer. Por tanto, hacemos bien en responder a toda objeción y prevenir la rebelión con el simple hecho de que ha agradado a Dios establecer al esposo como cabeza sobre su esposa (Gn. 3:16; 1 Co. 11:3). Si a Dios le agrada que el esposo gobierne a su esposa con autoridad como su cabeza, ¿cómo no habría de agradar al esposo y a la esposa que no desean otra cosa que hacer la voluntad de Dios y disfrutar de aquella felicidad que Él ha unido inseparablemente a la obediencia, así como del honor que ha puesto sobre el matrimonio?

---

[20] Manton, 19:469.

Pero nuestro Dios misericordioso ha querido revelarnos el porqué de Sus caminos y decirnos por qué le agrada y por qué también debería agradarnos: Porque es para el bien de la esposa. Cuando Dios, en Su infinita sabiduría e inconmensurable bondad, determinó hacer bien a la esposa, la colocó bajo la autoridad de su esposo y le mandó someterse a él como al Señor en todo (Ef. 5:24). El propósito o fin de la autoridad del esposo, dijo William Whately, es "el bien de su esposa... el hacerla mejor y ayudarla a disfrutar consuelo aquí y salvación en el más allá; incluso de una manera mejor de la que podría ser ayudada sin un esposo".[21]

Lo que esto significa respecto a nuestra pregunta inicial es muy sencillo. Así como Cristo usa su señorío como Salvador de la iglesia para hacerle bien eterno, así también el esposo debe usar su señorío semejante al de Cristo para hacer a su esposa todo el bien que pueda.

Además, conforme al mandato dado al esposo en Efesios 5:25–29, toda autoridad que posee está definida y limitada por el amor. En lugar de mandarle simplemente gobernar a su esposa, Pablo le manda amarla. Pablo pone un freno a la autoridad del esposo con el freno del amor, para que no se desborde en pecado, mostrándole que no hay lugar para la tiranía, la opresión ni la crueldad. Su señorío es para el bien de ella, y es precisamente en el ejercicio de ese señorío, y no en contradicción a este, donde él expresa su amor por ella. Así, ella debe ser mejor gracias a su señorío, no peor. El señorío del hombre, escribió Richard Rogers, "le es dado no para desanimar ni destruir, sino para dirigir, beneficiar y edificar a la esposa".[22] El poder y la autoridad confiados al esposo son lo que Thomas Manton llamó "una gran servidumbre",[23] porque son de tan gran provecho para su esposa.

William Whately comentó acerca del gran beneficio del gobierno del esposo:

---

21 Whately, *A Bride-Bush*, 109.
22 Rogers, 218–19.
23 Manton, 19:430.

> Todos los gobernantes tienen su poder de Dios, más para el beneficio de aquellos a quienes gobiernan que para su propia comodidad, placer, provecho o para satisfacer sus propios deseos. El rey gobierna para que el pueblo disfrute mayor felicidad bajo su cetro de la que tendría sin él. Y todo magistrado ocupa su lugar para la seguridad y el bienestar de los que están bajo su autoridad... Así también el ministro ejerce jurisdicción espiritual... para el provecho espiritual de su rebaño... El no saber por qué gobiernan hace que los esposos gobiernen mal y así se conviertan en carga para sí mismos y para sus esposas. El que dispara a un blanco equivocado necesariamente yerra el blanco correcto; y toma un camino errado quien se equivoca respecto a la ciudad a la que debe dirigirse... Por tanto, el esposo debe preguntarse a menudo: "¿Por qué soy la cabeza en este hogar? ¿y por qué el gobierno descansa sobre mis hombros? ¿Es para vivir con más comodidad que los demás en mi familia? ¿para cumplir mis propios deseos? ¿para tener lo que quiero y que todos cuiden de mí mientras yo no cuido de nadie? No; porque la cabeza en el cuerpo no fue creada para sí misma; y consideraría mal magistrado o ministro a quien manifestara tal idea en su cargo. Sino que soy la cabeza para que todos estén mejor por causa mía, para que usando más sabiduría, esforzándome más y mostrando más virtudes que los demás en la familia, toda la casa viva más ordenada y cómodamente (y especialmente mi esposa) disfrute mayor tranquilidad y crezca más en gracia de lo que sería posible si yo no estuviera. El fruto de gobernar a mi esposa debe ser su consuelo y felicidad; ni debo considerar felicidad alguna para mí en la cual ella no tenga parte". Así, instruyéndose frecuentemente en el propósito de su gobierno, se ayudará grandemente a gobernar bien.[24]

Este servicio beneficioso del esposo hacia su esposa como cabeza ya ha sido expuesto con anterioridad al considerar el modelo y lo fructífero del amor del esposo, por lo que no es necesario repetir aquí sus detalles. Debido a que el amor y la autoridad están tan entrelazados que el amor

---

[24] Whately, *A Bride-Bush*, 109–11.

del esposo es un amor que gobierna y su autoridad es un gobierno amoroso, ya sea que hablemos de los alcances y expresiones del amor del esposo o de los alcances y expresiones de su autoridad, llegamos al mismo punto.

Sin embargo, señalamos esto: Mientras que el amor del esposo lo *impulsa* a hacer el bien a su esposa, su autoridad le *capacita* para hacerlo. En cierto sentido, su señorío da eficacia a su amor; pone, por así decirlo, manos y pies al amor que tiene por su esposa. William Gouge describió, por tanto, la autoridad del esposo como una rama de su amor.[25] Así escribió que "si un esposo renuncia a su autoridad, se incapacita para hacer ese bien y manifestar esos frutos de amor que de otro modo podría. Si abusa de su autoridad, vuelve el filo de su espada en mala dirección; en lugar de sostenerla sobre su esposa para su protección, la dirige hacia sus entrañas para su destrucción, y así manifiesta más odio que amor".[26] El señorío autoritativo del esposo es el medio por el cual Dios le capacita para amar a su esposa conforme a Su mandato. Por eso, *después* de establecer al esposo como cabeza de la esposa (Ef. 5:24), la Escritura llama al esposo a amar a su esposa (v. 25). Sin autoridad sobre su esposa, un hombre no puede ser fiel a los deberes que le corresponden como esposo, deberes que se resumen en el mandato de *amarla* como Cristo ama a Su iglesia. Felizmente, el Señor ha unido autoridad y amor, vinculando misericordiosamente en un solo esposo tanto la capacidad como el llamado.

¿Cómo Debe Ejercer el Esposo Su Autoridad?

Además de lo ya dicho, los puritanos reconocieron de manera unánime otra dimensión de la autoridad del esposo que necesita ser tratada para ayudar a los esposos a ser fieles a sus deberes delante de Dios y, de ese modo, preservar el honor de sus matrimonios. Esa dimensión era cómo debía el esposo ejercer su autoridad sobre su esposa de manera amorosa

---

[25] Gouge, 254.
[26] Gouge, 254.

y, a la vez, fiel. Ciertamente, la esposa no debe ser tratada como una niña ni como una sierva, y sin embargo él claramente tiene responsabilidad sobre ella delante de Dios como su cabeza. Si un esposo ha de amar a su esposa como Cristo ama a Su iglesia, entonces esto debe implicar guiarla por las sendas de la justicia y apartarla de los caminos de la maldad. Pero *¿cómo* ha de hacerse esto? La respuesta puritana a esta cuestión es un deber doble: *Dirigir* y *recompensar*.

Antes de desarrollar este deber, es importante ver que fue tratado dentro de los deberes del esposo como una manera de proveer el complemento necesario a la responsabilidad de la esposa delante de Dios de someterse a su esposo *en todo* (Ef. 5:24; Col. 3:18). Si la esposa ha de someterse en todo, entonces la autoridad del esposo abarca todo. Pero ¿puede entonces mandar cualquier cosa que quiera sin tener en cuenta los mandamientos del Señor, y estaría ella obligada a obedecer? ¿Le da su posición carta blanca para dirigirla conforme a los deseos de su propio corazón sin consideración por el señorío que el Señor tiene sobre él? Por otro lado, si su señorío abarca el bienestar espiritual de ella, ¿puede permanecer pasivo y no decir nada cuando ella se desvía? Si Dios le hará responsable de hacer lo que pueda para que aquellos confiados a su cuidado anden en Sus caminos, ¿debería callar y no corregirla amorosamente cuando ella se encamina por sendas de pecado? Además, ¿no debería también encomiarla y animarla amorosamente cuando obra bien?

Este es el tipo de preguntas que los puritanos abordaron con este deber. Por un lado, querían guardarse contra el abuso de la autoridad del esposo. Si él tiene autoridad para mandar a su esposa, entonces debe hacerlo para la gloria de Dios. Por otro lado, querían capacitar al esposo para ser el tipo de gobernador doméstico y cabeza que verdaderamente beneficia a su esposa, guiándola hacia la práctica de toda virtud y fortaleciéndola en ella, así como apartándola de todo vicio y ayudándola a reformarse.

Whately escribió más extensamente sobre este asunto que cualquier otro puritano. Describió la intención de los puritanos en este deber cuando escribió:

> Dirigiremos a los esposos cómo han de gobernar, de tal manera que debiliten toda corrupción y fortalezcan toda virtud que encuentren en sus esposas, y hagan sus vidas diez veces más santas y felices de lo que de otro modo podrían ser, y les den justa causa (que es lo más deseable que puede haber en el gobierno) para alabar de corazón el nombre de Dios por su unión en matrimonio.[27]

Si podemos mantener esta loable intención en mente en lo que sigue, no solo apreciaremos esta contribución de los puritanos a los deberes del esposo, sino que nos colocaremos en una posición mucho más propicia para aplicar su consejo a nuestros propios matrimonios y cosechar los beneficios que innumerables matrimonios antes que nosotros han disfrutado al ponerlo en práctica.

Consideremos, por tanto, la primera parte de este deber, *dirigir* o *mandar*. Hay tres cosas en cuanto a la autoridad del esposo para dirigir a su esposa. Primero, el esposo debe aprender a dirigir a su esposa no como el jefe supremo y absoluto sobre ella, sino como alguien que él mismo está bajo el poder de Dios, un poder al cual debe mucha más sujeción que la que su esposa le debe a él. Por tanto, no tiene derecho a mandar a su esposa hacer cosas contrarias a lo que el gobierno de Dios sobre él le autoriza a hacer, pues esto sería un abuso de su autoridad. "Donde Dios manda, él no debe prohibir; lo que Dios prohíbe, él no debe mandar".[28] No tiene derecho a esperar que ella ceda a sus demandas cuando él ha excedido su comisión y los límites de su lugar al exigirle aquello que Dios prohíbe. En tal caso, se muestra a sí mismo como un esposo necio para con su esposa y como una cabeza rebelde bajo su Dios.

---

27 Whately, *A Bride-Bush*, 112.
28 Whately, *A Bride-Bush*, 114.

> Ningún esposo, pues, olvide que el Señor en el cielo, y el magistrado público en la tierra, están por encima tanto de él como de su esposa, y que ambos deben igualmente estar sujetos a ambos; por tanto, que nunca oponga su autoridad privada contra estas autoridades que son más fuertes que la suya, ni haga a su esposa desobediente a ninguna de ellas por una falsa pretensión de deber hacia sí mismo.[29]

Si un esposo manda a su esposa mentir para proteger su propia reputación, o quebrantar el Día del Señor por ganancia económica, o participar en fraude y engaño para su avance financiero, ha traspasado los límites de su lugar; y si su esposa le obedece, ella comparte su culpa. De igual manera, si un esposo prohíbe a su esposa orar, o asistir a la predicación de la Palabra y a los sacramentos en el Día del Señor, o leer su Biblia, abusa de su autoridad sobre ella. Whately concluye este primer punto con la siguiente exhortación:

> Vean, pues (todos ustedes esposos), que sus palabras a sus esposas estén de acuerdo con las leyes de Dios… de lo contrario no gobiernan, sino que tiranizan. Y desobedecerlos es la mejor obediencia; o más bien, apartarse de seguir sus direcciones mal ordenadas no es negar sujeción a su lugar, poder y persona, sino a sus pecados, concupiscencias y corrupciones.[30]

Segundo, el esposo debe ejercer su autoridad con sabiduría de lo alto, una parte principal de la cual es conformar su ejercicio a la disposición de su esposa. Para hacer esto debe conocer profundamente el temperamento y la personalidad de su esposa (1 P. 3:7). Por ejemplo, si su esposa se irrita fácilmente y es rápidamente dominada por la ira, le conviene hacer lo posible por evitar provocarla. Si su esposa tiende a sentirse fácilmente abrumada por la carga de las demandas semanales en el hogar y con los hijos, entonces será sabio que el esposo haga lo que pueda durante el fin de semana para aliviarla. En suma, la intención es conocer tan bien a su

---

[29] Whately, *A Bride-Bush*, 115.
[30] Whately, *A Bride-Bush*, 116.

esposa que conviva con ella de manera comprensiva, haciendo lo posible por moderar y acomodar su gobierno conforme a su naturaleza.

> Mientras la mayoría de los hombres hacen lo que hacen sus vecinos, y esperan que sus esposas hagan lo que hacen las esposas de sus vecinos, llenan sus casas de contiendas. Es más, muchos, siguiendo sus propias pasiones y dejándose llevar por el ánimo presente, arruinan por completo la paz de sus familias, porque no quieren hacer ni decir lo que es más conveniente para el estado de sus esposas, sino lo que más concuerda con sus propios deseos.[31]

Por tanto, Bolton exhorta a los esposos a convivir con sus esposas conforme a conocimiento "mediante un sabio discernimiento desde el principio y un conocimiento oportuno de su disposición, afectos, debilidades, pasiones e imperfecciones".[32]

Tercero, el esposo debe tener cuidado de no ejercer su autoridad de maneras perjudiciales. Primero, no debe controlar minuciosamente las cosas triviales e insignificantes como si su propia mano tuviera que estar al timón en cada pequeño asunto del hogar. Muchas cosas deben ser, y son mejor, encomendadas al cuidado y responsabilidad de la esposa. Ella le ha sido dada como ayuda idónea (Gn. 2:18), y es degradante para ella y dañino para él si no le permite ser esa ayuda, especialmente en el hogar, donde muchos de sus dones alcanzan un hermoso desarrollo. Si él quiere ser tanto esposo como ama de casa, dijo Whately, "y ocuparse de la elaboración de cerveza, del horneado, del lavado, y de los detalles de estos y otros quehaceres semejantes, sucederá que su esposa no podrá ayudar en nada, porque él acapara todo en sus propias manos".[33] Whately continúa:

> En estas cosas, por tanto, debe permitir a su esposa gobernar bajo él, y darle lugar para saber más que él, quien tiene asuntos de mayor peso…

---

31 Whately, *A Bride-Bush*, 132.
32 Bolton, 273.
33 Whately, *A Bride-Bush*, 151.

> que tocan más de cerca el bienestar de su hogar, en los cuales ejercer su conocimiento. Y si en alguno de estos asuntos encuentra desorden, sería parte de su sabiduría aconsejar y orientar antes que imponer y mandar.[34]

Segundo, no debe mandar cosas irrazonables o ridículas. Más bien, debe usar su autoridad de tal manera que muestre prudencia y reflexión. Es cierto que el deseo de la esposa de someterse a su esposo en todo como al Señor (Ef. 5:22–24) debería hacerla dispuesta a hacer todo lo que le agrade, siempre que sea lícito delante de Dios; pero también es cierto que el esposo no debe mandarle hacer cosas solo para probar que es su cabeza. Ejercer su autoridad de este modo mostraría que poco le importa ganar el corazón de su esposa y que solo le interesa gobernar su cuerpo. Por otro lado, si lo que él manda no solo es razonable para ella, sino que además lleva consigo la autoridad de Dios, a quien ambos están sujetos, entonces ella estará mucho más dispuesta a hacerlo.

Para que este consejo no sea malentendido, convienen dos advertencias. La primera advertencia, dice Whately, es que la parte de mandar dentro del gobierno del esposo debe ser *raramente usada.*

> Una prenda que se pone sobre la espalda todos los días pronto se desgasta; así también la autoridad de un hombre se desgasta con el uso excesivo. Por tanto, guárdese, hasta que ocasiones debidas para usarla la saquen a la luz.[35]

Además, cuando sienta que debe mandar o prohibir algo, procure que su autoridad no se ejerza de tal manera que ponga en duda su amor, sino que su amor sea lo más evidente, aun si su esposa solo lo percibe más tarde, cuando tenga mejor disposición. Sé muy escaso en imponer mandatos a tu esposa, dijo Scudder:

---

[34] Whately, *A Bride-Bush*, 151–52.
[35] Whately, *A Bride-Bush*, 154.

> Una insinuación de lo que deseas que se haga es suficiente entre esposo y esposa; las súplicas de un esposo no le deshonran... y generalmente prevalecen más que mandatos directos. La frecuencia y el tono imperioso en los mandatos a alguien tan cercano en igualdad harán que tu autoridad sea pesada y gravosa para ella y disminuirán mucho en ella (haga lo que haga) aquel honor y reverencia que debe y quiere darte.[36]

La segunda advertencia es esta: El esposo debe evitar toda severidad y aspereza al mandar, y unir siempre sus mandatos con la virtud cristiana de la *mansedumbre*. La mansedumbre, o gentileza, dice Whately, es:

> La dulce salsa de este gobierno, la cual hace que no resulte demasiado agrio ni áspero al paladar de la esposa. Este es el suave forro de este yugo, que impide que se sienta su dureza; y sin ello será insoportable. Ninguna mujer puede soportar el gobierno de su esposo con agrado si la gentileza no lo templa.[37]

Si los pastores deben corregir a sus oponentes con amabilidad (2 Ti. 2:24–25), cuánto más los esposos deben gobernar a sus esposas, con quienes son una sola carne, con amabilidad. Y si se nos manda ser amables con todos los hombres (Tit. 3:2), cuánto más deben los esposos serlo con sus esposas.

Considera cómo esta mansedumbre se relaciona tanto con el contenido como con la manera de los mandatos del esposo. En cuanto al *contenido*, su mansedumbre debe manifestarse de dos maneras. Primero, no debe extender demasiado el uso de su autoridad de mando. Por confianza en los dones, fortalezas y amor de su esposa hacia él, el esposo debe mostrarse "de un espíritu amable y generoso, no asumiendo con rigor mandar todo lo que podría, sino complaciendo voluntariamente a su esposa en algunas, en muchas, en la mayoría de las cosas, para que ella

36 Scudder, 94–95.
37 Whately, *A Bride-Bush*, 156.

esté menos reacia, sí, y con mayor disposición, a sujetarse a él en otras cosas".[38]

Cuanto más dispuesto esté él a permitirle gobernar en aquellas áreas que le han sido encomendadas, tanto más dispuesta estará ella a someterse a él en aquellas que le han sido confiadas como su cabeza.

> Un hombre hallaría a su esposa diez veces más obediente si fuera más moderado en exigir deber, que lo que cualquier rigor podría lograr. Y ella obedecerá con mucha más tranquilidad cuando vea que no se le exige una obediencia desmedida, que de otro modo podría lograr inclinar su corazón.[39]

En conclusión, dice Whately,

> No sea el esposo como el rudo Nabal con su esposa, sino más bien siga… los santos modelos de mansedumbre conyugal, que engendran a la vez amor y reverencia, y que tanto manifiestan bondad como la procuran. El que quiere ser señor en todo tensa tanto la cuerda de su autoridad que corre peligro de romperla, y de modo que al final no será señor en nada.[40]

Segundo, el esposo debe mostrar mansedumbre no exigiendo a su esposa cosas que sabe que le son difíciles. Él mismo experimenta que, aunque hay cosas que se le requieren y que hace con agrado y facilidad porque le son naturales, hay otras tan difíciles y penosas que casi no quiere hacerlas, e incluso a veces desearía ser eximido de ellas. Asimismo, hay cosas que él simplemente no puede hacer y por ello necesita que otros las hagan por él. Teniendo esto en cuenta, si ha de ejercer su autoridad con mansedumbre y dulzura, debe abstenerse de exigir e insistir en aquello que sabe que a ella le resulta muy difícil o que sabe que no puede hacer. "No debes imponerle nada sino conforme a su fuerza y capacidad; debes

---

[38] Whately, *A Bride-Bush*, 157–58.
[39] Whately, *A Bride-Bush*, 158.
[40] Whately, *A Bride-Bush*, 159.

sostener su debilidad con tu fortaleza y suplir sus defectos con tu sabiduría", exhorta Scudder.[41] "Un buen esposo debe cuidarse de no quebrantar la espalda de la obediencia de su esposa exigiéndole cosas difíciles que no puede realizar sin gran esfuerzo".[42]

En cuanto a la *manera* de mandar, el esposo debe procurar que, si y cuando tenga que ordenar algo a su esposa, no lo haga con arrogancia ni de forma dominante, sino con ruego y ternura. Debe imponer sus mandatos de manera tan amorosa y amable que ella no sienta el peso de ellos sobre sus *hombros*, sino solo su suave atracción sobre su *corazón*. "Cuando la necesidad requiera que se dé algún mandamiento"— dice Whately— "no debe imponerse de forma imperiosa, con el calor y la vehemencia de palabras exigentes y apremiantes, sino con un dulce impulso de bondad... con persuasiones amorosas y peticiones familiares".[43]

Ahora bien, puede ser que su esposa sea propensa a la obstinación y a la resistencia, y que se someta de mala gana a las cosas que él debe requerir de ella. En tal caso, el esposo puede verse tentado a "levantar más la voz" y "dar más portazos" para afirmar su autoridad. Sin embargo, es muy probable que halle más felicidad y mayor eficacia al vencer la ira y la resistencia de su esposa mediante una autoridad suave y tierna, pues "el camino más apacible es más cómodo [para ella], y más propio de un esposo".[44] Esto previene su resistencia, dice Whately, cuando él pide lo que podría haber ordenado.

> No hay nada por lo cual contender cuando un hombre no ostenta, por así decirlo, su autoridad; las cosas se hacen mejor cuando la voluntad es atraída, en lugar de que el cuerpo sea forzado. Si insistes con dureza, y vienes con 'Lo harás, y te obligaré'... y otras palabras altivas semejantes, el corazón se opondrá a lo que la mano ejecuta; y serás interiormente desagradable, aunque exteriormente obedecido. Y si su

---

[41] Scudder, 91.
[42] Whately, *A Bride-Bush*, 160.
[43] Whately, *A Bride-Bush*, 161.
[44] Whately, *A Bride-Bush*, 162.

> obediencia no procede del corazón, ¿cómo podrá durar mucho? Por tanto, el modo de prevalecer con menor carga para [la esposa] y menor esfuerzo para [el esposo] es, con palabras suaves, desear esto o aquello, antes que imponerlo con expresiones imperiosas.[45]

A menos que una necesidad absoluta requiera insistencia, procure usar mansedumbre en sus mandatos y llenar su boca de palabras como: "Buena esposa, te ruego que sea así; te suplico, hazme el favor de hacer esto o aquello",[46] pues esto le procurará un hogar, un matrimonio y una esposa más felices.

La segunda parte de este importante deber es *recompensar*. Hay dos aspectos en el recompensar: El positivo, en el que el esposo elogia a su esposa por hacer el bien, y el negativo, en el que el esposo reprende amorosamente a su esposa cuando obra mal. Primero, el esposo debe procurar que las buenas obras sean recompensadas con alabanza y gratitud. En Proverbios 31 leemos que la mujer ejemplar no solo es alabada por su esposo por sus buenas obras (vv. 28–29), sino también en las puertas de la ciudad, donde el pueblo se reúne y conversa (v. 31). Por supuesto, la gloria de sus obras debe darse a Dios, quien obra en ella el querer y el hacer por Su buena voluntad, capacitándola para andar en las buenas obras que Él preparó de antemano (Fil. 2:13; Ef. 2:10); pero nada se le quita al Señor su Dios cuando su esposo reconoce y elogia su fidelidad y bondad hacia él como la esposa que Dios le ha dado para hacerle bien (Gn. 2:18).

¿De qué otra manera sabrá ella si le agrada o no, si él nunca la elogia ni le muestra su aprecio? ¿Cómo sabrá el bien que él busca en ella, si él nunca lo señala mediante su reconocimiento gozoso? Por tanto, el esposo debe proponerse alabarla cuando ella le agrada. No solo será esta alabanza una bendición para la esposa al ver que trae a su esposo el bien que Dios quiso para él, sino que la animará aún más a hacerle bien. De hecho, puede llegar a buscar maneras de hacerle más bien del que él

---

[45] Whately, *A Bride-Bush*, 162–63.
[46] Whately, *A Bride-Bush*, 163.

jamás pidió o imaginó. Su elogio nutrirá y cultivará su servicio y sumisión diligentes delante del Señor, y la animará a ser esa mujer excelente que sobrepasa a todas las demás por el efecto que su temor de Dios tiene sobre su matrimonio (Pr. 31:29–30).

Whately describe este deber así:

> El hombre debe dar a entender a su esposa, mediante palabras de aprobación consoladora, cuánta satisfacción halla en su conducta buena y obediente. Debe animarla y estimularla a una perseverancia en un comportamiento agradable y fiel mediante algunas muestras especiales de cortesía, como dones u otras cosas semejantes, en las cuales sabe que ella se deleita más; pues el semblante alegre, la amabilidad, la afabilidad y la liberalidad del esposo son para la buena esposa causa de tanto contentamiento como cualquier otra cosa en el mundo, después del favor de Dios.[47]

Además, cuando el esposo recompense a su esposa por el bien que ha hecho, debe cuidar de no arruinar el don por la manera en que lo da. Por ejemplo, si sus elogios son fríos y sus regalos se dan de mala gana, ella percibirá más su frialdad que su bondad, y cualquier bien que su recompensa pudiera haber producido en su relación se verá contrarrestado por la forma en que fue dada. Por tanto, Whately advierte a los esposos: "No permitan que el desorden de sus pasiones arruine el fruto de su bondad; ni hagan que cosas dulces en sí mismas se vuelvan amargas al mezclar con ellas su hiel y mal temperamento".[48]

En cuanto al lado negativo del recompensar del esposo, este debe reprender amorosamente a su esposa cuando ella obra mal. A primera vista esto puede parecer fuera de lugar. ¿Es siquiera saludable en un matrimonio? ¿No debería el gran amor que él le tiene pasar por alto todas sus faltas y dejarla en manos de Dios, quien es el único que puede obrar en su corazón y producir cambio? Estas objeciones parecen plausibles,

---

[47] Whately, *A Bride-Bush*, 125.
[48] Whately, *A Bride-Bush*, 164.

pero pasan por alto un elemento importante del amor del esposo que pretenden defender. Según Mateo 18, es por el amor de Cristo a Su pueblo que Él deja las noventa y nueve y va tras la que se ha extraviado (vv. 10–14); y es por amor a nuestro hermano que vamos a él cuando peca contra nosotros y le mostramos su falta para que se arrepienta y nuestra comunión sea restaurada (v. 15). El punto es claro: El amor no deja a un hermano en el pecado. El amor persigue al ser amado con un corazón dispuesto a perdonar; el amor busca recuperar, restaurar y redimir. Dejar a un hermano en el pecado, ver que se extravía y no decir nada, verlo dañarse por su transgresión y no procurar rescatarlo, o verlo en peligro a causa de su pecado y no hacer nada para evitarlo, no es amarle, sino odiarle.

Juan declara en 1 Juan 3:14–18:

> Nosotros sabemos que hemos pasado de muerte a vida porque amamos a los hermanos. El que no ama permanece en muerte. Todo el que aborrece a su hermano es un asesino, y ustedes saben que ningún asesino tiene vida eterna permanente en él. En esto conocemos el amor: En que Él puso Su vida por nosotros. También nosotros debemos poner nuestras vidas por los hermanos. Pero el que tiene bienes de este mundo, y ve a su hermano en necesidad y cierra su corazón contra él, ¿cómo puede morar el amor de Dios en él? Hijos, no amemos de palabra ni de lengua, sino de hecho y en verdad.

El amor cristiano ejercido hacia un hermano que peca refleja el amor del Buen Pastor y del Buen Samaritano que Cristo ejerce hacia Sus ovejas pecadoras. Persigue al caído con un corazón compasivo. Extiende una mano de ayuda con el propósito de levantarlo de su pecado (Jud. 23). Se niega a abandonar al caído. El amor trata el pecado del hermano como pecado y lo llama por su nombre, exhortándolo a abandonarlo, pero también trata al hermano como hermano, haciendo todo lo posible por facilitar y ser instrumento en su recuperación y restauración (Mt. 18:15–17, 21–22).

Ahora bien, si este es el caso entre hermanos, ¿cuánto más debe serlo entre cónyuges, quienes están más unidos de lo que jamás podrían estar dos hermanos? Ambos han venido a ser una sola carne. Cuando un esposo ama a su esposa, se ama a sí mismo (Ef. 5:28–29). Si un hermano no puede permitir que otro hermano se extravíe, tampoco puede el esposo permitir que su esposa se extravíe. Antes bien, debe amarla como Cristo ama a Su iglesia, a la cual persigue incansable y persistentemente cuando se desvía (Os. 2:5–7, 14–15). Por tanto, no se trata de *si* el esposo tiene esta autoridad y responsabilidad; más bien, como en el caso de dirigir, se trata de *cómo* ha de ejercerla. Por ello, Bolton exhorta al esposo a que "con toda santa discreción, se aplique y se dirija a ella de manera justa y amorosa para rectificar y reformar todo lo que pueda, y a soportar el resto con paciencia, pasándolo por alto sin pasión ni impaciencia, esperando siempre en Dios por medio de la oración, en su debido tiempo, una reforma más plena y completa".[49]

Los puritanos eran muy sensibles al ejercicio correcto de este deber y ofrecieron cinco directrices. En primer lugar, el esposo no debe reprender donde no hay falta. Todo el propósito de la corrección es ayudar al ofensor a ver y reformar su falta. Dijo Whately:

> Ningún buen cirujano pondrá una venda sobre un lugar sano. Eso siempre es un trabajo innecesario y muchas veces peligroso, porque algunos remedios pueden irritar la carne sana. Así tampoco debe el esposo hallar falta donde no la hay, no sea que llegue a producir una falta donde antes no existía.[50]

Puede ciertamente reprender donde Dios ha sido deshonrado, pero no tiene autoridad para reprender donde no se ha cometido ninguna falta. Scudder advirtió con firmeza a los esposos que "se aseguren de que haya una falta, y una gran falta en ella, de lo contrario no la reprendan —faltas menores pueden sanarse y corregirse por sí mismas o con una simple

---

[49] Bolton, 273.
[50] Whately, *A Bride-Bush*, 120.

advertencia; muchas faltas no deben ni siquiera señalarse, sino que deben ser soportadas, así como ella debe hacer lo mismo con ustedes".[51]

En segundo lugar, no debe reprender a su esposa por aquello que ella ya ha corregido. Una falta corregida debe ser perdonada y tratada como si ya no existiera, puesto que ha sido enmendada y, por así decirlo, anulada. Es perjudicial para el matrimonio que el esposo reprenda o corrija cuando su esposa ya ha sido sanada por el arrepentimiento y la reforma. Cuando un pecado ha sido abandonado y arrepentido, explica Whately:

> Está muerto y sepultado. ¿Por qué, entonces, habría alguien de ir a envenenarse a sí mismo y a otro, desenterrando el cadáver de su sepulcro? Ciertamente, las faltas pasadas pueden mencionarse justamente para agravar una misma falta repetida; pero si la esposa no repite su pecado al cometerlo, el esposo obra muy injustamente si lo repite al reprender. Dios promete que si el pecador abandona sus pecados, Él los borrará de Su memoria y los arrojará a lo profundo del mar. ¿Por qué ha de recordar el hombre lo que Dios ha olvidado? Sin duda, es una mala memoria la que trae a colación aquello que Dios ha querido sepultar en el más profundo silencio, y repite lo que Él ha prometido no volver a mencionar. Echar en cara a un pecador arrepentido es una clara iniquidad.[52]

En tercer lugar, debe medir su reprensión conforme a la falta. El esposo que mide sus reprensiones por su estado de ánimo, su ira, la pérdida sufrida o el dolor causado, hace injusticia a su esposa y olvida el propósito de la corrección. Así como la venda debe ajustarse a la herida y el remedio medirse según la enfermedad, así también su reprensión debe ajustarse al pecado cometido. Un pecado de ignorancia no debe reprenderse como si fuera rebelión deliberada. Un pecado de debilidad no debe tratarse como resistencia obstinada —en algunos casos, incluso

---

[51] Scudder, 95–96.
[52] Whately, *A Bride-Bush*, 121–22.

puede ser mejor pasarlo por alto en silencio. Tampoco debe ignorarse un pecado de rebelión arrogante como si fuera una debilidad excusable.

Whately aconseja lo siguiente:

> Si alguno quiere una regla segura para preparar este remedio, que tome esto… Un pecado pequeño debe pasarse por alto con ligereza, aunque traiga gran pérdida; un pecado grande debe tratarse con mayor severidad, aunque en lugar de pérdida haya producido ganancia. Así como la causa de la reprensión debe ser la transgresión del mandamiento de Dios, y no el disgusto del esposo en placer o provecho, así también la medida de la severidad debe tomarse de la gravedad del pecado contra Dios.[53]

Baxter lo expresa así:

> El esposo debe ser el más fuerte en paciencia familiar, soportando las debilidades y pasiones de su esposa, no para tomar a la ligera ningún pecado contra Dios, sino para no hacer gran cosa de ninguna fragilidad contra sí mismo, y así preservar el amor y la paz que son el temperamento natural de su relación.[54]

En suma, donde no hay pecado, no debe haber reprensión; pero donde hay pecado y debe reprenderse, que se mida conforme al juicio de Dios y no al del hombre.[55]

En cuarto lugar, cuando el esposo considere necesario reprender a su esposa y exhortarla a volver a los caminos de la verdad y la justicia, debe escoger sabia y cuidadosamente el *momento* y el *lugar adecuados*. Hay ocasiones que son inapropiadas e inoportunas para reprender. Todos hemos apreciado el amor de aquel padre o hermano que buscó sabiamente y esperó pacientemente el momento oportuno para corregirnos. También recordamos el dolor causado por una reprensión fuera de tiempo, ya sea

---

53 Whately, *A Bride-Bush*, 124.

54 Baxter, 154.

55 Cf. Catecismo Menor de Westminster, P. 83.

que la hayamos recibido o dado. Por tanto, el esposo debe procurar con cuidado y en oración un tiempo y un lugar oportunos para la reprensión, no sea que su intento de sanar la herida la agrave aún más. Debe ser un momento en que él esté preparado para reprender y en que ella esté dispuesta a recibir la reprensión. Por ello, Whately propone dos reglas para discernir cuándo es ese momento.

Regla 1: El esposo debe estar sereno y libre de ira, tristeza o cualquier otra emoción semejante que pueda nublar tanto su pensamiento como su hablar. Mientras la ira llene el corazón del esposo, debe abstenerse de reprender a su esposa, pues "un hombre que está ardiente y encendido con la violencia de la ira… reprenderá por aquello que, pasada la alteración, su propio corazón dirá que no merecía reprensión; y hará todas las cosas con tales… palabras y gestos indecorosos y desagradables que arruinarán por completo… todas sus acciones".[56] Whately continúa:

> En la ira el hombre hablará, no lo que conviene a la ocasión, sino lo que concuerda con su pasión; no lo que el asunto requiere, sino aquello a lo que lo impulsa su corazón desordenado… No puede ser sabio que un hombre emprenda una tarea en la que se requiere sabiduría en un momento en que ha perdido su sabiduría… En estos arrebatos el hombre está fuera de sí; porque la ira es una breve locura, ¿y cómo puede un loco gobernar bien?[57]

Por tanto, cuando un esposo siente el fuego de la ira ardiendo en su corazón, no está en condiciones de reprender a otros, sino que debe apartarse y apagar ese fuego mediante el arrepentimiento y la mortificación delante de Dios, antes de intentar reprender a su esposa por su falta (Pr. 14:29). Debe luchar contra su ira, su amargura, su falta de perdón y todo aquello que entorpezca el ejercicio de su juicio y le lleve a desacreditar su propia autoridad, ya sea reprendiendo donde no hay falta

[56] Whately, *A Bride-Bush*, 135.
[57] Whately, *A Bride-Bush*, 136.

o reprendiendo la paja en el ojo de su esposa mientras la viga de su propio pecado sobresale del suyo (Mat. 7:1–5).

Regla 2: El esposo debe escoger un momento en que su esposa sea capaz de recibir la reprensión, cuando ella también esté serena y libre de ira, tristeza y similares. Si la ira impide su capacidad para reprender, con mayor razón impedirá la capacidad de ella para recibir la reprensión. Si él necesita un corazón claro y tranquilo para tratar la falta, ella también lo necesita para reconocerla.

> Debe observarse el tiempo y el lugar oportunos cuando reprendes y amonestas a tu esposa; no debes hacerlo cuando tú o tu esposa están enardecidos o dominados por la pasión, porque entonces ni tú estás en condiciones de reprender ni ella de recibir la reprensión... mientras hombres y mujeres están dominados por la pasión, no son ellos mismos.[58]

Pero ¿qué debe hacer el esposo si su esposa no recibe su corrección y en cambio responde con palabras airadas? Whately da este consejo:

> Mejor es que ella hable al último, que ambos hablar neciamente; y mejor que hable ella sola, que tú, por hablar, caigas en la misma insensatez. Porque es extremadamente difícil tratar con una persona airada sin encenderse también. No andes con hombre iracundo (dijo Salomón), para que no aprendas sus maneras (Pr. 22:24–25).[59]

Así como la sabiduría debe guiar al esposo para escoger el momento oportuno para reprender, también debe enseñarle cuándo callar. Aun si se encuentra recibiendo la descarga de palabras de su esposa, si no quiere ser tenido por necio por no refrenar sus propias palabras, debe guardar silencio, ser paciente y soportar la debilidad de su esposa hasta poder ayudarla en un momento más calmado.

---

[58] Scudder, 96–97.
[59] Whately, *A Bride-Bush*, 142.

> Por tanto, así como procuras que toda cosa esté en condiciones de recibir aquello que le quieres poner — el licor al vaso, la semilla a la tierra, la ropa al armario, al huésped a la casa— así también procura que el corazón de tu esposa esté en condiciones de recibir tus instrucciones o amonestaciones, y que haya lugar para ellas en su mente antes de enviarlas allí. Mira que esté tranquila, complacida, sosegada; no fermentada con ira, ni amargada por la tristeza, ni agria por el descontento. Todo hombre es necio en sus arrebatos de pasión, y Salomón lo dijo de una vez para siempre: *No hables a oídos del necio, oorque despreciará la sabiduría de tus palabras* [Pr. 23:9].[60]

El esposo también debe escoger el mejor lugar. Y como regla general, el mejor lugar es un lugar secreto. La propia regla de Cristo en Mateo 18:15 es: "Si tu hermano peca, ve y repréndelo a solas". Cuando el esposo espera hasta poder tomar a su esposa aparte y hablarle con franqueza, libertad y ternura, esto contribuirá mucho más a su arrepentimiento que reprenderla abiertamente delante de otros (Pr. 16:21). Si la corrige en público, difícilmente creerá ella que no quiso avergonzarla; pero si la toma aparte, esto alentará en gran manera su arrepentimiento, porque demuestra que él cuida de su reputación y verdaderamente desea su reforma. "Si tiene ocasión de reprenderla" —escribió Ambrose— "debe guardar sus palabras hasta un tiempo conveniente, y no hacerlo en presencia de otros, y entonces expresarlas con espíritu de mansedumbre y amor".[61] Baxter también dio una regla al respecto: El esposo debe procurar que "ninguno de los asuntos propios, que deben mantenerse en secreto, sean dados a conocer a otros. Su enseñanza y reprensión deben ser en su mayor parte en secreto".[62]

En quinto lugar, otra directriz se refiere a la virtud de la *mansedumbre.* Ya mencionamos que la mansedumbre debe gobernar al esposo al dirigir a su esposa; pero es importante ver que también debe gobernarlo al reprenderla. Tanto el contenido como la forma de sus

---

60 Whately, *A Bride-Bush*, 143–44.
61 Ambrose, 235.
62 Baxter, 154.

reprensiones deben estar marcados por la mansedumbre. En cuanto al *contenido*, su mansedumbre debe manifestarse en no señalar cada pequeño fallo que observe. Así como en un pasaje estrecho dos personas apenas pueden pasar sin rozarse o empujarse contra la pared, así también en una relación tan cercana y estrecha como el matrimonio abundarán las pequeñas ofensas, tanto en la conducta personal de cada uno como entre sí. La mayoría de estas, como pequeñas llagas o pinchazos, se curan por sí mismas y pueden pasarse por alto fácilmente. Por tanto, a menos que se trate de una gran ofensa o de algo hecho con soberbia y presunción, el esposo debe pasarla por alto con amor (1 Co. 13:7). Cuando deba proceder a reprenderla, debe hacerlo con verdadera renuencia, sintiéndose más obligado por la falta que inclinado a reprenderla (cf. Lm. 3:33).

> Así como la ternura del amor de una madre hace que no note muchas pequeñas deformidades en su propio hijo, así debes estar dispuesto hacia tu esposa. Ora a Dios contra todas sus faltas, ve y elogia todas sus virtudes, pero las pequeñas carencias y debilidades naturales y ordinarias no las tomes en cuenta ni las reprendas jamás… Porque tu falta de disposición para ver y reprender hará que ella esté más dispuesta a ver y corregirse.[63]

En cuanto a la *manera* de reprender del esposo, debe procurar que sus reprensiones sean muy suaves. El consejo de Whately lo expresa de la mejor manera:

> Las palabras y gestos empleados para hacer sentir la falta en la conciencia de la esposa deben ser apacibles y agradables, tales que exhalen amor y compasión a la vez. La reprensión debe aplicarse como una venda, no con regaños, sino con lamento… El esposo debe recordar siempre no usar más aspereza de la que conviene a su propia carne. Las

---

63 Whately, *A Bride-Bush*, 166–67.

> reprensiones por sí mismas... ya son bastante desagradables; no necesitamos hacerlas más desagradables con nuestra amargura.[64]

¿Podría persuadirse a un enfermo a beber un remedio que está hirviendo? De la misma manera, una esposa no puede soportar aquella reprensión que, por así decirlo, le quema el oído con palabras dañinas y amargas, y que viene acompañada de un semblante airado, ojos encendidos y gestos amenazantes. Tal reprensión nunca alcanzará su corazón y producirá el efecto contrario al que su esposo pretende (Pr. 15:4).

> El lenguaje áspero y el exceso de calor en la reprensión (aunque la causa sea muy justa) serán como una buena medicina administrada hirviendo. Esto no podrá ser ingerido; apenas podrá tomarlo así de caliente, sino que lo devolverá al rostro de quien se lo da, y toda su eficacia se pierde.[65]

Por tanto, si ha de reprenderla por su pecado, hágalo con el amor y la ternura debidos a ella como su esposa (Pr. 15:1–2; 16:23–24).

Para reforzar este punto, ofrecemos un consejo final y resumido de dos puritanos. Su extensión está plenamente justificada por su provecho.

Primero, considérese el consejo resumido de Steele:

> El esposo demuestra su amor *reprendiendo con delicadeza a su esposa cuando esta se equivoca.* —Debe, en verdad, pasar por alto muchas debilidades; porque "el amor cubre multitud de pecados". Y así como el que está siempre usando su espada terminará por desafilarla, así también el que reprende continuamente hará que sus reprensiones sean menos atendidas. Pero, aun así, no puede amarla si, cuando es necesario, no la reprende; pero entonces hágalo con toda la sabiduría y ternura imaginables; no delante de extraños, y raramente delante de la familia; no por defectos naturales, pocas veces por descuidos; y cuando lo haga, abra camino a su reprensión elogiando en ella lo que

---

64 Whately, *A Bride-Bush*, 167.

65 Scudder, 96.

> es bueno; y cuando termine, respáldela con una razón. Debe asegurarse de mezclar el aceite de la bondad con la mirra de la reprensión; porque si le da esta poción demasiado caliente, su efecto se frustra y su esfuerzo es peor que perdido. Admirable fue la conducta de Job cuando su esposa le ofendió gravemente con sus palabras; y, sin embargo, obsérvese cuán suavemente la reprende... "Hablas como habla cualquier mujer necia" (Job 2:10). Tarde o temprano, si no es insensata, ella lo agradecerá y se corregirá.[66]

Steele continúa:

> Los efectos del amor de un esposo se ven en... *el uso moderado de su autoridad.* —Dios, en Su sabiduría, le invistió de ella en la creación (Gn. 2:23) y no se la quitó en la caída (Gn. 3:16). La luz de la naturaleza se la concede (Est. 1:22) y el evangelio no la ha abolido en ningún lugar, sino que la ha confirmado (1 Co. 11:3). Y nadie, sino mujeres orgullosas e ignorantes, la disputará jamás. Pero aquí reside un acto del amor del esposo: 1) Conservar sabiamente esta autoridad; 2) Usarla con mansedumbre.
>
> 1) Debe *conservarla* mediante una conducta piadosa, seria y varonil; esto será su principal fortaleza y sostén. Será difícil para ella, aunque sin duda es su deber, reverenciarle si él mismo ha olvidado reverenciar a su Dios. Si su conducta es ligera, ella se inclinará a tenerlo en poco. Si es débil y afeminado, pierde su autoridad. Pero debe corresponder a su nombre; ser un líder sensato y de gran entereza, y ser verdaderamente piadoso. Esto mantendrá su autoridad.
>
> Pero luego 2) en esto brilla su amor, *en usar dicha* autoridad con toda dulzura, recordando que, aunque es superior a su esposa, sus almas son iguales; que ella debe ser tratada como su compañera; que no debe gobernarla como un rey a sus súbditos, sino como la cabeza al cuerpo; que así como no fue tomada de la cabeza de Adán, tampoco de su pie, sino de su costado, cerca de su corazón. Por tanto, su semblante debe ser afable, su lenguaje habitual hacia ella suave y dulce, su conducta

---

[66] Steele, *Puritan Sermons*, 2:287.

> complaciente, sus mandatos escasos y respetuosos, y sus reprensiones suaves. No debe ser ni abyecto ni autoritario. Si su gobierno es demasiado imperioso, su amor queda destruido; si su amor no se expresa con discreción, pierde su cetro, y entonces queda incapacitado para servir a Dios o hacer bien a su familia. Nunca debe imaginar que una rudeza insolente o una amargura constante sean el camino para conservar o ejercer correctamente su autoridad. De hecho, el Espíritu de Dios dice expresamente: "Maridos, amen a sus mujeres y no sean ásperos con ellas" (Col. 3:19). Si la mansedumbre de la sabiduría no prevalece con tu esposa, estás perdido en este mundo y ella en el venidero.[67]

Considera ahora el consejo final de Whately:

> El esposo debe usar su ojo derecho, así como el izquierdo, y alentar el deber, así como desalentar el pecado. Las cosas buenas deben ser elogiadas así como las malas enmendadas; la virtud ha de ser fomentada así como el vicio reprimido… ¿No tenemos promesas llenas de gracia que atraen a toda rectitud y fidelidad, así como terribles amenazas para espantar del pecado? ¿No anima Cristo a Su Iglesia con los consuelos de la Palabra y del Espíritu, así como la disciplina con diversas correcciones si es necesario? Los hombres deben imitar a Cristo en el gobierno, si quieren gobernar felizmente. Y el que no haga esto nunca vivirá cómodamente con su esposa, sino que hará su propia vida tediosa juntamente con la de su esposa. Porque estar siempre reprendiendo no es menos molestia que ser siempre reprendido. Si un hombre es deliberadamente tuerto y manco, y no puede ni ver ni percibir las buenas cualidades porque a veces se irrita con el mal de su esposa; o si deliberadamente deja pasar lo bueno sin notarlo ni recompensarlo porque a veces es desacreditado por su mal; o si no tiene tiempo para ver nada bueno porque ve muchas cosas malas en su conducta; esto llenará a ambos de un descontento interminable, hará que su amor decaiga y, al dejar de amar, dejará de

---

67 Steele, *Puritan Sermons*, 2:289–90.

ser amado. Esto lo volverá agrio y áspero, y además le hará justificarse en su aspereza. Esto también hará que la esposa, al principio, pierda el ánimo para hacer el bien, porque las buenas obras son mal consideradas, y al final se entregue al mal con desesperación, porque haga bien o mal, todo es lo mismo, siempre es reprendida, siempre es mirada con desaprobación. Así ambos se alimentan de lo amargo del matrimonio y dejan pasar lo dulce; y esto es la ruina del amor por ambos lados, produciendo discordia continua, resentimientos secretos, desagrados ocultos y, finalmente, también contienda abierta y una ruptura irreparable entre ellos.

Por tanto, si quieren vivir felizmente en matrimonio, alimenten la virtud, fomenten la obediencia, afirmen todas las buenas cualidades, rieguen y refresquen los tiernos brotes de diligencia, sujeción y otras gracias que comienzan a brotar y a asomar un poco sobre la superficie. Consideren el bien que disfrutan por medio de su esposa, así como las molestias; el consuelo que les brinda, así como la carga; las virtudes que muestra, así como los vicios; lo bueno así como lo malo, para que puedan fortalecer lo uno así como debilitar lo otro. De hecho, hagan que su esposa vea que miran con mucha más disposición lo mejor de ella y que lo recuerdan con mucha mayor frecuencia, y que prefieren hablar de su bien antes que de su mal, y estimarla más que reprenderla. Porque sin duda, cuando todo se haya dicho y hecho, la experiencia demostrará que las hierbas dulces crecen más hermosas y seguras bajo la luz del sol; y más de una esposa habría sido muy buena, si el esposo hubiese sabido ver y cultivar un poco de bondad desde el principio.[68]

Preguntas de Estudio

1. ¿Cuáles son las dos maneras principales en que los esposos fallan en ejercer una autoridad justa?

2. ¿Qué significa que la autoridad del esposo es una mayordomía?

---

68 Whately, *A Bride-Bush*, 126–28.

3. ¿Qué consejo positivo dio William Whately sobre cómo un esposo debe mantener correctamente su señorío y usarlo honorablemente?

4. ¿Qué faltas negativas debe evitar el esposo para conservar el respeto de su esposa?

5. ¿Cuál es el propósito de la autoridad del esposo? ¿Cómo debería esto afectar la manera en que la ejerce?

6. Gouge comparó la autoridad del esposo con una espada que le es dada para la protección de su esposa. ¿Cómo podría él, en cambio, dejar caer la espada? ¿Cómo podría, por así decirlo, "herir" a su esposa con ella?

7. ¿Qué pautas prácticas debe seguir un esposo para usar sabiamente su autoridad de manera que evite provocar, abrumar o menospreciar a su esposa?

8. ¿Qué advertencias dio Whately contra controlar minuciosamente a la esposa, dar demasiadas órdenes o ser severo e irrazonable?

9. Lee Proverbios 31:28–31. ¿Qué revela esto acerca del deber de un esposo? ¿Por qué es esto importante para tu esposa, tu familia y la sociedad en general?

10. Resume las instrucciones que los puritanos dieron acerca de cómo un esposo debe o no debe corregir a su esposa por sus faltas. ¿Qué cambios deberías hacer en la manera de dar y recibir corrección en tu matrimonio?

§10. CONSEJO FINAL

Comenzamos este libro señalando que la institución divina del matrimonio está bajo ataque en nuestra sociedad y que algo debe hacerse para restaurarla a su lugar correcto y bendito en nuestras mentes, corazones y experiencias. Luego expresamos nuestra convicción de que el único remedio es un regreso sincero y completo a las enseñanzas de Dios en la Biblia con respecto al matrimonio. Habiendo creado el matrimonio para Su propia gloria y para el bien de la humanidad, solo Él puede coronar un matrimonio con honor y bendición y guiar a los casados al pleno disfrute del honor y la bendición que proceden de Su mano.

En defensa de esa convicción, procedimos a mostrar, a partir de la Biblia y de los escritores puritanos, que Dios instituyó el matrimonio como parte de la creación y que ha puesto sobre él un honor muy especial. Luego describimos los muchos propósitos y beneficios del matrimonio y mostramos que el matrimonio no solo es una institución honorable, sino también deseable y beneficiosa. Explicamos que el honor matrimonial solo puede obtenerse haciendo una buena entrada en el matrimonio. Es necesario casarse en el Señor, es decir, estar unido a Cristo en salvación y luego casarse con otra persona que también esté unida al Salvador.

Pero un tesoro adquirido no es motivo de gozo si pronto se pierde, mientras que las riquezas obtenidas sobre las cuales uno vive de manera fructífera y duradera son, en verdad, un tesoro. Por tanto, procedimos a explicar que el honor que Dios pone sobre el matrimonio, una vez obtenido al casarse en el Señor, debe ser preservado mediante un caminar fiel en los diversos deberes del matrimonio. Puesto que el matrimonio es un pacto delante del Señor con obligaciones, su corriente refrescante de bendiciones fluye libremente solo hacia las vidas de aquellos que procuran, por Su gracia, caminar fielmente en esas obligaciones. Se dedicó mucho tiempo a explicar cuáles son estos deberes para la esposa, para el esposo y para ambos conjuntamente. Ahora es nuestro deseo ofrecer algunas exhortaciones finales, primero a los solteros y luego a los casados.

A los Solteros

Los solteros están o bien tan ansiosos por el matrimonio o tan despreocupados de él que hacen muy poco por prepararse para el mismo. Cuando podrían estar poniendo los mejores cimientos para la vida en el estado matrimonial, descuidan poner alguno y se exponen a sí mismos a problemas que, con un poco de preparación, podrían haberse cortado de raíz fácilmente. Por tanto, si estás soltero y crees que el Señor quiere que te cases, hay seis directrices que te aconsejamos atender. Si sigues estas directrices, podrás entrar en el matrimonio honrosamente y estar bien preparado para los deberes que le corresponden.

Primero, atiende al consejo de Pablo en 1 Tesalonicenses 4:4 conduciéndote fielmente en pureza y castidad en tu soltería.[1] El matrimonio incluye el privilegio de deleitarse sexualmente en el cónyuge delante del Señor (Heb. 13:4; Pr. 5:18–19), y este privilegio sirve, en la bondad del Señor, como un preventivo contra la lujuria (1 Co. 7:2); pero a menos que aprendas a mortificar el pecado de la lujuria en tu soltería, el lecho matrimonial puede servir para avivarlo hasta que, al final, lo contamine. La razón de esto es que un hombre entregado a la lujuria a menudo permanece insatisfecho —aun con su esposa. Para tal hombre, una esposa puede llegar a significar poco más que un medio para un fin. Tal hombre se cansará de su esposa y, en poco tiempo, deseará a otra. Entiende, pues, que el matrimonio no es dado por Dios para hacer casto a un corazón lujurioso; más bien, el matrimonio es dado por Dios para preservar y satisfacer un corazón casto. Si das rienda suelta a tus deseos antes del matrimonio, estos se mostrarán indomables y destructivos

---

[1] Steele, *Puritan Sermons*, 2:299.

dentro del matrimonio. Cuídate de los indicios y las señales que anuncian la lujuria (como las malas compañías, los medios provocativos y la ociosidad) y cultiva pensamientos puros y deseos castos poniendo tu mente y tus afectos en las cosas de arriba (Col. 3:1–3; Fil. 4:8). Como verdadero creyente, compórtate como la casta esposa de Cristo que eres (Is. 54:5) y lleva esa castidad a tu matrimonio, donde podrá ser tanto preservada como satisfecha por el cónyuge de tu juventud.

Segundo, espera en el Señor por un cónyuge bueno y adecuado. La ansiedad ha llevado a muchos a precipitarse apresuradamente en el matrimonio, solo para encontrarse luego con problemas y llenarse de remordimientos. Las exigencias del matrimonio resultan ser mayores de lo que pensaban y la persona con quien se casaron resulta ser menos de lo que imaginaban. ¡Cuánto mejor habría sido si hubiesen tomado el tiempo, mediante consejo sabio y un debido examen, para asegurarse de que las personas que escogían estaban casadas con el Señor por la fe y eran compatibles con ellos según la providencia! Ora por paciencia para esperar hasta que el Señor tenga a bien llevarte al matrimonio con un cónyuge bueno y adecuado de Su elección. Él sabe cuándo estás preparado y Él conoce a aquel o aquella a quien ha preparado para ti. Por tanto, entrégate a Sus buenas y sabias manos y espera hasta que Él los una. Hasta entonces, dedícate a dos cosas: Orar por la persona que el Señor está preparando para ti, para que Él la santifique en cuerpo y alma, y esforzarte, mediante el uso diligente de los medios de gracia, en llegar a ser la persona por quien otro está orando y esperando.

Tercero, cuando llegue el momento, debes escoger a tu cónyuge sabiamente.[2] Si tu propia relación con Cristo es segura, este puede muy bien ser el consejo más importante que podamos darte. Muchos de los problemas que suelen acompañar al matrimonio pueden evitarse eligiendo con más sabiduría desde el principio. Aquellos que eligen sobre la base de riquezas, belleza o amabilidad, y consideran la piedad en último lugar, si es que la consideran, ponen el carro delante de los caballos y no avanzarán mucho antes de encontrarse con multitud de

---

2 Whately, *A Care-Cloth*, 71s.

pruebas y sorpresas. Debes guardar tus afectos y no permitir que se aferren a tales atractivos externos sin antes considerar la relación de la persona con Dios y su andar con Cristo. Hacer de la piedad tu primer criterio es reconocer a Dios en tu elección; y Él dirigirá tu elección si te sometes confiadamente a Él (Pr. 3:5–6). Si eliges primero a alguien piadoso, entonces serás libre para amar tu elección.

Por tanto, es absolutamente necesario que te cases con un cristiano (1 Co. 7:39) que abrace la Palabra de Dios y sus doctrinas de gracia, cuya piedad sea evidente para ti, cuyas buenas obras le precedan, cuya vida lleve el fruto del Espíritu, y cuyo entorno familiar y amistades den testimonio de lo mismo. Un cristiano que ha aprendido la gracia de la negación de sí mismo entrará en el matrimonio dispuesto a amarte y servirte. Un cristiano vive humildemente de la plenitud de Cristo y mira a Cristo en busca de fuerza, contentamiento y gracia. Un cristiano será consciente de los deberes del matrimonio. Un cristiano atenderá sinceramente el consejo, las amonestaciones y las reprensiones de la Escritura, se arrepentirá de sus fallas en el matrimonio y cultivará la gracia de Dios dada para un matrimonio piadoso. Cualquiera que sea la carencia de un cristiano en comparación con un incrédulo, posee lo que ningún otro tiene: La gracia de Cristo para morir cada día a sí mismo y vivir para Dios, con un amor activo hacia ti. Si un cristiano no resulta ser el mejor esposo o esposa posible, no es por causa de la piedad, sino por la falta de ella, lo cual puede suplirse mediante arrepentimiento y gracia. Un cristiano es, por tanto, lo que Whately llamó un pretendiente "enmendable",[3] porque no hay nada en él o en ella que no pueda ser enmendado o suplido por la fe y el arrepentimiento.

Cuarto, debes ser realista en tu visión del estado matrimonial. Muchos imaginan falsamente el matrimonio como una condición libre de dificultades y llena de dicha, y por ello encuentran los problemas y desafíos del matrimonio insoportables. Hemos argumentado desde el principio que el matrimonio es una condición honorable y que aquellos que entran en él en el Señor y caminan fielmente en sus deberes

---

[3] Whately, *A Care-Cloth*, 72.

ciertamente conocen las bendiciones, la felicidad y el gran gozo de este estado. Sin embargo, el matrimonio tiene sus cruces así como sus consuelos, y sus tristezas así como sus alegrías (1 Co. 7:28). No es todo miel, dijo Reyner, sino que tiene algo de amargura mezclada.[4] La razón de esto es sencilla. Por mucha piedad que un hombre y una mujer aporten a su matrimonio, este sigue siendo una cosa "bajo del sol" y, por tanto, está sujeto a la misma vanidad y aflicción de espíritu que afectan a todas las demás cosas terrenales (Ec. 1:13–14; 9:9).

En otras palabras, el matrimonio es una institución terrenal destinada para el tiempo presente, y sus consuelos y alegrías siempre estarán mezclados con las cruces y tristezas que acompañan a *todas las cosas* de este lado del cielo. Toda fuente terrenal se secará; toda rosa terrenal tiene sus espinas; todo día terrenal es seguido por la noche; y así debe ser — de otro modo, ¿quién anhelaría el cielo? Si las bendiciones de esta vida estuvieran libres de problemas, nadie miraría con anhelo la vida venidera ni al Señor cuya venida repentina la traerá. Por tanto, piensa de manera realista acerca de la condición del matrimonio, no esperando de él más problemas de los que la gracia puede manejar, pero tampoco esperando de él más dicha de la que la tierra puede ofrecer.

Quinto, con una visión realista del matrimonio, prepárate para los problemas que el pecado inevitablemente introduce en él.[5] Razona contigo mismo de esta manera:

> Veo que Dios quiere que me case, y estoy contento de estar en Su voluntad; pero también veo que Dios me advierte de antemano que el matrimonio tendrá sus problemas, y estoy dispuesto a creer Su Palabra. Con la ayuda de Dios soportaré los problemas del matrimonio con quietud, responderé a ellos con gracia, y procuraré que sean puestos al servicio de mi crecimiento en Cristo y mi progreso hacia el cielo. Miraré a Él en busca de fuerza, descansaré en Él para recibir ayuda, y me

---

[4] Reyner, 49.
[5] Cf. Whately, *A Care-Cloth*, 74–78; Reyner, 49–72.

> consolaré en Su providencia, pues solo así puedo estar seguro de Sus bendiciones.

¿Quién que razone así a la luz de la Escritura podría sorprenderse por las cruces del matrimonio o dejar de aprovecharlas para la gloria de Dios y su propio bien cuando lleguen?

Finalmente, asegúrate de que, si Dios te llama a casarte, no entres en el matrimonio a la ligera. Muy pronto tendrás tus manos llenas de deberes, y será demasiado para ti si primero no llenas tu corazón de la gracia de Dios y tu mente de Su sabiduría.[6] ¿Tienes la gracia para dirigir y gobernar a una esposa y a hijos en los caminos de Dios? ¿Tienes la gracia para someterte a la autoridad de un esposo y criar hijos para el Señor? Debes obtener estas gracias de Cristo de antemano y cultivarlas hasta que den fruto, de lo contrario el matrimonio exigirá de ti más de lo que puedes dar y te dará menos contentamiento y felicidad de lo que esperabas. "El que salta una zanja ancha con un palo corto caerá en medio de ella; y el que entra en el matrimonio sin procurar alcanzar gran gracia, quedará atascado y anegado en... aflicción",[7] dijo Whately. Procura prepararte para las exigencias de este estado conociendo plenamente tu propia insuficiencia y aprendiendo a vivir de la plenitud de Cristo, cuya gracia solamente puede capacitarte para cumplir los deberes y disfrutar la felicidad del matrimonio. Solo entonces podrás consentir al pacto matrimonial con entendimiento, deliberadamente, de corazón, en el temor de Dios, con un claro sentido de tu deber y con una firme resolución de cumplirlo en obediencia y para la gloria de Dios.[8]

A los Casados

Por la rica y abundante gracia de Dios en Cristo, los casados se encuentran en la condición más bendita de este lado del cielo, pues se

---

[6] Whately, *A Bride-Bush*, 216–17.
[7] Whately, *A Bride-Bush*, 217.
[8] Baxter, 47.

hallan en el estado instituido por Dios para manifestar la relación entre Cristo y Su iglesia. En esta condición, no solo encuentran gracia suficiente para su llamamiento, sino también un llamamiento tan elevado que deben aprender a depender enteramente de esa gracia para poder cumplirlo. Si estás casado y has resuelto honrar a Dios en tu matrimonio, hay seis directrices que debes atender. Si lo haces, podrás preservar el honor de tu matrimonio y llegar a su fin sin arrepentimiento ni vergüenza, sino con el mayor gozo y paz.

Primero, da gracias a Dios por tu matrimonio. Si disfrutas de un cónyuge bendecido y digno de amor, ¿a quién debes dar gracias? ¿No es a Dios? Si disfrutas de más consuelos en el matrimonio que muchos y sufres menos dificultades que otros, ¿no deberías agradecer a Dios? Si tienes un cónyuge dispuesto a servirte, dispuesto a reformarse mediante el arrepentimiento y dispuesto a sacar provecho de cada prueba para bien, ¿no deberías dar gracias a Aquel de quien procede todo buen cónyuge (Pr. 18:22; 19:14)? Si tienes un cónyuge que te ama, te anima, te alienta y te ayuda en tu caminar hacia el cielo, ¿no deberías rendir constante alabanza y gratitud a Dios?

Las bendiciones del Señor se pierden más a menudo por ingratitud que por agotamiento. En efecto, las bendiciones del Señor proceden de la obra de la cruz y nunca pueden agotarse; pero cuando descuidamos dar gracias por ellas, es justo que el Señor las retire para enseñarnos a ser agradecidos. Da gracias a Dios por tu matrimonio feliz. Que Su alabanza esté en tus labios y que tu gratitud se manifieste en tu pronta disposición a reconocerle como el Dador de toda buena dádiva y todo don perfecto (Stg. 1:17).

Segundo, afirma plenamente tus afectos en tu cónyuge. Las tentaciones serán muchas y buscarán desviar tus afectos en toda dirección lejos de tu cónyuge. Incapaz de separar a Cristo de Su esposa, el diablo procura separar a los esposos, esperando así dañar la reputación del matrimonio de Cristo entre los hombres. Por tanto, debes guardarte de esas tentaciones amando plenamente a tu cónyuge. Si lo amas plenamente, podrás soportar mejor las provocaciones, estar más dispuesto a perdonar las ofensas, ser más pronto para ver el bien y no el mal, y más atento a tus propios deberes que a los de tu cónyuge.

Los afectos inestables dejan a la persona "en la cerca", por así decirlo, sospechando de las intenciones y acciones de su cónyuge, esperando ser agraviada y decepcionada, lista para responder con represalias y, si es necesario, para marcharse con otra persona. Al afirmar plenamente tus afectos en tu cónyuge, te protegerás contra los agravios que puedan hacerse contra ti y pondrás en marcha todo el bien que puedes hacer hacia y por tu cónyuge, asegurando así un fundamento sólido para un matrimonio feliz.

Tercero, familiarízate plenamente con los deberes del matrimonio y entrégate sinceramente a ellos por causa de Cristo.[9] Tu cónyuge no es digno de ellos, pero Dios sí lo es; y es Él quien los ha puesto sobre tus hombros para que los cumplas. Por tanto, aunque tu naturaleza se rebele contra ellos, considéralos como buenos mandamientos de Dios para ti y resuélvete a cumplirlos.

Demasiados esposos se ocupan de los deberes de la esposa por miedo a que se les pase por alto algo que les corresponde. De igual manera, demasiadas esposas se ocupan de los deberes del esposo por el mismo motivo. Esto no produce sino contiendas, murmuraciones, egoísmo, y hace que ambos fallen en sus respectivos deberes. Preocúpate más por tus propios deberes matrimoniales que por los de tu cónyuge.

Al conocimiento de tus deberes debes añadir su cumplimiento. No puedes agradar a Dios ni ser de bendición para tu cónyuge hasta que te entregues sinceramente a ellos. Resistirte a ellos es rebelarte contra Dios y traer un dolor indecible tanto sobre ti como sobre tu cónyuge. Asimismo, no puedes conocer las bendiciones y el honor del estado matrimonial sin tomar sinceramente el yugo de tus deberes hacia tu cónyuge.

Puede ser cierto que cualquier hombre y mujer puedan convivir civil y tranquilamente en matrimonio; pero ¿qué es eso comparado con disfrutar la bendición y el honor de Dios? ¿Acaso dos pecadores que

---

[9] Steele, *Puritan Sermons*, 2:301.

viven tranquilos bajo un mismo techo y duermen tranquilos en una misma cama pueden compararse siquiera con un matrimonio cristiano en el que mora el Espíritu de Dios para bendecir y santificar, sobre el cual reposan las bendiciones de Cristo para proteger y guiar, y por medio del cual Dios es glorificado y honrado? Por tanto, conoce bien tus deberes y entrégate plenamente a ellos, consolado por el hecho de que el mismo Dios que los pone sobre ti llenará, si se lo pides, tu corazón de gracia para cumplirlos para Su gloria.

Cuarto, observa y corrige más tus propios fallos que los de tu cónyuge. Así como muchos esposos y esposas están más dispuestos a conocer los deberes del otro que los propios, también muchos están más dispuestos a notar los fallos del otro que los suyos. Se quejan ante otros de cuánto les falla su cónyuge, pero no ven nada de sus propios errores. Whately dijo que esto hace a los esposos y esposas "malos pagadores el uno para con el otro, porque miran con frecuencia lo que se les debe, y no lo que deben".[10] "¡Qué necedad es esta! Entiende, hombre y mujer ociosos, que no es el exigir o recibir deberes de otros, sino el conocer y cumplir lo que te corresponde a ti mismo, lo que te probará como cristiano, te consolará en las tentaciones, te alegrará en la muerte y hablará a tu favor en el juicio", concluyó Whately.[11]

Quinto, prevengan tantos problemas en el matrimonio como les sea posible.[12] Aquí hay cinco directrices para ayudarles:

1. Teman a Dios y anden en Sus caminos, porque la bendición de Dios siempre acompaña a quienes le temen y caminan con conciencia en Sus mandamientos (Pr. 14:27; 22:4). Si la piedad es provechosa para todo, como dice Pablo (1 Ti. 4:8), entonces lo es también para el matrimonio y no puede sino atraer las bendiciones de Dios sobre ustedes. Además, si consideramos que el propósito habitual de Dios al enviar dificultades es llevarnos al arrepentimiento por nuestros pecados y acercarnos más a Él en santidad, ¿no debería el temor de Dios —que lleva

---

10 Whately, *A Bride-Bush*, 218.

11 Whately, *A Bride-Bush*, 219.

12 Whately, *A Care-Cloth*, 77–85.

al hombre a apartarse del mal y a caminar fielmente— evitar muchos problemas innecesarios en el matrimonio? La piedad previene muchos conflictos porque se adelanta a ellos al eliminar su causa.

2. Instruyan a su familia en el temor de Dios. Si se esfuerzan, mediante la enseñanza piadosa y el ejemplo, en enseñar a sus hijos a caminar en el temor del Señor, lo más probable es que, por la gracia del Espíritu, traigan mucha felicidad al hogar. Al aprender a temer y obedecer a Dios, también aprenderán a obedecerles y honrarles por causa de Él. Y si sus hijos rechazan la instrucción, desprecian el ejemplo y eligen andar en contra del Señor, al menos su conciencia estará limpia respecto a su deber. Su fidelidad en el cumplimiento de su deber servirá como base de esperanza para elevar oraciones frecuentes y fervientes a Dios, para que Él, si así lo desea, aún quiera producir fruto.

3. Oren con frecuencia juntos y el uno por el otro. Orar juntos y mutuamente mantendrá la comunión con Dios, lo cual les fortalecerá frente a las pruebas del matrimonio. Muchos piensan que su mayor seguridad contra dificultades futuras es una cuenta bancaria bien abastecida; pero ¿qué ocurre cuando la prueba afecta algo que el dinero no puede comprar? ¿Qué ocurre cuando se pierde algo que el dinero no puede reemplazar? Sin minimizar la importancia de prepararse adecuadamente y ahorrar para hacer frente a las incertidumbres del futuro, su mayor seguridad frente a todas las dificultades está en el Señor. Él posee la fuerza para enfrentar pruebas, la sabiduría para atravesarlas y la gracia para responder a ellas de manera que le honre. Una comunión viva con Dios no evitará las pruebas del matrimonio, pero sí evitará en gran medida que ustedes respondan a ellas de forma deshonrosa.

4. Mantengan un corazón moderado respecto al mundo y manos diligentes en él. Las cosas de este mundo deben sostenerse con ligereza, porque pronto sucederá una de dos cosas: O se las quitarán, o ustedes serán apartados de ellas por la muerte. No deben aferrarse a nada en este mundo de manera idólatra. Pueden disfrutarlo como la bendición que supone y por la felicidad que brinda, pero deben recordar que, excepto a Su Hijo como Salvador, Dios no les da nada en propiedad absoluta; todo

lo que tienes es prestado. En amor, Él es libre puede retirar lo que ha concedido cuando quiera, y si es para su bien, ciertamente lo hará.

Mantener su corazón moderado ante las cosas terrenales hará que resulte más fácil y menos doloroso desprenderse de ellas. Podrán decir, como Pablo: "He aprendido a contentarme cualquiera que sea mi situación. Sé vivir en pobreza, y sé vivir en prosperidad. En todo y por todo he aprendido el secreto tanto de estar saciado como de tener hambre, de tener abundancia como de sufrir necesidad" (Fil. 4:11–12).

Además, un corazón moderado trae contentamiento en toda situación, entonces, las manos diligentes traen provisión. La Escritura y la experiencia enseñan que muchos problemas vienen por la pereza y la negligencia (Pr. 13:4). Si esta pereza entra en el matrimonio en el que el hombre asume la responsabilidad de su esposa e hijos, es inevitable que sus problemas se multipliquen. La diligencia, en cambio, previene muchos males innecesarios que la pereza acarrea, pues al entregarse fielmente a su vocación disfrutarán tanto del fruto de su trabajo como de la bendición del Señor (Pr. 10:4; 2 P. 3:14).

5. Soporten pacientemente las dificultades del matrimonio cuando lleguen. Si caminan ante el Señor y ante su familia con temor de Dios, si enseñan a sus hijos a hacer lo mismo, si oran junto a su cónyuge, si viven en comunión con Dios como su fuerza, y si viven con un corazón moderado y con manos diligentes en el mundo, ¿qué motivo tienen entonces para desanimarse ante las dificultades que surgen en su matrimonio? ¿Se les ocurre alguna razón por la que deban perder la esperanza y ceder a la desesperación? ¿Por qué deberían renunciar a su alegría en el Señor y dejarse vencer por la tristeza? ¿Acaso no ha ordenado su Dios la dificultad, y no sabe Él lo que es mejor para ustedes? ¿No es suficiente Su gracia para ayudarles a soportarla y convertirla en su santificación? Entonces deben soportar con paciencia y esperar en Él la gracia para perseverar, aprovechar la prueba y aun alabarle en medio de ella.

Finalmente, mantengan presente su separación futura.[13] El tiempo que tienen como esposos es breve, pues la vida es como un vapor y, en el mejor de los casos, unos pocos días (Stg. 4:14; Job 14:1). Esta perspectiva, dice Scudder, les llevará a redimir el tiempo, "disfrutándose mutuamente y haciéndose bien el uno al otro mientras puedan, como también recibiendo el bien mutuo, mientras puedan, no sea que después el que quede tenga gran dolor por haber desaprovechado la oportunidad que Dios les dio".[14]

Deben recordar que el fin de su matrimonio llegará cuando la muerte los separe y deban dar cuenta a Dios de cómo se trataron. Ambos caminan hacia la eternidad, donde el matrimonio ya no existirá (Mt. 22:30). Pronto estarán ante Dios para responder por su pacto matrimonial y por los votos que hicieron. Darán cuenta de sus deberes, tanto mutuos como particulares, y del privilegio de haber representado al mundo la relación y matrimonio entre Cristo y Su iglesia.

Por tanto, ayúdense mutuamente en el camino como corresponde a esposos, sirviéndose y sosteniéndose como una sola carne. Esfuércense por hacer más llevadero el viaje, aferrándose a Cristo por fe para el bien de sus almas, amándose sinceramente para el bien de su llamado y sirviéndose fielmente para el bien de sus conciencias. Solo así, como dijo Whately, "su amor será firme, sus corazones estarán consolados, su ejemplo será digno, sus hogares pacíficos, sus vidas alegres, su muerte bendita y su memoria feliz para siempre".[15]

Conclusión

Puede ser que, después de todo lo que se ha dicho acerca del matrimonio y con la ayuda de los puritanos ingleses del siglo XVII, muchos de nuestros lectores sientan que el estándar ha sido colocado demasiado alto —tan alto, de hecho, que se sienten derrotados en sus matrimonios o

[13] Baxter, 47–48.
[14] Scudder, 108.
[15] Whately, *A Bride-Bush*, 220.

desanimados incluso de buscar el matrimonio. Pero consideren lo siguiente.

En primer lugar, entiéndase que, aunque estamos convencidos de que nadie ha presentado una visión más completa y práctica de la doctrina bíblica del matrimonio que los puritanos, exponemos el ideal anterior para el matrimonio cristiano no porque sea "la visión puritana", sino porque los puritanos demostraron de manera convincente la visión bíblica. Los puritanos vivieron en una época en la que la reforma de la iglesia estaba en pleno desarrollo y en la que muchas preguntas prácticas necesitaban respuesta. La iglesia tenía hambre y gran necesidad de respuestas específicas a preguntas concretas. Los pastores puritanos procuraron, delante de Dios en oración y con la Biblia en la mano, dar esas respuestas específicas. En cuanto al matrimonio, fieles a su estilo, procuraron abordar cada área de preocupación, delinear y explicar cada deber, recogiendo siempre su luz, verdad y fundamento de las Escrituras. Lo que reunieron es tan fundamental para el matrimonio bíblico que trasciende su tiempo y lugar, y por tanto merece ser escuchado nuevamente hoy.

Así pues, más que presentar simplemente "una visión puritana del matrimonio", hemos procurado extraer y reunir de sus escritos una perspectiva sobre el matrimonio arraigada en la Escritura y que creemos puede responder adecuadamente a las exigencias de nuestro tiempo problemático, en el cual el matrimonio necesita urgentemente una reorientación bíblica. Mucho terreno ya se ha perdido, y más se pierde cada día. Hombres y mujeres se casan sin una visión clara del matrimonio ni de los deberes que conlleva. Se casan ignorando el honor y las bendiciones de Dios que podrían obtener, disfrutar y preservar hasta el día de su separación, si tan solo se casaran en el Señor y vivieran en el matrimonio para el Señor. Estamos convencidos de que, en términos generales, aquellos que se esfuerzan delante de Dios por aplicar el consejo que hemos expuesto disfrutarán, por causa de Cristo, de las muchas bendiciones que pertenecen al matrimonio cristiano.

En segundo lugar, no deben desanimarse si su situación actual en el matrimonio está por debajo de lo que han aprendido en este libro, ni deben rendirse en desesperación pensando que, puesto que nunca alcanzarán el alto estándar propuesto, no deberían casarse. Lo que se les ha presentado es el ideal bíblico del matrimonio. Rebajarlo sería decir menos y algo distinto de lo que dice la Palabra de Dios, lo cual nos perjudicaría gravemente a todos. Presentarlo como el ideal es hablar la verdad en amor, tanto por la paz de nuestra conciencia como por el bien de ustedes. Además, decirles la verdad, sabiendo que inevitablemente verán en qué fallan, es conducirles amorosamente a Cristo, en quien hay perdón para sus faltas, gracia para su llamado y recompensa para su esfuerzo sincero y diligente por agradarle. Y con *esto* en mente hemos puesto el estándar del matrimonio donde lo han visto en estas páginas. Nunca olvides, amado creyente, que estás a salvo escondido en Cristo. Así como miras al mérito de Su obediencia para tu justificación, también puedes mirar a la obra de Su Espíritu para tu santificación (Fil. 2:12–13; 1 Ts. 5:23–24).

Concluimos con el consejo con el que Daniel Rogers terminó su libro *Honor Matrimonial* (Matrimonial Honor). Su excelente tratamiento del matrimonio proporcionó el tema que recorre y resuena en el nuestro: La obtención y preservación del honor matrimonial. Que su consejo te anime grandemente a mirar a Dios para que te capacite a vivir fielmente en el matrimonio:

> Mi extenso discurso puede desalentar a algunos al ver cuán lejos están de la práctica. Por tanto, ruega al Señor que mire tus defectos con ojos de misericordia, que lea las breves líneas de tu obediencia a través del lente del Señor Jesucristo; y así, mediante Su amplia interpretación y Su continua mirada sobre tu esfuerzo sincero, [tu obediencia] será estimada como plena y abundante.
>
> ¡Dios nos ayude! Nuestros discursos sobre estas cosas son mucho mayores que la práctica de la mayoría. Nosotros que escribimos, y otros como nosotros, somos pobres e inadecuados respecto a nuestras propias reglas. Sin embargo, no somos contrarios ni deliberadamente

opuestos; y donde hay aunque sea esfuerzo, Dios lo acepta. ¡Da, Señor, poder para hacer lo que mandas, y manda lo que quieras!

Habla, y no escatimes en estos términos; porque tus siervos y siervas (lamentando sus oídos sordos y corazones endurecidos) desean escuchar y obedecer. ¡No mires lo que es nuestro, que es vil, sino lo que es Tuyo en nosotros, que es precioso![16]

Preguntas de Estudio

1. ¿Cómo pueden las personas solteras que desean casarse cultivar:
    - Pureza sexual?
    - Paciencia y contentamiento con la voluntad de Dios?
    - Discernimiento para escoger un buen cónyuge?
    - Preparación para soportar dificultades en el matrimonio?
2. ¿Cómo pueden las personas casadas cultivar:
    - Gratitud y afecto hacia su cónyuge?
    - Humildad para ser más críticos consigo mismos que con su cónyuge?
    - Oración, instrucción bíblica y adoración con su cónyuge e hijos en el hogar?
    - Moderación en sus deseos terrenales y paciencia en las aflicciones terrenales?

---

[16] Rogers, 299.

3. ¿Por qué es crucial que "al conocimiento de tus deberes añadas su cumplimiento"? ¿Qué ocurrirá si lees este libro pero no cambias nada en tu conducta?

4. ¿Cuáles son tres deberes específicos del matrimonio que más te impactaron al leer este libro? ¿Cuál de ellos procurarás, por gracia, poner en práctica primero?

5. ¿Cómo debemos responder cuando somos convencidos y desanimados por los elevados ideales bíblicos del matrimonio?

APÉNDICE: ORACIONES DE GEORGE SWINNOCK PARA ESPOSOS Y ESPOSAS

En su conocido tratado El Llamado del Hombre Cristiano *(The Christian Man's Calling), Swinnock concluye cada una de sus secciones sobre (1) los deberes mutuos de los cónyuges, (2) los deberes de la esposa y (3) los deberes del esposo con una extensa oración modelo. Aunque son largas y en algunos pasajes algo arcaicas, estas oraciones se reproducen aquí como apéndice, ya que pueden ser de gran ayuda para proporcionar a esposos y esposas un contenido rico que avive y mejore sus propias oraciones a Dios respecto a sus respectivos deberes.*

Una Oración por los Deberes Mutuos en el Matrimonio

Señor, que eres el guía de todas las relaciones y el Dios de toda gracia, dígnate concedernos afectos adecuados a nuestra condición, para que toda nuestra conducta en ella sea como conviene a cristianos y a quienes están casados con el Señor Jesucristo; que, como Abraham y Sara, seamos conocidos por la fe; como Isaac y Rebeca, vivamos juntos en el más tierno amor; y que, como aquella piadosa pareja, Zacarías y Elisabet, andemos irreprensibles en todos los mandamientos y ordenanzas del Señor; y que, caminando juntos, avancemos con mayor gozo en el camino que conduce a la vida eterna.

Deseamos, considerando que el matrimonio, aunque es una unión humana, es de institución divina; que el Padre lo ordenó en el paraíso, y que el Hijo lo aprobó con Su gloriosa presencia, que el Espíritu, con Sus rayos de gracia, cubra de tal manera nuestras almas, que muchos Bernabés, muchos hijos de consolación, sean el fruto y efecto de nuestra relación conyugal. ¡Oh, que ambos reverenciemos esta dorada relación por causa de Aquel cuya imagen y sello lleva, y que nunca, por nuestras conversaciones indignas e impías, la deformemos ni la contaminemos! Aquellos que son honrados por un príncipe procuran honrarle en su lugar, si son personas nobles. ¡Cuán diferente es la conducta de los hombres según la diferencia de sus condiciones! Señor, puesto que Tú nos has exaltado, no permitas que Te rebajemos; aunque otros, a quienes has levantado, hacen de ello su empeño para abatirte, y cuanto más ayudas les das para endulzar su peregrinación, tanto más abundan en impiedad; sin embargo, permite que Tu bondad hacia nosotros sea aprovechada para Tu gloria, y que seamos santos como Tú, que nos has llamado a esta relación, eres santo, en toda nuestra manera de vivir.

Deseamos que la meditación sobre la fragilidad del otro nos impulse a una mayor fidelidad, especialmente en lo que concierne directamente a la eternidad. La próxima flecha que dispare la muerte puede caer sobre uno de nosotros, y nuestra relación morirá con nosotros; aunque ahora brilla con dulzura y nos reconforta con sus cálidos rayos, pronto se pondrá y no volverá a levantarse; y entonces, ¡oh entonces!, nunca más tendremos ocasión de beneficiar el alma del otro ni de contribuir a la salvación mutua. ¡Oh, que este pensamiento de tanto peso penetre tan profundamente en nuestros corazones, que oremos con mayor frecuencia y fervor el uno por el otro y con el otro, porque en pocos días ya no oraremos más; que nos exhortemos y amonestemos con mayor seriedad y afecto, porque en pocos días ya no lo haremos más; que en nuestros respectivos lugares hagamos la obra de Aquel que nos envió al mundo mientras es de día, porque viene la noche en la que ninguno de los dos podrá trabajar! Señor, haznos tan conscientes de nuestra muerte, que seamos más fieles en nuestros deberes; y todo cuanto nuestras manos hallen que hacer, en relación con tu alabanza y nuestra paz eterna, hagámoslo con todas nuestras fuerzas, porque en el sepulcro, adonde ambos vamos, no hay obra, ni conocimiento, ni sabiduría, ni plan alguno.

Deseamos que el pacto que hemos solemnemente contraído el uno con el otro, delante de Dios, de los ángeles y de los hombres, sea como aquel que los judíos hicieron con el Señor, "un pacto eterno que no será olvidado" (Jer. 50:5). Si olvidamos a nuestro Dios y obramos falsamente en Su pacto, Él lo sacará a la luz, porque conoce los secretos del corazón. ¿Por qué habríamos de entrar, como jóvenes frívolos, en compromisos para luego olvidarlos hasta que llegue el día del pago y el alguacil de la muerte esté listo para arrestarnos y llevarnos a la prisión del infierno? Si, como la ramera, olvidamos el pacto de nuestro Dios, Él lo recordará para nuestra pérdida y ruina. Si es peligroso quebrantar el pacto de un hombre —pues la venganza del cielo ha caído muchas veces sobre quienes lo hacen— ¡cuánto más terrible es quebrantar el pacto de Dios! Su maldición ha caído sobre muchas parejas por quebrantar Su pacto. ¡Oh, que todas nuestras acciones en esta relación sean tan conformes al evangelio, que nuestro Dios nunca tenga motivo para quejarse de nosotros, como una vez lo hizo de Israel: "¿Qué derecho tienes tú de hablar de Mis estatutos, y de tomar Mi pacto en tus labios? Porque tú aborreces la disciplina, y a tus espaldas echas Mis palabras?"! Señor, ayúdanos, como personas honradas que están en deuda, a ser tan conscientes de nuestras obligaciones que procuremos cumplirlas fielmente; y que la consideración de ello sea un baluarte inexpugnable que nos defienda contra todos los ataques que la carne o el mundo hagan para apartarnos de nuestros deberes.

Deseamos que, puesto que en el estado matrimonial estamos más alejados del cuidado de nuestros padres —que antes era nuestro refugio— y hemos sido lanzados al océano de este mundo, en el cual debemos esperar ser sacudidos por tormentas y tempestades, seamos diligentes en hacer de Dios nuestro guía y de la Escritura nuestra brújula, para no perecer. Aquellos que tienen tribulación en la carne necesitan vivir según el Espíritu. Si el camino está sucio bajo los pies, será difícil avanzar si no está despejado sobre nuestras cabezas. ¡Cuán triste será tener tormentas sobre nosotros y ningún refugio! ¡Sentir angustias en el corazón y no tener consuelo! ¡Tener aflicciones, enfermedades, aun la muerte en nuestro hogar, y tener lejos de nuestra casa al Dios de toda consolación y al Señor de la vida! ¡Oh, que, cualesquiera que sean los caminos pedregosos o fangosos por los que la providencia nos llame a andar en la tierra, podamos andar conforme a la regla, de modo que disfrutemos de un sol consolador que viene del cielo! Señor, haz que te reconozcamos en la prosperidad, para que Tú nos reconozcas en la adversidad; haz que cuidemos de mantener buenas conciencias, para que en todo estado Tú seas nuestro consuelo, yendo delante de nosotros como nube de día y como columna de fuego de noche, para guiarnos y alentarnos en nuestro paso por este desierto, hasta que lleguemos a Canaán.

Deseamos que nuestros afectos sean tan estrechos como nuestra relación; y puesto que nuestro Dios ha atado este vínculo con Sus propias manos benditas entre nosotros, que nunca, ni siquiera en pensamientos airados, y mucho menos en acciones contenciosas, hagamos cosa alguna que tienda a aflojarlo. Somos una sola carne, ¿por qué no habríamos de tener un solo espíritu? ¡Qué espectáculo tan terrible y triste es una casa en llamas! ¡Qué visión tan bendita y gozosa es una familia en amor! Cuando las campanas chocan y repican desacompasadas, ¡cuán áspero y desagradable es su sonido! Pero cuando guardan ritmo y armonía, ¡cuán dulce y grato resulta! ¡Oh, que nuestra casa sea una iglesia, y su nombre Filadelfia, o amor fraternal; y que nosotros, especialmente quienes somos los principales en ella, seamos como Jerusalén —bien unida y en paz dentro de sí misma; que todos nuestros pensamientos el uno del otro estén endulzados con amor, y todas nuestras palabras sazonadas con amor; y que en nuestras acciones mutuas, el amor, como cualidad predominante, les dé sabor y carácter a todas!

Nuestro Redentor, quien nos dio este mandamiento y se puso a sí mismo como modelo, es amor; Su nombre es amor, Su naturaleza es amor, Sus sacramentos son sellos de amor, Su Espíritu es las arras del amor, Su Escritura es carta de amor, sus providencias están escritas con los caracteres del amor; sus ordenanzas son la casa del banquete del amor, donde su bandera sobre nosotros es amor. Él nos ha mandado, como cristianos, a ser "imitadores de Dios como hijos amados; y andar en amor, así como también Cristo nos amó" (Ef. 5:1–2). ¡Oh, entonces, cuánto amor debemos tener el uno por el otro! ¡Cuán estrechamente debemos unirnos en nuestros afectos, nosotros que hemos sido ligados por Dios mismo, tanto por el vínculo de la religión como por el de la relación, y estimulados a ello por mandamientos tan amorosos y por un ejemplo tan vivo! Ciertamente, tales lazos no deberían romperse fácilmente. El amor es el vínculo de la perfección y la perfección de todos los vínculos; es el lazo perfecto que une todos nuestros deberes y gracias, sin el cual todo se desmorona. "¡Miren cuán bueno y cuán agradable es que los hermanos habiten juntos en armonía!... porque allí mandó el SEÑOR la bendición, la vida para siempre" (Sal. 133).

¡Oh, que el amor sea nuestra fuerza para llevar las cargas el uno del otro; que sea nuestro manto para cubrir nuestras debilidades; y que, como el fuego en la zanja de Elías, consuma toda el agua de oposición que pudiera levantarse entre nosotros! Señor, Dios de amor, haz que Tu Espíritu encienda y aumente esta llama celestial en nuestros corazones, para que siempre ascendamos hacia Ti en amor de deseo, y por causa Tuya seamos movidos el uno hacia el otro con un amor sincero y constante de deleite. Aunque otros, que viven en continuas disputas, maldicen su día de bodas más que Job su nacimiento, y desean el divorcio tan ardientemente como él deseó la muerte, que nuestras vidas estén tan endulzadas por el amor que, por el consuelo que de él recibimos, anhelemos aún más nuestro encuentro en el cielo contigo y con todos tus santos.

Deseamos que la fidelidad sea el ceñidor de nuestros lomos, para mantenernos firmes el uno con el otro y en nuestros deberes, a pesar de todos los intentos de la carne y del diablo por separarnos. Nuestros intereses son los mismos —participamos por igual en ganancias y pérdidas; ninguno puede prosperar con la ruina del otro, sino que permanecemos o caemos juntos. ¡Oh, que los bienes que Dios nos ha dado por Su providencia no sean malgastados por nuestra prodigalidad; sino que, como quienes administran un capital común, seamos igualmente cuidadosos e industriosos, usando medios lícitos para su conservación y aumento! ¿Por qué habríamos de ser tan necios como para robarnos a nosotros mismos, ya sea en bienes o en buen nombre, cuando el tesoro y el honor de ambos están en una misma nave? Ciertamente, nos corresponde unirnos en diligencia; los ladrones comunes son injustos al perjudicar a otros; pero nosotros, si somos infieles, somos antinaturales al robarnos a nosotros mismos.

Señor, haznos fieles en lo poco, para que nos confíes lo verdadero; pero haznos más celosos del buen nombre del otro que de la niña de nuestros propios ojos, e imitadores de tu majestad al cubrir y perdonar nuestras faltas. Que ninguno de nuestros cuerpos sea cloaca de impureza, sino templo de santidad; enséñanos a poseer nuestros cuerpos en santificación y honor, de modo que el simple pensamiento de deshonestidad nos sea más terrible que la muerte misma. ¿Por qué habríamos de hacer de tu casa una ramera de Satanás? ¿Podemos imaginar que nuestro Salvador, porque una vez estuvo corporalmente en un establo inmundo, concederá Su presencia espiritual en un cuerpo impuro? ¿No esperamos que nuestros cuerpos resplandezcan más que el sol en gloria y pureza en el día final? ¿Y han de parecer ahora como zanjas de inmundicia? ¡Oh, que nunca, como adúltero y adúltera, ni en alma ni en cuerpo, nos apartemos de Ti; sino que todos los miembros de nuestros cuerpos sean instrumentos de justicia, y todas las facultades de nuestras almas sean consagradas a tu servicio, para que finalmente tanto el alma como el cuerpo sean plenamente satisfechos con tu salvación!

Deseamos que, como cabeza y cuerpo, cooperemos para el bienestar mutuo; y así como somos una sola carne, tengamos también un solo espíritu en procurar su verdadero consuelo y en buscar su legítimo contentamiento. Las cargas domésticas serán más llevaderas si ponemos ambos los hombros; las dificultades personales serán más soportables si unimos nuestra ayuda; aun la poción más amarga se tomará mejor si cada uno bebe una parte. ¡Oh, que como compañeros de mesa comamos siempre del mismo plato, sea agrio o dulce; y que, siendo compañeros de viaje, nos animemos mutuamente para hacer más agradable nuestro camino hasta llegar al verdadero paraíso! La cabeza y el cuerpo no se enfrentan con desafío; Cristo y Su iglesia no se levantan en armas el uno contra el otro. Señor, ayúdanos en los asuntos de nuestra familia a vivir como quienes llevan un mismo yugo, y en todas nuestras responsabilidades civiles y naturales a sobrellevar las cargas el uno del otro, cumpliendo así la ley de Cristo.

Deseamos, sobre todo, que con la mayor fidelidad posible sirvamos al bien de nuestras almas; y mientras otros se confabulan para satisfacer la carne, y como Ananías y Safira para tentar a Dios, que nosotros nos unamos para vivir según el Espíritu y, con el mayor provecho, ejercitarnos en la piedad; de modo que, como los dos querubines, miremos el uno al otro y ambos hacia tu propiciatorio. Y oh, Tú que te sientas entre los querubines, encuéntranos y comunícate con nosotros ahora, para que al final podamos encontrarnos ante Tu trono de misericordia. Un poco más y la luz estará con nosotros; un poco más y podremos orar juntos, ayunar juntos y leer juntos; dentro de pocos días las sombras de la tarde se extenderán sobre nosotros, y ya no será de día para nosotros. ¡Oh, que estemos tan lejos de vivir como bestias, que apenas se ocupan de compartir lecho y alimento, que más bien, como ángeles, permanezcamos siempre en la presencia de Dios, unidos en la admiración de sus perfecciones infinitas!

Señor, no permitas que, como Herodes y Herodías, nos unamos contra tus santos; ni que, como Herodes y Pilato, coincidamos contra nuestro Salvador, no sea que al final ardamos juntos en el fuego inextinguible. Antes bien, haz que tengamos dulce comunión, que acudamos frecuentemente juntos a la casa de Dios y al trono de la gracia; y asístenos de tal manera que nuestra casa sea ahora un Betel, es decir, casa de Dios; y cuando este firme lazo entre nosotros sea desatado por el rey de los terrores, podamos ser unidos más estrechamente al Rey de los santos, en aquel lugar donde no hay matrimonio ni se dan en matrimonio, sino que todos son como ángeles, bañando sus almas en los ríos de Tus delicias y calentando sus corazones en Tu seno y abrazos. ¡Oh, si tal ayuda hay en un cónyuge adecuado, qué cielo hay en el matrimonio con Tu amado Hijo! Si la comunión con carne y sangre produce tal consuelo, ¡cuánto deleite infinito y consuelo inconcebible fluirán de una comunión inmediata, ininterrumpida y eterna contigo mismo! ¡Bienaventurados los que son llamados a la cena de las bodas del Cordero!

Señor, capacítanos (como esposo y esposa) para resplandecer como el sol y la luna, y a nuestros hijos y siervos como estrellas, tan gloriosa y poderosamente con la luz de la santidad, que nuestra casa sea Tu pequeño cielo; y que, cuando hayamos terminado nuestra carrera, declarando Tu gloria en nuestras diversas relaciones y manifestando Tus obras espirituales en toda nuestra conducta, seamos elevados a aquellas esferas más altas y moradas celestiales, donde nunca nos pondremos, ni seremos eclipsados ni cubiertos; donde la luz de la luna será como la luz del sol, y la luz del sol como la luz de siete días; donde las cruces y cargas de todas las relaciones serán quitadas, y solo permanecerá su verdadero consuelo; sí, donde la luz de todas las relaciones será absorbida, como las luces menores en el sol, en nuestra gran relación con Dios por medio de Cristo. Porque allí "no tendremos más el sol por luz de día, ni la luna nos alumbrará de noche, sino que el SEÑOR será nuestra luz eterna, y nuestro Dios nuestra gloria". Amén.[1]

Una Oración por los Deberes de la Esposa en el Matrimonio

Dios eterno y viviente, que en la creación del mundo, en tu sabia y múltiple sabiduría, te complaciste en deleitarte en el orden —asignando a todas Tus criaturas sus respectivos lugares, unas inferiores, otras superiores, y ordenándoles permanecer en ellos y obedecer tu voluntad— habiéndome creado del sexo más débil, mujer, y habiéndome llamado a

---

[1] Swinnock, 1:481–87.

la relación de esposa, en ambos aspectos quedo obligada a la sujeción por Tu Palabra. Por tanto, deseo no intentar jamás salir del lugar en que me has puesto, cuestionando Tu sabiduría o disputando Tu providencia, ni pervirtiendo Tu propósito y honra en la creación; sino adornar Tu evangelio adornándome a mí misma, no con peinados ostentosos, ni joyas, ni oro, ni vestidos costosos, sino como conviene a una mujer que profesa la piedad, con modestia y sobriedad, en el hombre interior del corazón, con el adorno incorruptible de un espíritu tierno y sereno, que es precioso delante de Dios (1 Ti. 2:9–10; 1 P. 3:4–5). Señor, haz que mi corazón, como el de Lidia, esté abierto a Tu Palabra; que mis manos, como las de Dorcas, estén llenas de buenas obras; y que toda mi conducta en esta relación sea tan conforme a la Escritura, que al final sea presentada como una virgen pura a mi Señor Jesucristo.

Deseo que las cruces propias de este estado me hagan más cuidadosa de agradarte en mi conducta, a Ti que eres el Dios de toda consolación. Solo la piedad es la sal que puede sanar estas aguas amargas que todos en este estado han de beber. Nunca podré caminar con gozo por este camino espinoso y pedregoso si mis pies no están calzados con el apresto del evangelio de la paz. ¡Cuántas son las miserias que debo enfrentar! Concibo dolor cuando concibo un hijo; llevo mi aflicción en mi vientre. ¡Cuánto me atemoriza pensar en el parto que se acerca! El solo pensamiento de esos intensos dolores amenaza con abatirme de antemano. Si llego al tiempo señalado, ¡en qué peligro estoy de perder a la vez a mi hijo y mi vida! Y cuando haya pasado por ello, y tras muchos dolores haya dado a luz, ¡cuántos temores me esperan al criarlo! Tal vez los hijos resulten desobedientes, los siervos infieles; incluso mi propio esposo, que debería ser mi mayor consuelo, puede convertirse en mi mayor cruz. ¡Cuántas enfermedades personales, domésticas y naturales debo enfrentar! ¿Y cómo podré soportarlas si la piedad no es mi fuerza y mi consuelo? En estos y otros casos, ¿a dónde acudiré sino a mi Dios? ¿Y me reconocerá si soy una extraña, obradora de maldad? Necesito conocer bien y ser conocida en aquella casa donde solo puedo hallar refugio en tiempos de tormenta. Señor, capacítame para vivir con tal pureza que, aunque en el mundo tenga aflicción, en Ti tenga paz, y aun me goce en la tribulación, al poder aliviar mi corazón derramándolo en Tus oídos y sostenerlo en toda dificultad con la viva esperanza del cielo; porque sé con certeza que nunca caeré tan bajo en estas aguas como para quedar fuera del alcance de Tu mano poderosa y misericordiosa.

Deseo no apartarme, como mujer infiel, del guía de mi juventud ni olvidar el pacto de mi Dios (Sal. 78:57). Si mi corazón, como arco engañoso, se desviara como el de Israel, y las flechas de mis promesas sagradas erraran el blanco al que parecen dirigirse, ¡cuán ciertamente caerían sobre mi cabeza para mi ruina! ¡Oh, no es cosa ligera jugar con herramientas tan peligrosas! He leído que los judíos, al hacer un pacto solemne (Jer. 34:18), partían un animal en dos y pasaban entre sus partes, dando a entender que deseaban —y merecían— ser tratados así si quebrantaban el pacto. Entraban bajo juramento y maldición al mismo tiempo (Neh. 10:29); ¿y he de pensar que puedo soltar los lazos de mi juramento sin sentir el golpe de la maldición? ¿No me ha dicho mi Dios que si quebranto Su pacto no me perdonará (Dt. 29:20–21), sino que descargará plenamente Su mano sobre mí, y que Su ira y celo —más terribles que el fuego— arderán contra mí, y todas las maldiciones escritas en Su libro caerán sobre mí, borrando mi nombre de debajo del cielo? Hará que mi recuerdo se pudra como un cadáver repugnante; y el Señor me apartará para el mal (como se aparta a una bestia para el matadero, y a un malhechor para la horca), conforme a todas las maldiciones del pacto (ninguna bendición caerá sobre mí, ningún juicio recaerá a mi lado) que están escritas en el libro de la ley. ¡Oh alma mía! ¡Qué terrible juicio se anuncia contra ti si quebrantas Su pacto! Señor, une mi corazón para temer Tu nombre, y que el temor de Tu majestad sea como freno que me guarde de desviarme de Tu pacto y me preserve en el camino de Tus mandamientos.

Deseo que este temor de Dios se evidencie en mí y ante otros mediante mi respeto hacia mi esposo; y que, como la luna —que, aunque en ausencia del sol gobierna en los cielos y supera en brillo a las estrellas—, sin embargo se cubre cuando el sol aparece y somete su gloria a la de él, así yo, aunque tenga autoridad en mi hogar sobre hijos y siervos, reconozca siempre la autoridad y posición de mi esposo. ¿Qué confusión habría en el cuerpo político si todos quisieran ser supremos? ¿Qué desorden habría en el cuerpo natural si los hombros se elevaran como la cabeza? Dios ha establecido orden en los cielos, ¿y acaso, cuando le plazca venir a visitarme, no encontrará orden en Su morada terrenal? ¡Oh, que considere esta gracia de sujeción como mi mayor honor, de modo que, mientras otros se complacen y se enorgullecen de poder dominar a sus amos, pisotearles la cabeza y haber ascendido tan alto por encima de su lugar que corren el peligro de romperse el cuello y perder sus almas! Que yo, en cambio, reverencie a mi esposo, me vista de humildad y me contente con la condición a la que Dios me ha llamado. Señor, concédeme ver Tu autoridad en la persona de mi esposo, para someterme con tanta gracia que él sea confirmado en la verdad o llevado a la fe al ver mi conducta casta acompañada de respeto (1 P. 3:2).

Deseo que no solo lo tema como a mi cabeza, sino que también lo ame como a mi corazón; que mi reverencia a su autoridad no disminuya en lo más mínimo mi afecto por su persona; antes bien, que mi corazón, aunque cerrado para otros, se ensanche para abrazarlo a él, y que nunca le dé ocasión de quejarse de mí ante mí misma, como Dalila a Sansón: "¿Cómo puedes decir: 'Te quiero', cuando tu corazón no está conmigo?" Si no amo a mi enemigo, no puedo ser salva; ¿qué será entonces de mí si no amo a mi esposo? Si los publicanos y pecadores aman a sus amigos, aun sin vínculo alguno, ¿no amaré yo, que profeso ser cristiana, a mi mayor amigo terrenal y a mi relación más cercana? ¡Oh, que nunca sea negligente en mi amor, y mucho menos, como una persona fuera de sí, llegue a aborrecer mi propia carne!

Mi Dios me manda amarlo por Su precepto. ¿No será Su Palabra suficiente garantía? ¿Me atreveré a desobedecer un mandato que lleva la firma y el sello del Rey de reyes? Si resisto Su ley, me declaro rebelde. Mi Dios me llama a ello por Su providencia. Soy una con él por ordenación divina, ¿y no seré una con él en afecto? He escogido a quien amar, ¿y no amaré mi elección? Estoy unida a él en toda condición, sea de prosperidad o de adversidad, ¿y siendo partícipe con él en todo estado, me apartaré de él en el afecto? Si niego mi amor, contiendo con el Señor.

Mi Dios me lo recomienda por un ejemplo vivo. ¡Cuán entrañablemente ama la iglesia a Jesucristo! Él es su amado, el más hermoso entre diez mil, sí, del todo amable a sus ojos. Ella aborrece todas las demás relaciones y pisotea todas las posesiones en comparación con Él. ¡Qué montón glorioso de basura, qué nada dorado y reluciente es todo este mundo para ella en comparación con Él! ¿Y he de hastiarme de mi esposo, cuando ella estaba enferma de amor por el suyo? Señor, no permitas que sea tan distinta de la iglesia, mi madre; no me dejes degenerar tanto, ni como cristiana ni aun como pagana, como para negar mi más ardiente amor a mi esposo; antes bien, concédeme olvidar a mi propio pueblo, la casa de mi padre y aun a mí misma, por amor a mi segundo yo.

Deseo manifestar mi amor mediante una obediencia gozosa, de modo que, así como la iglesia está sujeta a Cristo, así yo esté sujeta a mi propio esposo en todo. Desobedezco al Señor si no obedezco a mi esposo en todo lo que es lícito. La ley de la naturaleza me enseña esta lección: El cuerpo es gobernado por la cabeza. También la ley de las naciones: Quienes reciben protección de otros, les rinden sujeción. ¡Oh, que ningún pretexto que Satanás o mi corazón obstinado sugieran sea jamás un manto para mi desobediencia! ¡Cuán claramente aparecerá mi desnudez bajo todas las hojas de higuera que pueda coser para cubrirla!

Si él no tiene sabiduría suficiente para gobernar bien, ¿por qué lo tomé voluntariamente como guía? Si la tiene, ¿por qué rehúso su gobierno? Sea como fuere, ahora estoy ligada, con un nudo atado por mis propias manos; debo obedecer en el Señor. Mientras murmuro, no hago sino contender con mi Hacedor. Si él falta en su amor y deber hacia mí, eso es mi sufrimiento; si yo falto en mi obediencia y deber hacia él, eso es mi pecado. Lo primero es una poción amarga, pero lo segundo, mezclado con ello, la convierte en veneno mortal.

¡Oh, que nunca, como algunas esposas que, devolviendo mal por mal e insulto por insulto, convierten sus casas en un manicomio o en un lugar de llanto, llegue yo a tal extremo! Desearía que él no me ordenara nada sino lo que corresponde a una relación tan cercana, y que, conforme al precepto de Dios, estuviera siempre más dispuesto a mostrar la bondad de su naturaleza que la grandeza de su poder, animando mi obediencia mediante su ternura hacia mí; pero sea cual sea su carácter o conducta para conmigo, Señor, después de agradarte a Ti, haz que sea mi propósito agradarle a él, y que emplee el tiempo que otros usan en quejarse de Ti por su servidumbre dolorosa, en gemir por la causa de ella, el pecado de mi primera madre.

Deseo aprobarme como aquello para lo cual mi Dios me designó: una ayuda idónea para él en todo, y un estorbo en nada; que, en lo que respecta a mi hogar, no sea como Zila, la esposa de Lamec, una sombra de esposa, como si él me hubiera tomado solo para su placer y sin consideración por su provecho; sino que cada día, con diligencia y vigilancia en mis asuntos domésticos, siga aquel excelente modelo que una reina consideró digno de quien lleva corona (Pr. 31).

Para este fin, deseo observar el mandato de mi Dios de ser guardadora del hogar; que mientras otras, como Dina, andan vagando fuera hasta contaminarse, y frecuentan espectáculos o tabernas, yo, como Sara, permanezca cerca de mi tienda, y allí atienda tan bien a los asuntos de mi casa que nada falte por mezquindad ni se desperdicie por prodigalidad. Señor, ya que Tu cuidado es preservarme, sea mi cuidado agradarte; y no permitas que desconfíe de Tu providencia ni descuide a las personas que has puesto bajo mi responsabilidad.

Deseo que, de todos los que están en mi casa, siempre tenga un respeto afectuoso y tierno por mi cabeza; que mientras otras son como Séfora, quejumbrosas, y como Mara, amargas para sus esposos, yo sea como Noemí, agradable y deleitosa para él. Mi Dios me destinó para ser un bálsamo; y si alguna vez, por mi lenguaje áspero o mi semblante adusto, resulto ser un corrosivo, ¡cuán directamente contradigo el propósito de mi Creador y de mi creación! Si es mi deber como cristiana, en relación con todos los miembros de Cristo, desechar toda amargura, enojo, ira, gritos e insultos (Ef. 4:31–32), y ser bondadosa y compasiva, con mayor razón es mi deber como esposa en relación con mi cabeza.

Señor, ayúdame, como Lidia, a ser amable con tus discípulos y, como Febe, a servir a todos Tus siervos; pero de manera especial, a ser útil a aquel a quien has puesto como mi señor, tanto en la enfermedad como en la salud, en toda condición y ocasión.

Deseo ser una María en piedad, así como una Marta en diligencia; que no me afane y preocupe tanto por muchas cosas como para descuidar la única cosa necesaria; sino que, en todos mis tratos con este mundo, me conduzca no como su sierva, sino como su señora y gobernante, como quien tiene su esperanza y felicidad en un mundo mejor. Que nunca sea como Mical, para burlarme de mi esposo por su piedad, ni como Jezabel o la esposa de Job, para incitar a mi esposo al mal; sino que procure, con cuerdas de amor, atraerlo al Señor de gloria.

¡Oh, que la santidad tenga siempre tal primacía en mi corazón y en mi vida, que mi conducta hacia mis hijos y siervos tenga sabor a cristianismo, y que mi amor, especialmente hacia mi esposo, sea abundantemente activo día y noche en persuadirle y animarle a poner su mirada en el cielo! ¡Oh Dios, con cuánta pesadumbre pienso hoy en mi esposo carnal e incrédulo! y ¡con qué horror anticipo aquel día en que parecerá que estoy mitad en el cielo y mitad en el infierno!

Oh, sé Tú servido, que has prometido derramar Tu Espíritu sobre toda carne, aun sobre tus siervas y criadas, para que Tus hijos e hijas profeticen, perdonar todas mis faltas en esta relación; derrama el aceite de Tu gracia en este vaso más débil, para que, como Elisabet, sea llena del Espíritu Santo; como María Magdalena, te ame fervientemente; como Eunice, instruya a mis hijos en tu temor; y como Priscila, sea capaz de mostrar a mi esposo la dulzura de tu favor; de modo que, mientras los hombres profetizan, convirtiendo y confirmando a otros por medio del ministerio público, yo pueda predicar eficazmente a las conciencias de otros, y especialmente a la de mi esposo, mediante mi conducta piadosa.

Señor, así como una mujer fue, por la sutileza de Satanás, la primera en la transgresión, así también una mujer fue, por tu rica misericordia, la primera en la resurrección del Señor Jesucristo. No permitas, te ruego, que en ningún caso, como la primera mujer, sea yo mensajera de condenación para mi esposo; antes bien, hazme, como aquella famosa penitente, mensajera de salvación…

Señor, he oído que el verdadero Moisés, el bendito Mesías, se ha dignado desposarse con mortales pecadores. Confieso que no puedo sino asombrarme ante la humillación de Tu santa Majestad al unirte con una familia tan vil, tan baja y manchada. Si te hubieras unido con aquellas vírgenes sin mancha, los ángeles, la más antigua y honorable casa de Tus criaturas, habría sido una unión mucho más digna, aunque infinitamente inferior a Ti. Pero, ¿qué admiración puede corresponder a Tu infinita condescendencia, al tomar polvo y ceniza contaminados en Tu lecho y en Tu seno? ¿Al hacer un pacto conyugal con alguien cuya persona es fea y deforme, cuyo linaje es vil y miserable, y cuya dote no es sino enfermedad y miseria?

Pero siendo así, Padre santo, porque así te ha parecido bien, permite que Tu sierva, aunque no sea propio de su condición, más bien pretenda conquistar a Tu amado Hijo que perder una unión tan rica, noble y provechosa. ¡Ay! ¿Por qué hablo así? Él se adelantó a mí con Su bondad hace ya muchos años. ¡Cuán insistentemente me ha cortejado! ¡Cuántas preciosas y costosas muestras me ha dado para persuadir a mi incrédulo corazón de que Su oferta de matrimonio es sincera!

Oh, ayúdame más bien a aceptarlo de todo corazón como mi Señor y Esposo, y, despidiéndome de todos los demás amores, a unirme solo a Él; de modo que todas mis necesidades y debilidades, pecados y dolores, sean Suyos, y que todos Sus vestidos, riquezas, misericordias, méritos, vida y muerte sean míos. Adórname con gracia, como una novia se adorna con sus joyas, para que esté debidamente preparada para un Esposo tan hermoso.

Haz que lo ame, honre, agrade y obedezca por encima de todo, antes que todo y más que todo; y a mi esposo aquí abajo, después de Él, por causa de Él. Haz que, como virgen pura, conserve limpias mis vestiduras mientras camino por un mundo sucio y contaminante; y como virgen prudente, asegure aceite en mi lámpara para la venida de mi Señor; para que cuando la muerte me entregue carta de divorcio de mi amado esposo terrenal, pueda acercarme más y gozar plenamente de mi Esposo celestial, libre de todo temor y espanto; no sea que aquellos a quienes mi Dios ha unido —mi Salvador y mi alma— sean separados por un corazón engañoso, un mundo seductor o un diablo tentador.

Allí, mis harapos de miseria serán cambiados por vestiduras de gloria, mi desnudez cubierta con perfecta justicia, para que mi Amado pueda decirme en el pleno sentido: "Has cautivado mi corazón, hermana mía, esposa mía; ¡Cuán hermosa eres, amada mía! Toda tú eres hermosa, amada mía, y no hay defecto en ti". Y así como el esposo se regocija por la esposa, así mi Dios se regocijará por mí, y yo en Él, por los siglos de los siglos. Amén.[2]

Una Oración por los Deberes del Esposo en el Matrimonio

La relación de esposo, que expresa tanto mi dignidad —al ser cabeza de mi esposa— como mi deber —procurar y planear, como la cabeza para el cuerpo, su bienestar y consuelo— me lleva a desear, en general, que nunca esté tan consciente de mi autoridad como para olvidar los deberes que mi Dios ha unido a esta relación; sino que, así como soy superior en honor, también lo sea en santidad, siendo capaz y fiel para guiarla e instruirla en el camino hacia la bienaventuranza.

Señor, no permitas que yo sea de aquellos que son figuras delante de sus esposas en los asuntos de este mundo, pero ceros en los asuntos del mundo venidero; antes bien, capacítame para conducirme como quien está desposado con Cristo en esta relación de esposo, ayudándola según mi lugar y capacidad en las cosas de esta vida, pero sobre todo brindándole mi mayor ayuda para que alcance la herencia de los santos en luz.

---

2 Swinnock, 1:522–28.

Deseo que, así como mi Dios es siempre fiel en Su pacto conmigo, yo sea siempre consciente de mis pactos con Él. Todos Sus caminos para conmigo son misericordia y verdad; Su fidelidad nunca falla. Aunque el cielo y la tierra pasen, ni la letra más pequeña de Su palabra dejará de cumplirse. Todas Sus palabras son juramentos por Su certeza, y todas Sus promesas son las firmes misericordias de David. ¿Seré yo infiel a Aquel que es tan fiel conmigo? Si es ilícito engañar a un hombre que me engaña, ¡cuánto más pecaminoso es ser infiel a mi Dios, que es fiel conmigo! Si el que dice mentiras no entrará en el cielo, ¿cuán cierto es que, si yo perjuro, seré arrojado al infierno? Señor, haz que considere que el vínculo matrimonial con mi esposa tiene Tu testimonio y permanece en Tus manos, para que nunca Te dé motivo de llevarlo a juicio en Tu tribunal, ni de ejecutar su condena por haber obrado con traición contra mi compañera y la esposa de mi pacto.

Deseo que el pensamiento de mi muerte me haga más santo en esta relación; que, sabiendo que pronto moriré y la dejaré, procure hacerle más bien y recibir más bien de ella mientras viva y la disfrute. ¡Ay! Mi vida no es más que un breve instante, ahora como una marea creciente, luego menguante, y después entro en el océano de la eternidad. Ahora vivo, pronto muero, y entonces daré cuenta de mi conducta en esta condición. ¡Oh, que la consideración de ese juicio particular me haga más piadoso, para que sea más celestial en todas mis conversaciones con mi esposa, sabiendo que pronto descenderé a la tierra! Señor, puesto que dentro de pocos días debo despojarme del vestido de esta relación —que ahora es mi consuelo y ornamento— haz que Tu Espíritu lo adorne con gracia y que yo lo perfume con mirra, áloes y casia, para que, al ser despojado, no sea hallado desnudo, sino vestido con la morada celestial.

Deseo que el amor actúe con vigor en cada aspecto de esta relación, y que mi corazón sea visible en mi mano; es decir, que mi afecto se manifieste en todas mis acciones hacia ella; de modo que, aunque pudiera con autoridad en Cristo ordenarle lo conveniente (como Pablo escribió a Filemón, v. 8), prefiera por amor rogarle. ¡Cuán triste es su condición a causa del pecado! Bien puede decir, con palabras de Ana: "Yo soy una mujer atribulada de espíritu". Concibe con dolor, da a luz con gran sufrimiento, y en la crianza de sus hijos muchas veces no alcanza el gozo esperado. Sus temores la inquietan de noche y sus preocupaciones la perturban de día. Sus hijos pueden ser como Benoni, hijos de su tristeza, y sus siervos como Barrabás, hijos de confusión. Durante toda su vida lleva el yugo de la sujeción sobre su cuello; ¿y he de dominarla con dureza (Mal. 2:13), añadiendo aflicción a la afligida e hiriendo a quien Dios ha herido? ¿Haré que suspire por causa de su opresión y que rodee el altar del Señor con lágrimas y llanto? Su clamor subiría al cielo, pues Dios tiene especial cuidado de las esposas oprimidas, así como de las viudas afligidas, y traería juicio sobre mí para vengar el pacto. ¡Oh, que nunca, como Nabal, tiranice y pisotee a mi esposa como si fuera mi escabel, cuando Dios la ha hecho mi compañera! Que no haga su vida, como la de los israelitas en Mara, llena de quejas y lamentos; sino que sea para mí, como la esposa de Ezequiel, el deleite de mis ojos, y como la iglesia para Cristo (Cnt. 4:9), la que cautiva mi corazón; para que siempre la anime con afecto y la cuide con ternura, como el Señor a Su iglesia.

El consuelo de mi vida depende en gran medida de mi amor hacia mi esposa. Si yo, como Lamec, me comporto con fiereza y furia como un león, aunque ella sea mansa como un cordero, mi casa puede degenerar de una sociedad de hombres civilizados en una guarida de bestias salvajes y feroces. ¡Oh, cuán triste semejanza del infierno es una casa llena de disputas y maldiciones! Aunque mi esposa sea fría como el pedernal, si yo soy constantemente como el acero que la golpea, al final se encenderá fuego; y he aquí cuán grande incendio enciende una pequeña chispa. Si las cuerdas principales del violín desafinan, toda la música se arruina. ¿Por qué habría yo, por mi pasión, de convertir mi casa —que debería ser un Betel— en una Babel de confusión (1 R. 19:11)? Mi Dios no se deleita en manifestarse en vientos impetuosos ni en terremotos espantosos, sino en una voz apacible y delicada. Si mi casa arde en llamas, yo mismo me arruino al ahuyentar a mi mejor amiga; pero si vivo en amor y paz, el Dios de amor y paz habitará conmigo.

Señor, Tú que has instituido esta santa ordenanza —la primera que existió bajo el cielo— como una débil imagen de aquella dulce comunión que los Tuyos tendrán en el cielo unos con otros, y todos contigo y con Tu amado Hijo; concédeme algún conocimiento de ese amor que Tú tienes por mí, y de ese deleite que un día tendré en Ti, por medio del amor que tengo y del deleite que experimento en aquella que Tú has puesto en mi seno.

Tú me has mandado amar a mi esposa como Cristo ama a Su iglesia. El amor de mi Salvador es casto; no hay en él la menor sombra de impureza. Su amor es constante, habiendo amado a los Suyos, los ama hasta el fin. Ni siquiera la muerte pudo romper los lazos de Su amor. Su amor es ferviente, Él era, por así decirlo, un puro cúmulo de amor. Su deseo es hacia ella, y todo Su deleite está en ella. A todos los demás los pasa por alto como ortigas y espinos, pero ella es, a Sus ojos, la rosa de Sarón y el lirio de los valles. ¡Oh, que mi alma imite en estas cosas a mi amado Salvador! Mi Dios me ha dicho que debo amar a mi esposa como a mí mismo. Mi amor por mí mismo es intenso, por encima del que tengo hacia cualquier otro en el mundo. ¡Cuán sensible soy conmigo mismo en cualquier enfermedad! ¡Cuán compasivo conmigo mismo en cualquier miseria! ¡Cuán paciente conmigo mismo al descubrir muchas debilidades! Mi amor propio es sincero; nadie ha sido falso en su amor hacia sí mismo, aunque muchos lo sean hacia otros.

Señor, ayúdame para que mi amor hacia aquella a quien llamo mi amada sea perfecto; que mi corazón esté unido al suyo, y que la ame como a mi propia alma. Y puesto que ella ha dejado padre, madre, hermano y hermana por mí, que halle en mí el afecto de todas esas relaciones, y aún más. Y que mi amor sea perpetuo; que no sea como los cuerpos febriles, que unas veces arden y otras tiritan de frío, sino que, como el sol, avance siempre con toda su fuerza. Y, para ello, que sea un amor puro, no por lujuria ni por provecho; que, mientras otros aman la riqueza, yo ame a la esposa; mientras otros aman las dotes o la apariencia, yo ame principalmente su persona y su piedad, porque Tú, el más hermoso entre diez mil, cuya imagen resplandece en ella, así lo has mandado y aprobado.

Deseo que mi amor hacia mi esposa sea como el de Cristo hacia Su iglesia, tanto en su calidad como en su magnitud; es decir, que mi principal empeño sea que ella sea santificada y purificada, y finalmente presentada al Esposo bendito y glorioso como una esposa llena de gracia y de gloria, sin mancha ni arruga ni cosa semejante. ¡Cuán diligentemente procuró mi Redentor la renovación y santidad de Su iglesia! ¡Cuán afectuosamente le ruega que sea santa! ¡Cuán fervientemente suplica a Su Padre que la santifique! ¡Cuán voluntariamente abrió Su corazón y derramó Su sangre para limpiarla de su impureza! ¡Cuán abundantemente derrama Su Espíritu para obrar en ella la santidad! Su nacimiento fue para que ella naciera de nuevo y naciera santa; Su vida fue para darle ejemplo de santidad; Su muerte fue para adquirir para ella una nueva provisión de santidad. "Se dio a sí mismo por ella, para redimirla de toda iniquidad y purificar para sí un pueblo propio, celoso de buenas obras". Sus preceptos, Sus oraciones, Sus lágrimas, Su sangre, Su nacimiento, Su vida, Su muerte, Su resurrección y Su intercesión, todo es para su santidad y pureza.

Su nombre es Jesús, porque salva a Su pueblo, no en sus pecados, sino de sus pecados e impureza. Él no se considera completo hasta que Su cuerpo esté en el cielo. Alma mía, ¿cuándo imitarás este modelo tan hermoso y vivo, y trabajarás con diligencia en tus súplicas a Dios, y con empeño en tus exhortaciones a tu esposa, para que sea pura? ¿No se duele tu corazón al pensar que el objeto de tu más profundo amor pueda ser objeto del mayor rechazo y furor de Dios? ¿Que la compañera de tu juventud, la que ha reposado en tu seno y a quien has abrazado tantas veces, llegue a ser compañera de demonios espantosos y yacer en el lago de fuego y azufre por toda la eternidad? ¿Puedes ver a tu esposa correr por el camino de la perdición, apresurándose hacia el infierno, y no advertirle de su peligro ni preguntarle por qué lo hace? ¿Es esta tu bondad hacia tu amiga? ¡Ah! ¿dónde están tus entrañas?

Señor, puesto que me has llamado a ser cabeza, ayúdame a guiar y dirigir, a ver y a hablar, tanto a Tu Majestad en humildes súplicas como a ella en exhortaciones sinceras y serias, para que yo sea, de manera ministerial, lo que Tu Hijo es de manera meritoria, el salvador de mi cuerpo. He encontrado un banquete abundante en la casa de mi Padre; la casa no está tan llena que no haya aún lugar; nada falta sino invitados y compañía. ¿Y permitiré que alguien tan cercano a mí perezca por falta de conocimiento de dónde puede hallarse ese alimento? ¡Oh, que Tu bondad para conmigo me impulse a persuadir, y que Tu bondad para con ella me conceda prevalecer, para que ella también guste y vea que Tú eres bueno!

Deseo que naturalmente pueda dar la miel de la dulzura y del amor, pero que, cuando sea provocado por el pecado contra Dios, también ejerza el aguijón de la reprensión, de modo que soporte a mi esposa en todo, excepto en la maldad. Si alimento sus enfermedades naturales, destruyo su cuerpo; si consiento sus desórdenes espirituales, condeno su alma. ¿Y habré de, por un afecto perverso, halagarla hasta llevarla al fuego inextinguible? Señor, haz que no solo disimule sus debilidades y las oculte a los ojos del mundo, sino que también observe cualquier maldad de la que sea culpable, y la ponga en orden delante de sus ojos, para que Tú la arrojes a Tus espaldas. Sí, Señor, ayúdame también a escuchar todos sus consejos piadosos y a oírte a Ti hablando por medio de ella, así como deseo que ella me escuche a mí; pero que nunca me someta a ningún consejo impío, no sea que al final me juzgues, como hiciste con Adán al principio, por haber escuchado la voz de mi esposa.

Deseo no ser como algunos esposos que viven con sus esposas como brutos, entendiendo del matrimonio nada más que los deseos carnales y el lenguaje de la lujuria, y sin embargo tratan peor a las esposas de su propio seno que a sus animales, negándoles lo necesario para su bienestar externo; sino que tanto mi persona como mis bienes sean para su consuelo en la salud y su alivio en la enfermedad, y sean empleados en toda ocasión —no para alimentar su orgullo ni fomentar ningún pecado, sino de manera moderada para su servicio. Cuando mi Dios se dio a mi alma, me dio también todo lo que tenía, y no consideró nada demasiado para mí; ¿y yo, que no me he reservado a mí mismo de ella, consideraré algo demasiado bueno para ella? Si ella trajo una dote, ¿qué ha sido de ella? ¿Se empleó para comprar su miseria y pobreza? Y si no la trajo, aun así es mi esposa, y tanto la naturaleza como la Escritura me ordenan proveerle conforme a mis bienes y a sus necesidades.

¡Oh, que yo pueda ser para ella como Elcana para Ana, mejor que diez hijos, mejor que todas las demás relaciones! Señor, mientras viva, hazme tan amoroso y diligente que antes me falte a mí que a mi esposa. Que su cuerpo nunca carezca de alimento y vestido, ni su alma del banquete del evangelio o de las vestiduras de la justicia de Tu Hijo. Y cuando muera, a quienquiera que descuide, si por Tu providencia me es posible, permíteme dejarle una provisión suficiente, para que, mientras yo sea feliz en el cielo, mi otra mitad no sea miserable en la tierra por mi negligencia. Si es Tu voluntad que muera pobre —pues mi herencia, por infinita gracia, no está en esta vida— concédeme al menos esta misericordia: que deje a mis hijos huérfanos contigo, y que exhorte a mi viuda a confiar en ti.

No se enoje mi Señor, y aún hablaré en su favor, en cualquier necesidad en que deje este mundo, que deje a mi esposa la porción del levita —pobre, o más bien rica—, para que, aunque no tenga parte ni herencia aquí abajo (Nm. 18:20), Tú mismo seas la porción de su copa y la heredad que le corresponde. Entonces, ciertamente, le caerán lugares deleitosos, y tendrá una herencia hermosa.

He aquí, me he atrevido a hablar al Señor, siendo polvo y ceniza. No se enoje mi Señor, y hablaré una vez más, adórname con gracia adecuada a esta relación, como el esposo se adorna con sus galas, para que, cuando deje de ser esposo, sepa lo que es ser la esposa, la esposa del Cordero (Os. 2:19); no como ahora, en esta condición imperfecta, en la que solo me has desposado contigo en justicia, juicio, misericordia y compasión, y así, mientras estoy presente en el cuerpo, estoy ausente del Señor; sino en el grado más alto, en aquel lugar donde me desposarás contigo para siempre. Bésame con los más dulces besos de tu boca; hazme reposar toda la noche entre tus pechos, donde está la voz de gozo y la voz de alegría, la voz del verdadero esposo y la voz de la verdadera esposa; donde resuena la voz de los que dicen y cantan: "Alaben al SEÑOR de los ejércitos, porque Él es bueno, porque para siempre es Su misericordia". Amén.[3]

---

3 Swinnock, 1:497–502.

SOBRE LA SERIE PROFUNDIZA TU VIDA CRISTIANA

Desde finales del siglo XVI hasta comienzos del siglo XVIII, los ministros puritanos escribieron miles de libros cristianos que contienen una inmensa riqueza de instrucción bíblica, doctrinal, experiencial y práctica, destinada a fortalecer y profundizar tu vida cristiana. Durante ese período, miles de volúmenes que salían de las imprentas inglesas consistían en material de sermones puritanos publicado en forma de libro. Lamentablemente, hoy muchos creyentes encuentran difícil leer el lenguaje antiguo de los puritanos y, cuando intentan hacerlo, terminan más frustrados que edificados.

Esta nueva serie, "Profundiza Tu Vida Cristiana", presenta en lenguaje contemporáneo las principales enseñanzas que varios puritanos escribieron sobre temas que hoy rara vez se tratan de manera adecuada, si es que se tratan. Finalmente, tú también podrás disfrutar de los puritanos y experimentar, por la gracia del Espíritu, que realmente profundizan tu vida cristiana.

Viviendo por las Promesas de Dios (Living by God's Promises)
Joel R. Beeke y James La Belle (2010)

Viviendo con Celo (Living Zealously)
Joel R. Beeke y James La Belle (2012)

Viviendo con Buena Conciencia (Living with a Good Conscience)
Joel R. Beeke (próximamente)

BIBLIOGRAFÍA SELECTA: LOS PURITANOS SOBRE EL MATRIMONIO Y LA FAMILIA: BIBLIOGRAFÍA

Fuentes Primarias

Adams, Richard. "What Are the Duties of Parents and Children; and How Are They to Be Managed According to Scripture?" En *Puritan Sermons*, 1659–1689, 2:303–358. Wheaton, Ill.: Richard Owen Roberts, 1981.

Allestree, Richard. *The Whole Duty of Man*, 244–52, 258–64. London: W. Pickering, 1842.

Ambrose, Isaac. "Family Duties". En *The Practice of Sanctification*. En *Works of Isaac Ambrose*, 130–36. London: Thomas Tegg, 1829.

Ames, William. *Conscience with the Power and Cases thereof*, 156–59, 196–211. Book 5, Chapters 21–22, 35–38. 1639. Reimpresión facsímil, Norwood, N.J.: Walter J. Johnson, 1975.

B., D. *An Antidote Against Discord Betwixt Man and Wife*. 1685. Reimpresión, Warrenton, Virginia: Edification Press, 2013.

B., Ste. *Counsel to the Husband; to the Wife Instruction: A Short and Pithy Treatise of Several and Joynt Duties, Belonging unto Man and Wife, as Counsels to the One, and Instructions to the Other; for Their More Perfect Happiness in This Present Life, and Their Eternal Glorie in the Life to Come*. London: by Felix Kyngston, for Richard Boyle, 1608.

Baxter, Richard. *A Christian Directory*, Part II: Christian Economics, Chapters 1–22, en *The Practical Works of Richard Baxter*, 1:394–493. Morgan, Pa.: Soli Deo Gloria, 1996.

——. *The Godly Home*, editado por Randall J. Pederson. Wheaton, Ill.: Crossway Books, 2010. (Modernized excerpt from *A Christian Directory*.)

——. *The Poor Man's Family Book*, en *The Practical Works of Richard Baxter*, 4:165–289. Morgan, Pa.: Soli Deo Gloria, 1996.

Bayly, Lewis. *The Practice of Piety: Directing a Christian How to Walk, that He May Please God*, 143–49. Morgan, Pa.: Soli Deo Gloria, 1994.

Bayne, Paul. *An Entire Commentary upon the Whole Epistle of St. Paul to the Ephesians*, 337–64. 1866. Reimpersión, Stoke-on-Trent, U.K.: Tentmaker, 2001.

Bolton, Robert. *General Directions for a Comfortable Walking with God*, 262–81. Morgan, Pa.: Soli Deo Gloria, 1995.

Boston, Thomas. "Duties of Husband and Wife". En *The Works of Thomas Boston*, editado por Samuel M'Millan, 4:209–218. Wheaton, Ill: Richard Owen Roberts, 1980.

Bourne, Immanuel. *A Golden Chain of Directions, with Twenty Gold-links of Love, To Preserve Love Firm between Husband and Wife, During Their Lives*. London: by J. Streater for George Sanbridge, 1669.

Bunyan, John. *Christian Behaviour*. En *The Works of John Bunyan*, editado por George Offor, 2:557–62. 1854. Reimpresión, Edinburgh: Banner of Truth, 1991.

Byfield, Nicholas. *An Exposition Upon the Epistle to the Colossians*, 346–61. 1866. Reimpresión, Stoke-on-Trent, U.K.: Tentmaker, 2007.

Cawdrey, Daniel. *Family Reformation Promoted*. En *Anthology of Presbyterian and Reformed Literature, Volume 4*, 54–73, editado por Christopher Coldwell. 1655. Reimpresión, Dallas: Naphtali Press, 1991.

[Cooke, Edward.] *The Batchelor's Directory: Being a Treatise of the Excellence of Marriage*. London: Richard Cumberland and Benjamin Bragg, 1694.

Davenant, John. *Colossians*, traducido por Josiah Allport, 2:151–95. A Geneva Series Commentary. 1831. Reimpresión, Edinburgh: Banner of Truth, 2005.

Dod, John. *A Plain and Familiar Exposition of the Ten Commandments*, 166–86, 199–209. London: Thomas Man, Paul Man, and Jonah Man, 1632.

Dod, John and Robert Cleaver. *A Godly Form of Household Government*. London: Thomas Man, 1612. (Publicado por primera vez por Robert Cleaver en 1598 y posteriormente revisado por John Dod)

Doolittle, Thomas. "How May the Duty of Daily Family Prayer Be Best Managed for the Spiritual Benefit of Every One in the Family?" En *Puritan* *Puritans on Marriage and Family: Bibliography* 261 *Sermons, 1659–1689*, 2:194–272. Wheaton, Ill: Richard Owen Roberts, 1981.

Durham, James. "Family Worship". En *A Practical Exposition of the Ten Commandments*, editado por Christopher Coldwell, 221–36. Dallas: Naphtali Press, 2002.

Durham, William. *A Serious Exhortation to the Necessary Duties of Family and Personal Instruction*. London: by Tho. Newcomb, 1659.

Gataker, Thomas. "A Marriage Prayer", "A Good Wife God's Gift", "A Wife in Deed", y "Marriage Duties", en *Certain Sermons*, 2:116–208. London: John Haviland, 1637.

Goodwin, Phillip. *Religio Domestica Rediviva: Or, Family Religion Revived*. London: by R. and W. Leybourn, for Andrew Kemb and Edward Brewster, 1655.

Gouge, Thomas. *Christian Directions, Shewing How to Walk with God All the Day Long*, 131–48. London: R. Ibbitson and M. Wright, 1661.

Gouge, William. *Building a Godly Home*, editado por Joel R. Beeke y Scott Brown. 3 vols. Grand Rapids: Reformation Heritage Books, 2013–2014. (Modernized version of *Domestical Duties*.)

——. *Of Domestical Duties*, editado por Greg Fox. 1622. Reimpresión, Pensacola: Puritan Reprints, 2006.

Greenham, Richard. *A Godlie Exhortation, and Fruitfull Admonition to Virtuous Parents and Modest Matrons. Describing the Holie Life, and Blessed Institution of that Most Honorable State of Matrimonie, and the Increase of Godlie and Happy Children, in Training Them Up in Godly Education, and Household Discipline*. London: N. Ling, 1584.

——. "Of the Good Education of Children". En *The Works of the Reverend and Faithfull Servant of Jesus Christ M. Richard Greenham*, editado por H. H., 159–68. 1599. Reimpresión facsímil, Amsterdam: Theatrum Orbis Terrarum, 1973.

——. "A Treatise of a Contract before Marriage". En *The Works of the Reverend and Faithfull Servant of Jesus Christ M. Richard Greenham*, editado por H. H., 288–99. 1599. Reimpresión facsímil, Amsterdam: Theatrum Orbis Terrarum, 1973.

Greenhill, William. *An Exposition of Ezekiel*, 441–43. Edinburgh: Banner of Truth, 1994.

Halyburton, Thomas. "The Christian's Duty, with Respect to Both Personal and Family Religion". En *The Great Concern of Salvation*. En *The Works of Thomas Halyburton*, 2:368–403. Aberdeen: James Begg Society, 2001.

Hamond, George. *The Case for Family Worship*. Orlando: Soli Deo Gloria, 2005.

Henry, Matthew. *Family Religion: Principles for Raising a Godly Family*. Rossshire, Scotland: Christian Focus, 2008.

Heywood, Oliver. *The Family Altar*. En *The Whole Works of the Rev. Oliver Heywood*. Reimpresión, Morgan, Pa.: Soli Deo Gloria, 1997.

Hildersam, Arthur. *Dealing with Sin in Our Children*, editado por Don Kistler. Morgan, Pa.: Soli Deo Gloria, 2004.

Hopkins, Ezekiel. *An Exposition upon the Commandments*. En *The Works of Ezekiel Hopkins*, ed. Charles W. Quick, 1:413–26. 1874. Reimpresión, Morgan, Pa.: Soli Deo Gloria, 1995.

Koelman, Jacobus. *The Duties of Parents*, traducido por John Vriend, editado por M. Eugene Osterhaven. Classics of Reformed Spirituality. Grand Rapids: Reformation Heritage Books, 2003.

Lawrence, Edward. *Parent's Concerns for Their Unsaved Children*, editado por Don Kistler. Morgan, Pa.: Soli Deo Gloria, 2003.

Lye, Thomas. "What May Gracious Parents Best Do for the Conversion of Those Children Whose Wickedness Is Occasioned by Their Sinful Severity or Indulgence?" En *Puritan Sermons, 1659–1689*, 3:153–84. Wheaton, Ill.: Robert Owen Roberts, 1981.

Manton, Thomas. "Sermons Upon Ephesians V". En *The Works of Thomas Manton*, 19:436–76. 1870. Reimpresión, Birmingham: Solid Ground Christian Books, 2008.

——. "A Wedding Sermon". En *The Works of Thomas Manton*, 2:162–72. 1870. Reimpresión, Birmingham: Solid Ground Christian Books, 2008.

Maynard, John. *The Beauty and Order of the Creation. Together with Natural and Allegorical Meditations on the Six Dayes Works of the Creation*, 175–84. London: William Gearing, 1668.

Mather, Cotton. *A Family Well-ordered: Or, An Essay to Render Parents and Children Happy in One Another*, editado por Don Kistler. Morgan, Pa.: Soli Deo Gloria, 2001. (Reimpresión anterior Bellville, Tex.: Sower's Seed, 1995.)

——. *Help for Distressed Parents*, editado por Don Kistler. Morgan, Pa.: Soli Deo Gloria, 2004.

Norman, John. *Family-governors Persuaded to Family-godliness*. London: by A. Maxey, for Samuel Gellibrand, 1657.

Perkins, William. *Christian Oeconomy*. En *The Work of William Perkins*, editado por Ian Breward, 416–39. Appleford, England: Sutton Courtenay Press, 1970.

——. *A Golden Chaine*, en *The Workes of that Famous and Worthie Minister of Christ, in the Universitie of Cambridge, M. W. Perkins*, 1:60–61. London: John Legate, 1608.

Petter, George. *A Learned, Pious, and Practical Commentary Upon the Gospel According to St. Mark*, 703–713. London: Printed by F. Streater, 1661.

Reyner, Edward. *Considerations Concerning Marriage: The Honor, Duties, Benefits, Troubles of it. Whereto are added, 1) Directions in two particulars: a. How they that have wives may be as if they had none. b. How to prepare for parting with a dear yoke-fellow by death or otherwise. 2) Resolution of this Case of Conscience: Whether a man may lawfully marry his wive's sister?* London: by J. T. for Thomas Newbery, 1657.

Robinson, John. "Of Marriage", y "Of Children and Their Education". En *New Essays, Or Observations Divine and Moral*. En *The Works of John Robinson*, editado por Robert Ashton, 1:236–50. 1851. Reimpersión, Harrisonburg, Va.: Sprinkle, 2009.

Rogers, Daniel. *Matrimonial Honor*. 1642. Reprint, Warrenton, Virginia: Edification Press, 2010.

Scudder, Henry. *The Godly Man's Choice*. London: Matthew Simmons for Henry Overton, 1644.

Secker, William. "The Wedding Ring, A Sermon", impreso con *The Nonsuch Professor in His Meridian Splendour; Or, The Singular Actions of Sanctified Christians*, editado por Matthew Wilks, 245–69. Reimpresión, Harrisonburg, Va.: Sprinkle, 1997.

Smith, Henry. *A Preparative to Marriage*. En *The Works of Henry Smith*, 1:5–40. Reimpresión, Stoke-on-Trent, U.K.: Tentmaker Publications, 2002.

Steele, Richard. "What Are the Duties of Husbands and Wives towards Each Other?" En *Puritan Sermons, 1659–1689*, 2:272–303. Wheaton, Ill.: Richard Owen Roberts, 1981.

Stock, Richard. *A Commentary Upon the Prophecy of Malachi*, 168–91. En *Richard Stock and Samuel Torshell on Malachi and Richard Bernard and Thomas Fuller on Ruth*. 1865. Reimpresión, Stoke-on-Trent, U.K.: Tentmaker, 2006.

Stockton, Owen. *A Treatise of Family Instruction*. London: H. Brome, 1672.

Stuckley, Lewis. *A Gospel Glass: Representing the Miscarriages of Professors, Both in Their Personal and Relative Capacities*, 169–183. 1852. Reimpresión, Grand Rapids: Ebenezer Publications, 2002.

Swinnock, George. *The Christian Man's Calling*. En *The Works of George Swinnock*, 1:464–528. 1868. Reimpresión, Edinburgh: Banner of Truth, 1992.

Taffin, Jean. *The Amendment of Life*, 274–327. London: Georg. Bishop, 1595.

Whately, William. *A Bride-Bush or A Wedding Sermon*. 1617. Reimpresión, Norwood, N.J.: Walter J. Johnson, 1975.

——. *A Care-Cloth or the Cumbers and Troubles of Marriage*. 1624. Reimpresión, Norwood, N.J.: Walter J. Johnson, 1975.

Willard, Samuel. "Question LXIV: What Is Required in the Fifth Commandment?" En *A Compleat Body of Divinity in Two Hundred and Fifty Expository Lectures on the Assemby's Shorter Catechism*, 598–613. 1726. Reimpresión, New York: Johnson Reprint Corp., 1969.

Willet, Andrew. *Hexapla in Genesin, that is, a Sixfold Commentary upon Genesis*, 38, 41–44. London: by Tho. Creede, for John Norton, 1608.

Fuentes Secundarias

Allen, Russell. "The Beautiful Mystery: Examining Jonathan Edwards' View of Marriage". *Bound Away: The Liberty Journal of History* 1, no. 1 (2015), http://digitalcommons.liberty.edu/ljh/vol1/iss1/3, accessed February 3, 2016.

Anderson, Jody Kent. "The Church within the Church: An Examination of Family Worship in Puritan Thought". PhD diss., Mid-America Baptist Theological Seminary, 2009.

Arthur, J. Philip. "The Puritan Family". En *The Answer of a Good Conscience*, 75–94. London: Westminster Conference, 1997.

Bartlett, Robert M. *The Faith of the Pilgrims: An American Heritage*. New York: United Church Press, 1978.

Beeke, Joel R. *Living for God's Glory: an Introduction to Calvinism*. Lake Mary, Fla.: Reformation Trust, 2008.

Beeke, Joel R. y Mark Jones. *A Puritan Theology: Doctrine for Life*. Grand Rapids: Reformation Heritage Books, 2012.

Benson, Elisa Jill. "Richard Baxter's Teaching on the Family: Spheres of Soul Care and Sacrifice". Master's Thesis, Regent College, 2010.

Beougher, Tim. "The Puritan View of Marriage". *Trinity Journal* 10, no. 2 (1989): 131–60.

Braund, E. "Ðaily Life Among the Puritans". En *The Puritan Papers: Volume One*, 155–66. Editado por David Martin Lloyd-Jones. Phillipsburg, N.J.: P&R Publishing, 2000.

Bremer, Francis J. *The Puritan Experiment: New England Society from Bradford to Edwards*. New York: St. Martin's Press, 1995.

Bunge, Marcia J. *The Child in Christian Thought*. Grand Rapids: Eerdmans, 2001.

Byington, Ezra Hoyt. *The Puritan in England and New England*. Boston: Roberts Brothers, 1897.

Carpenter, Roy. "Sexual Politics in Eighteenth Century Pelham, Massachusetts: The Jonathan Edwards Clan, Divorce Law, and the Eleanor Gray Case". *Jonathan Edwards Studies* 1, no. 1 (2011): 22–44.

Chamberlain, Ava. *The Notorious Elizabeth Tuttle: Marriage, Murder, and Madness in the Family of Jonathan Edwards*. New York: New York University Press, 2012.

Cliffe, J. T. *The Puritan Gentry: The Great Puritan Families of Early Stuart England*. London: Routledge & Kegan Paul, 1984.

Cooke, Kathy. "Generations and Regeneration: Sexceptionalism and Group Identity among Puritans in Colonial New England". *Journal of the History of Sexuality* 23, no. 3 (2014): 333–57.

Crampton, W. Gary. *What the Puritans Taught*. Morgan, Pa.: Soli Deo Gloria, 2003.

Daniels, Bruce C. "The Progress of Romance: Sex and Courtship". En *Puritans at Play: Leisure and Recreation in Colonial New England*, 125–40. New York: Palgrave Macmillan, 2005.

Davies, Gaius. "The Puritan Teaching on Marriage and the Family". *The Evangelical Quarterly* 27 (1955): 19–30.

Davies, Kathleen. "The Sacred Condition of Equality: How Original Were Puritan Doctrines of Marriage?" *Social History* 2, no. 5 (1977): 563–80.

Demos, John. *A Little Commonwealth: Family Life in Plymouth Colony*. New York: Oxford University Press, 1970.

Doriani, Daniel. "The Godly Household in Puritan Theology, 1560–1640". PhD diss., Westminster Theological Seminary, 1985.

Durston, Christopher. *The Family in the English Revolution.* New York: Basil Blackwell, 1989.

Earle, Alice Morse. *Customs and Fashions in Old New England.* Detroit: Omnigraphics, 1990. (Publicado anteriormente en New York: Charles Scribner's Sons, 1893).

Fleming, Rachel. "Those Loose Ladies: An Examination of Scandalous Puritan Women in Massachusetts from 1635 to 1700". Master's Thesis, Salem State University, 2015.

Frye, Roland. "The Teachings of Classical Puritanism on Conjugal Love". *Studies in the Renaissance* 2 (1955): 148–59.

Graham, Judith. *Puritan Family Life: The Diary of Samuel Sewall.* Boston: Northeastern University Press, 2000.

Greven, Philip J. "Family Structure in Andover". En *Puritanism in Early America*, 123–42. Editado por George M. Waller. Lexington, Mass.: D.C. Heath and Company, 1973.

Haller, William and Malleville. "The Puritan Art of Love". *Huntington Library Quarterly* 5 (1942): 235–72.

Hambrick-Stowe, Charles E. "Ordering Their Private World: What the Puritans Did to Grow Spiritually". *Christian History* 13, no. 1 (1944): 18.

Harrison, Graham. "Marriage, Divorce in Puritan Thinking". En *The Fire Divine*, 27–51. London: Westminster Conference, 1996.

Haykin, Michael. "A Puritan Wife". *Table Talk* 36, no. 5 (May 2012): 36–37.

Hulse, Errol. *Who Are the Puritans: And What Do They Teach?* Darlington, England: Evangelical Press, 2000.

Johnson, James Turner. "The Covenant Idea and the Puritan View of Marriage". *Journal of the History of Ideas* 32, no. 1 (1971): 107–18.

——. *A Society Ordained by God: English Puritan Marriage Doctrine in the First Half of the Seventeenth Century.* Nashville: Abingdon Press, 1970.

Knappen, M. M. *Tudor Puritanism: A Chapter in the History of Idealism.* Chicago: University of Chicago Press, 1983.

Lamson, Lisa Rose. "Strange Flesh in the City on the Hill: Early Massachusetts Sodomy Laws and Puritan Spiritual Anxiety, 1629–1699". Master's Thesis, Bowling Green State University, 2014.

Lane, Belden. "Two Schools of Desire: Nature and Marriage in Seventeenth Century Puritanism". *Church History*, 69, no. 2 (2000): 372–402.

Leites, Edmund. "The Duty to Desire: Love, Friendship, and Sexuality in Some Puritan Theories of Marriage". *Journal of Social History* 15, no. 3 (1982): 383–408.

Mathes, Richard Perry. "English Puritan Attitudes toward Child-Rearing, 1560–1634". PhD diss. Northeast Missouri State University, 1975.

Moran, Gerald y Maris Vinovskis. "The Puritan Family and Religion: A Critical Reappraisal". *William and Mary Quarterly* 39, no. 1 (1982): 29–63.

Morgan, Edmund. *The Puritan Family.* Revised ed. New York: Harper & Row, 1966.

Morris, Michelle Jarrett. *Under Household Government: Sex and Family in Puritan Massachusetts*. Cambridge: Harvard University Press, 2012.

Ozment, Steven. *When Fathers Ruled: Family Life in Reformation Europe*. Cambridge: Harvard University Press, 1983.

Packer, J. I. *A Quest for Godliness: The Puritan Vision of the Christian Life*. Wheaton, Ill.: Crossway, 1990.

Parsons, Michael. "Marriage under Threat in the Writings of George Swinnock". *Scottish Bulletin of Evangelical Theology* 20, no. 1 (2002): 29–50.

Ratner, Helen. "The Puritan Family". *Child & Family* 9, no. 1 (1970): 54–60.

Rutman, Darrett B. *Winthrop's Boston: A Portrait of a Puritan Town, 1630–1649.* New York: W. W. Norton Company, 1972.

Ryken, Leland. *Worldly Saints: The Puritans as They Really Were*. Grand Rapids: Zondervan, 1986.

Sather, Kathryn. "Sixteenth and Seventeenth Century Child-Rearing: A Matter of Discipline". *Journal of Social History* 22, no. 4 (1989): 735–43.

Schucking, Levin Ludwig. *The Puritan Family: A Social Study from the Literary Sources*. New York: Schocken Books, 1970.

Schweitzer, Ivy. "John Winthrop's Model of American Affiliation". *Early American Literature* 40, no. 3 (2005): 441–69.

Setran, David. "Igniting the 'Family Sacrifice': Cotton Mather and Familial Christian Education in Puritan New England". *Christian Education Journal* 11, no. 2 (2014): 351–66.

Sisemore, Timothy. "From Doctrine to Practice: the Influence of the Doctrine of Original Sin in Puritan Child-Rearing". *Children's Spirituality: Christian Perspectives, Research and Applications*. Editado por D. Radcliffe y M. McQuitty. Eugene, Ore.: Cascade Books, 2004.

Stewart, Carole Lynne. "A Revolutionary Marriage Deferred". En *Strange Jeremiahs: Civil Religion and the Literary Imaginations of Jonathan*

Edwards, Herman Melville and W.E. DuBois. Albuquerque: University of New Mexico Press, 2010.

Stone, Lawrence. *The Family, Sex and Marriage in England, 1500–1800*. New York: Harper & Row, 1977.

Todd, Margo. "Humanists, Puritans and the Spiritualized Household". *Church History* 49, no. 1 (1980): 18–34.

Ulrich, Laurel Thatcher. "Good Wives: A Study in Role Definition in Northern New England, 1650–1750". PhD diss. University of New Hampshire, 1980.

Vaughan, David J. *A Divine Light: The Spiritual Leadership of Jonathan Edwards*. Nashville: Cumberland House, 2007.

Verduin, Kathleen. "Our Cursed Natures: Sexuality and the Puritan Conscience". *New England Quarterly* 56, no. 2 (1983): 220–37.

Weisberg, Kelly. "Under Greet Temptations Heer: Women and Divorce in Puritan Massachusetts". *Feminist Studies* 2, no. 2 (1975): 183–93.

Westerkamp, Marilyn. "Puritan Women, Spiritual Power, and the Question of Sexuality". En *The Religious History of American Women*, 51–72. Editado por C. Brekus. Chapel Hill: University of North Carolina Press, 2007.

Wiebracht, Ben. "First Cousin Marriage in Tudor and Stuart England, 1540–1688". *Journal of Family History* 40, no. 1 (2015): 24–38.

ÍNDICE DE REFERENCIAS BÍBLICAS

ANTIGUO TESTAMENTO

Génesis

Éxodo

Ester

Job

Salmos

Proverbios

Eclesiastés

Cantar de los Cantares

Isaías

Jeremías

Lamentaciones

Ezequiel

Oseas

Malaquías

NUEVO TESTAMENTO

Mateo

Marcos

Lucas

2 Corintios

Gálatas

Efesios

Filipenses

1 Pedro

2 Pedro

1 Juan

Judas

Apocalipsis

ÍNDICE DE TEMAS

C

D

E

F

G

H

I

J

L

M

N

O

P

Q

R

S

T

U

V

Y

ÍNDICE DE NOMBRES

E

F

G

H

I

J

K

L

M

N

O

P

R

S

T

U

V

W

Z

Made in the USA
Coppell, TX
20 June 2026

82451050R00215